WESTEND

SVEN BÖTTCHER

RETTE SICH, WER KANN!

Das Krankensystem meiden und gesund bleiben

WESTEND

Namen sind Schall und Rauch. Wer sich gelegentlich fragt, weshalb ich bestimmte Medikamente, Anbieter oder bewundernswert kreative BIP-Booster-CEOs nicht beim Namen nenne, findet im umfangreichen Anmerkungsapparat ausreichend Hinweise auf Kronzeugen, Whistleblower, Journalisten und Autoren, die mutiger sind als ich. Im Folgenden geht es indes nicht vorrangig um Grenzwert-oder-Leitlinien-Hinterm-Kommastellen, sondern um Grundsätzliches, daher sehe man mir nach, dass ich zugunsten der Stringenz meiner Argumentation ganz bewusst seitenweise Details in den Fußnoten verstaut habe, oftmals auch dort »nur« als Hinweise auf Jump- und Linkstationen sowie die ausführliche Literatur zu jedem der von mir angesprochenen Aspekte. Konstruktive Ergänzungen und Korrekturen hierzu sind mir wie in der Vergangenheit sehr willkommen, meine email-Adresse ist unter sven-boettcher.de oder erzähler.net leicht ausfindig zu machen.

Im Übrigen weise ich ausdrücklich darauf hin, dass ich für im Folgenden gelegentlich erwähnten medizinischen und therapeutischen Maßnahmen keine Haftung übernehme. Sollte der Leser meinen, er könne beispielsweise ebenfalls selbst tagelang keine Milch trinken oder grundsätzlich selbstbestimmt handeln, unterliegt dies seiner alleinigen Verantwortung. Wo ich von meinem individuellen Umgang mit meiner eigenen Erkrankung berichte, gebe ich persönliche Ansichten wieder, Anspruch auf Allgemeingültigkeit erhebe ich nicht.

Mehr über unsere Autoren und Bücher:
www.westendverlag.de

Die Deutsche Nationalbibliothek verzeichnet diese Publikation in der Deutschen Nationalbibliografie; detaillierte bibliografische Daten sind im Internet über http://dnb.d-nb.de abrufbar.

FSC www.fsc.org
MIX
Papier aus verantwortungsvollen Quellen
FSC® C083411

ISBN 978-3-86489-220-2

3. Auflage 2021

Umschlaggestaltung: Buchgut, Berlin
Satz: Publikations Atelier, Dreieich
Druck und Bindung: CPI – Clausen & Bosse, Leck
Printed in Germany

Inhalt

Für Hinni (du fehlst) – und für Katharina (du leuchtest)

Zuerst

Jeder hat Spaß am Angenehmen.
Jeder möchte ein unbeschwertes,
glückliches und einfaches Leben führen,
sich verlieben, tollen Sex haben
und tolle Beziehungen, perfekt aussehen,
viel Geld verdienen, beliebt sein,
respektiert, verehrt und am besten gleich
der totale Knaller, vor dem sich die Leute teilen
wie das Rote Meer.
Das will jeder. Es ist leicht, das zu wollen.
Die interessantere Frage, die von den meisten
nie in Betracht gezogen wird, ist:
»Welchen Schmerz möchtest du in deinem
Leben haben? Wofür bist du bereit dich abzukämpfen?
(Mark Manson)

Wozu?

Wenn ich nicht rechtzeitig sterbe, werde ich vermutlich krank. Irgendwann. Vielleicht sogar relativ bald, denn ich bin ja schon ganz schön alt, nämlich 54. Sollte ich älter als 70 werden, erkranke ich vermutlich sogar schwer, spätestens ab 80. Das gefällt mir natürlich nicht, aber ich schaffe es einfach nicht, diesen Gedanken komplett zu verdrängen oder alle Überlegungen zu vertagen, die mit diesem Wissen zusammenhängen. Manchmal vermute ich sogar, ich werde irgendwann sterben. Manchmal vermute ich sogar, dass ich gar keinen echten Einfluss darauf habe, wann.

Schon jetzt, in meinen Alterskreisen, gehört indes als Antwort auf die Frage »Wie geht's?« zum Smalltalk-Repertoire: »Ach, man wird ja nicht jünger«, worin leises Bedauern mitschwingt. Das erscheint mir sonderbar, denn wer von sich sagen könnte, »Ach, man wird ja nicht älter«, wäre wohl tot. Denn anders als mit dem eigenen Ableben lässt sich das Altern ja nicht stoppen – aber diese Lösung ziehen doch nur sehr wenige von uns dem geregelten Zerfall vor.

Angesichts weltmeisterlicher 18 Arztbesuche pro Jahr (im Schnitt[2]) scheint indes der eine oder die andere von uns dezente Probleme zu haben mit der Erkenntnis, dass auf dem Produkt »Leben« unsichtbar ein Warnschild klebt, »Leben ist lebensgefährlich!«, und dass ganz generell beim fortgesetzten Genuss von Gesundheit die Gefahr von Krankheit droht. Permanent. Schöner gesagt, mit Georges Canguilhem: »Die Krankheiten des Menschen sind nicht nur Grenzen seines physischen Vermögens, sie sind Dramen seiner Geschichte. Das menschliche Leben ist eine Existenz – ein Da-Sein für ein nicht vorgeordnetes Werden – in der Angst vor ihrem Ende. Der Mensch steht also nicht aufgrund eines Urteils oder Schicksals der Krankheit offen, sondern wegen seiner einfachen Anwesenheit in der Welt.«[3]

Mir scheint, wenn wir diese einfache Wahrheit verstünden, gingen wir jedes Jahr höchstens noch zweimal zum Arzt. Mir scheint sogar, dass wir, wenn wir Gesundheit, Leben und Tod richtig verstünden, nicht nur weniger »krank« wären, sondern ganz anders leben würden. Und, nein, ich meine nicht, dass wir in diesem Fall Gesundheit höher zu schätzen wüssten, solange wir sie haben, denn diese Form von glücklicher Demut lässt sich vermutlich bis zum jüngsten Tag nicht herstellen. Wohl aber lässt sich aus dieser Erkenntnis größere Lebensfreude und eine geeignetere Gestaltung des eigenen Wegs gewinnen – nicht nur mittels Weglassung etlicher 100 Stunden *Bunte*-Lektüre in überfüllten Wartezimmern.

Um diesen Weg einschlagen zu können, müssen wir lediglich ein bisschen Licht auf unsere nie hinterfragten Prämissen werfen, betreffend nicht nur das System, an das wir uns hilfesuchend wenden mit unseren Beschwerden, sondern vor allem betreffend uns selbst. Unsere nie ausgesprochenen Definitionen, unsere Selbstverständlichkeiten, unsere Lebensphilosophie. (Und wer da meint, das sei jetzt wirklich albern, denn er habe garantiert alles Mögliche, aber nicht *Philosophie*, der irrt. Philosophie hat jeder – auch der, der's nicht weiß.)

Es soll also auf den folgenden Seiten um Gesundheit gehen, unser wohl höchstes Gut, solange wir leben. Und darum, was »Gesundheit« sein soll. Um unsere Erwartungen an unser sogenanntes »Gesundheitssystem«, an unsere Ärzte, an unsere Körper, an uns selbst. Und nicht zuletzt geht es also tatsächlich um die Frage: wozu?

Nicht nur die Frage, wozu wir zum Arzt gehen. Sondern wozu wir »das alles« eigentlich genau so machen, wie wir's machen. Denn auch das hängt zusammen mit unserer Vorstellung von Gesundheit, von Leben und Tod. Und vielleicht ist das tatsächlich die beste Kurzfassung dessen, was auf den folgenden Seiten auf Sie zukommt: Es geht um Leben und Tod.

Damit mir nachher keine Klagen kommen, stehen Geständnis und gute Nachricht indes gleich hier, weit oben, wahlweise als sofortige Ausstiegswarnung oder gute Nachricht für Sie: Ich bin kein Arzt. Ich bin kein Mediziner. Ich bin kein Forscher. Ich hatte bis zu meinem 40. Lebensjahr wenig mit Kranken zu tun, ich war bis dahin selbst nur sehr selten krank und immer sehr heilbar, von Mandelentzündungen bis Grippen, einer gebrochenen Rippe hier, einer Krampfader dort – nichts, was Krankenhausaufenthalte bedeutet hätte. Und Arztbesuche: eher selten. Mal abgesehen von – aber das zählt nach meinem Dafürhalten nicht als krank – zu vielen Zahnarztbesuchen in der Kindheit (meine Mutter konnte *hervorragende* Kuchen) und zu vielen Augenarztbesuchen (irgendwo in meiner Ahnenreihe befindet sich offenbar ein Maulwurf). Trotz dauernder Lebensüberlastung (Künstler, Alleinernährer von fünf Leuten) hätte ich mich jedenfalls bis zu meinem 40. Geburtstag als gesund bezeichnet – nach meiner Definition. Ohne allerdings die amtliche Definition von Gesundheit zu kennen, jene der Weltgesundheitsorganisation WHO, denn: »Die Gesundheit ist ein Zustand des vollständigen körperlichen, geistigen und sozialen Wohlergehens und nicht nur das Fehlen von Krankheit oder Gebrechen.«

Dass nach *dieser* Definition lediglich 5 Prozent der Weltbevölkerung gesund sind, wird uns im Folgenden noch beschäftigen, aber *das* hätte ich von mir natürlich nie behauptet, körperlich, geistig und sozial (also auch materiell) *vollständig* gesegnet gewesen zu sein. Ich würde aber gern mal ein paar von den 5 Prozent kennenlernen, die so was von sich behaupten können, ohne rot zu werden oder wegen krankhafter Euphorie behandlungsbedürftig zu sein.

Meine Selbsteinschätzung »gesund« – im Sinne von »es ist nur Leben, das hat doch jeder« – änderte sich allerdings 2005, und zwar grundlegend. Ich erkrankte plötzlich, schwer und unheilbar, wandte mich hilfesuchend an Ärzte und Experten, wäre fast gestorben, suchte andere Wege und wurde wieder gesund.

Gesund? Wir kommen darauf zurück.

Zuvor stehen indes einige notwenige Aufräumarbeiten an. Klarstellungen betreffend die Motive des Systems, an das wir, auf Heilung hoffend, uns wenden, sowie die Benennung (und Korrektur) einiger Prämissen, derer wir uns selbst kaum oder gar nicht bewusst sind. Inwiefern ich hierbei als Wegweiser dienen kann, müssen natürlich Sie entscheiden, denn, wie gesagt, ich bin kein Arzt und wäre dies auch nicht gern, schon gar nicht unter den derzeitigen Bedingungen. Aufgrund meiner eigenen Erfahrungen mit der »unheilbaren« Erkrankung habe ich mir allerdings ein Jahrzehnt lang Gedanken machen dürfen, viel gelernt und mit anderen Betroffenen und Therapeuten ein Informationsnetz aufgebaut, das vielen ebenfalls Erkrankten hilft, wieder gesund oder gesünder zu werden. Aus meinen eigenen Erfahrungen und den zahlreichen Kontakten zu anderen Patienten, Ärzten, Forschern und Systemkennern haben sich zahlreiche Erkenntnisse ergeben, die ich im Folgenden gern mit Ihnen teilen möchte, sofern Sie mögen.

Dass ich hierbei, um meine Aussagen zu unterstreichen, häufiger am Beispiel der MS-Industrie ins Detail gehe, sehen Sie mir möglichst nach. Sie können mir aber selbstredend auch gern Faulheit attestieren, weil ich nicht zusätzlich alle schweren Erkrankungen bis zum Grund erkundet habe und aus der *Lemon,* die das Leben mir gereicht hat, nicht neben Zitronenlimo auch noch Erdbeerbrause und Cola herstelle.

Ich bin allerdings der Ansicht, dass sich gerade am Beispiel der »Goldgrube« Multiple Sklerose eindrucksvoll aufzeigen lässt, wie das Krankheitssystem funktioniert. Denn MS, so die Abkürzung, ist tatsächlich die perfekte Krankheit – für den Behandler: Als autoimmun gehandelt, Verlauf unvorhersehbar, in der Regel nicht tödlich, aber unheilbar, extrem lange Laufzeit, enorme Gewinne durch Dauermedikation, die allenfalls Symptome lindern kann, vollständig durchorganisierte Lieferketten. Kundenstamm mit weltweit etwa 2,5 Millionen groß genug, aber nicht zu groß, Erweiterungen der Zielgruppe in vollem Gange, ganz ungestört, begünstigt durch fast vollständig pharmafinanzierte, nicht unabhängig überprüfbare Forschung, Studien und medizinische Leitlinien. Die Börseneinschätzung ist daher realistisch: Der MS-Markt, ohnehin seit Jahren Investors Liebling, wird auch zukünftig ungebremst durch die Decke gehen. So gesehen bin ich dankbar, dass ich mich von Anfang an mit der richtigen Krankheit beschäftigen durfte – aber auch nur so gesehen.

Die Offenlegung indes wiederhole ich ausdrücklich, weil es mir essenziell erscheint, gerade im geschilderten Zusammenhang, der bedauerlicherweise viel mit Geld zu tun hat und wenig mit Moral: Ich lebe vom Schreiben, nicht von den Krankheiten anderer, ich halte keine Vorträge gegen Geld, ich »behandle« niemanden gegen Gebühr und verdiene nichts mit MS. Ganz im Gegenteil, denn mein Engagement für andere Erkrankte kostet mich viel Geld, sowohl meine Ersparnisse als auch Geld in Form »entgangener Gewinne«. Und wer hier ungläubig stutzt und denkt, Bestseller-Buchhonorare reichten ja wohl mindestens aus, um sich eine goldene Nase zu verdienen, ist herzlich eingeladen, sich die ernüchternden Fakten, geeignet auf den Punkt gebracht, von einem meiner vielen total geheimen Pseudonyme nahebringen zu lassen.[4]

Sehen Sie mir diese Betonung bitte nach: Mein Verhältnis zu Ihnen ist deutlich entspannter als das Ihres Arztes zu Ihnen, denn ich gehe nicht pleite, wenn Sie gesund sind, sondern kann mich ganz unbefangen und unbesorgt mit Ihnen darüber freuen. Und mir erscheint die Verquickung von Krankheitsbehandlung und Einkommenserzielung ganz generell als höchst problematischer Interessenskonflikt, dessen Konsequenzen ich im Folgenden aufzeige – sowie die Konsequenzen, die wir eben hieraus ziehen sollten, wollen wir gesund bleiben.

Patientenakte

2005 ging ich wegen drei Wochen lang anhaltend kalter Füße zum Arzt, die Diagnose lautete sechs Monate und zwei schwere Schübe später »klinisch gesicherte Multiple Sklerose«, der Erkrankungsverlauf war und blieb im Folgenden hochvirulent und fies. Ich spürte immer weniger, war permanent müde, sah alles doppelt oder gar nicht, und 2008 wäre ich fast endgültig liegengeblieben, auf einer neurologischen Station, mit gelähmten Armen und Beinen, gelähmtem Darm und halb gelähmtem Zwerchfell.

Ich folgte den Empfehlungen der mich behandelnden Ärzte von diesem Zeitpunkt an nicht mehr, lehnte trotz aller dramatischen Warnungen die leitlinienkonforme Eskalationstherapie ebenso ab wie weitere Kortison-Stoßtherapien, Schmerzmittel, Psychopharmaka und Aufenthalte in Rehabilitationsklinken. Ich entließ mich auf eigenes Risiko, suchte und fand andere Wege, wieder gesünder zu werden. Nachdem ich einige Monate später meine Hände wieder benutzen konnte, schrieb ich dennoch, sicherheitshalber, mein geplant allerletztes Buch, *Quintessenzen*, ein schmales, eigentlich nur für meine Kinder gedacht.

2012 war ich immer noch am Leben (und sehr viel heiler als 2008), mein Verlag fand den philosophischen Text druckbar, die *Überlebenskunst für Anfänger* fand einige Leser, stand auf der *Spiegel*-Bestsellerliste und wurde von der Kritik als »Bildungsjuwel« gelobt. Einige Hörfunkauftritte später entdeckte auch das Fernsehen Buch und Autor – und lud mich ein, von links nach rechts. Allerdings nicht wegen des philosophischen Gehalts der Schrift, sehr zum Unverständnis und Leidwesen meiner Lektorin und des Verlags, sondern weil ich trotz meines so gemeinen MS-Verlaufs noch lebte und sogar verblüffend schnell herumlief. Das, fanden die Redaktionen, ließ sich doch viel leichter vermitteln als Philosophie – plakativer, knackiger. »Die Ärzte sagten, er müsse an MS sterben, jetzt spielt er wieder Tennis.«

Das war die falsche Story. Denn es spielte ja gar keine Rolle, wie die Krankheit hieß, die mich fast aus dem Verkehr gezogen hätte. Und schon gar nicht sollte das Klischee bedient werden, MS führe unweigerlich in den Rollstuhl. Das kommt vor, ja. Und sehr selten gibt es auch wirklich gemeine Verläufe, die einen umbringen. Aber das ist so selten, dass man es nicht unter MS verbuchen sollte, sondern unter Pech. Ich hatte zunächst Pech, mit meinem Anfangsverlauf in den ersten zwei, drei Jahren, und dann großes Glück. Ich wusste schon damals, dass es durchaus MS-Betroffene gibt, die, anders als ich, sogar mehr oder weniger rasch nach der

»unheilbaren« Diagnosestellung ganz heil geworden waren. Denn die Worte einer Betroffenen hatte ich bereits im Ohr: »Ach, das hab ich auch, aber ich bin dann lieber nie wieder zum Neurologen gegangen.«

Von ihr oder all den anderen Geheilten wusste jedoch niemand, weil die ja niemand ins Fernsehen hievte. Der Marktwert von *good news* liegt nahe null, und was sich nicht in eine knackige Headline für Abgestumpfte und Reizschwellengestörte packen lässt, findet medial nicht statt. Spontanheilungen oder benigner MS-Verlauf sind daher keine Meldung wert – schon gar nicht, wenn der Geheilte nicht wenigstens mal im *Dschungelcamp* war. Die Frage eines Anrufers sei hier exemplarisch wiedergegeben, der sich beim Anhören eines meiner Radioauftritte bei der Reaktion beschwerte: »Warum sitzt *der* da und nicht ich, ich hab das schon länger, seit 30 Jahren, und mir geht's gut!« Hinter den Kulissen wird dann mild gelächelt, das kennt man ja schon, jeder will seine fünf Minuten Berühmtheit – aber ich fand: Der Mann hatte völlig recht. Das ist doch viel interessanter für alle Betroffenen. Wie hat er das gemacht? Heil bleiben – oder es wieder werden. Aber er hatte ja keine schreckliche Story dabei. Nur Positives, vermutlich.

Andersrum wird leider ebenfalls ein Schuh draus. Denn wenn ein gut vermarkteter *Dschungelcamp*-X-Prominenter dank des neuen Medikaments Ploxx oder Xyzolidera tatsächlich oder angeblich wieder einen total gesunden Blutdruck hat, kann das durchaus eine Meldung werden – hilfreich ebenso für den X-Promi wie für den Ploxx-Hersteller. Die tausend No-Names allerdings, die gleichzeitig an Ploxx gestorben sind, können sich nicht öffentlich bemerkbar machen und sagen: »Bei mir hat das nicht ganz so gut gewirkt.« Denn die sind ja nicht im Boulevard-Fernsehen, sondern tot.

Es klingt banal: Es ist so schwer, unsichtbare Dinge zu erkennen. Aber es ist wichtig zu wissen, was überhaupt Nachrichtenwert hat – und was nicht. Und was wie und warum kommuniziert wird. Die auf Schock und Dramatik verkürzte Darstellung von Krankheit, auch und gerade von MS, ist für die Wahrnehmung des Publikums verheerend – und für den normalen MS-Diagnostizierten ebenfalls, denn der konditionierte Mainstream-Zuschauer und -Leser *weiß* ja, dass man solchen Kranken besser aus dem Weg geht, weil die zeitnah *alle* gnatzig im Rollstuhl landen werden. So ist ein »gesunder« MS-Kranker eben auch kein »Charakter« für die Fernseh-Fiction; weshalb die in Fernsehfilmen und Serien vorkommenden MS-Kranken grundsätzlich im Rollstuhl sitzen, meist verbittert sind und bevorzugt binnen 90 Minuten sterben. Natürlich ist das billig, aber im doppelten Sinn: Das Publikum erwartet Aufregendes – Produzenten, Sender, Netz und Zeitschriften liefern. Man sollte indes als Zuschauer im Sinn haben, dass die Produzenten lediglich mit Effekten handeln, mit der Realität hat das wenig oder nichts zu tun.

Da ich nun plötzlich aussah wie einer, der am Markt etwas Geeignetes anzubieten hatte in Sachen Horror und Kitsch, hätte ich mich zum ersten Mal in meinem Leben für eine Tennishallenstunde bezahlen lassen können. Ich brauchte ja nur die Angebote der Frühstückssender annehmen, Bälle schlagen, ein bisschen Unsinn reden und würde so sicher 1 000 Bücher mehr verkaufen, pro Blödsinn. Wollte ich aber nicht. Also lehnte ich die Vorschläge des Boulevards ab, mit Moderatorinnen vor laufender Kamera den Rafael Nadal für Arme zu geben. Hätte ich zwar gekonnt, empfand das aber in jeder Hinsicht als krank, nicht nur aus dem oben genannten Grund, sondern auch weil das nach meinem Empfinden ein satter Rückhandschlag in die Gesichter all jener MS-Kranken gewesen wäre, die weniger Glück gehabt hatten als ich und die – ganz unverschuldet – eben *nicht* wieder aufgestanden waren. Ich wollte also weder öffentlich Tennis spielen noch öffentlich über MS reden. MS war eine Krankheit von vielen – die bei mir als Nebenwirkung zur Entstehung eines offenbar schönen Buchs geführt hatte. Darüber wollte ich gern reden, über Überlebenskunst. Den Umgang mit eben jenen Krisen, die wir alle erleben, auch wenn eben nicht auf allen »MS« steht oder »Krebs«, sondern eben auch »Scheidung«, »Jobverlust«, »Tod Nahestehener«, »Insolvenz« oder »Sinnkrise«. Über äußere und daraus resultierende innere Haltestellen. Über das, worauf es nach meinem Empfinden ankommt. Auch, aber nicht nur, beim Umgang mit schweren Erkrankungen.

Die Tenniseinladungen und Krankheitstalk-Einladungen lehnte ich folglich allesamt ab. Die zum *Kölner Treff* und zu Frank Elstners *Menschen der Woche* nahm ich an. Dort nämlich würde man mit mir garantiert nicht Tennis spielen wollen. Und tatsächlich ging es, wie in den Vorgesprächen zugesichert, minutenlang um das »Bildungsjuwel«, das »Kindern etwas Stärkendes für den Lebensweg« mitgab. Um das ganz generelle Wozu, um das Wieso, um Erwartungen und unsichtbare Prämissen, ums Loslassen und darum, sich die eigene Sterblichkeit bewusst zu machen – und entsprechend zu denken, zu fühlen und zu handeln.

Aber darüber redeten wir nicht lange. Denn Seelenruhe, innere Balance und Sinnhaftigkeit sind ja nicht abendfüllend und sowieso schwer in Twitter-Sätzen zu vermitteln, erst recht im Fernsehen. Also ging sofort wieder um meine MS – und sofort wieder nicht um Grautöne. Sondern um die Frage: »Fast tot, ganz geheilt: Wie haben Sie das gemacht?« Also: wieder aufzustehen, wieder die Hände bewegen zu können, laufen zu können und Tennis zu spielen. Geheilt zu sein! Das geht doch gar nicht, mit MS. Die ist doch unheilbar, und was einmal kaputt ist, das bleibt kaputt – wissen wir doch alle. Also: Wieso stehen Sie wieder? Der wunderbare Herman von Veen fragte öffentlich im *Kölner Treff*, für eine gebührend lange Antwort blieb keine Zeit, Frank Elstner fragte öffentlich im Rahmen seiner Sendung, für eine Antwort blieb keine Zeit. Aber danach fragten Hunderte andere mich per Mail: »Wie haben Sie das gemacht? Und was kann *ich* machen, um auch geheilt zu werden!? (Anhängend meine gesamten Befunde.)«

Und jetzt Sie: Was würden *Sie* da machen? An meiner Stelle? Überschlagen wir mal vorsichtig und durchschnittlich für jede Mail – lesen, bewerten, beantworten, immer zartfühlend und mit dem Hinweis, dass ich kein Arzt bin: 30 Minuten × 500 Mails = 15 000 Minuten = 250 Stunden = 31,25 Arbeitstage. Für den Anfang, die ersten zwei Monate, denn es trudelten ja dauernd neue

Mails ein, und wo ich antwortete, folgten nur wieder neue Nachfragen: »Welches B12 denn? Welchen Fisch? Ist ALA gleich ALA? Welche Meditation? Welche IgGE oder -4? Wer untersucht das in meiner Region (Detmold)? Wo gibt es in meiner Nähe (Detmold) einen Feldenkrais-Experten? Sind Paneele von Ikea in Sachen Formaldehyd okay? (Beigefügt meine Blutwerte und MRT-Aufnahmen).« Unmöglich, nicht zu leisten. Aber alle Mails einfach unbeantwortet löschen? Auch unmöglich, fand ich. Denn hinter jeder Mail steckte ja ein verzweifelter Mensch, da kann man doch nicht schweigen.

Ich entschied mich also, die 31,25 Arbeitstage zu investieren – aber nicht in 500 oder 5 000 Einzelantworten, sondern in einen Text für alle. Ich schrieb *MS für Anfänger* und stellte den 60 Seiten langen Text als PDF auf meine Webseite. Gratis. Die Fragen ließen zwar nicht nach, aber jetzt konnte ich immerhin auf ein geeignetes Dokument verweisen – was viele Menschen offenbar als hilfreich empfanden.

Unterdessen zog die vom *Kölner Treff* und Elstner losgetretene Aufmerksamkeit Kreise. Die *Quintessenzen* standen auf der Bestsellerliste, trotzdem wollte weiterhin niemand über den Inhalt mit mir reden, sondern nur über MS. Das Schlagzeilen-Missverständnis ließ sich inzwischen längst nicht mehr aufklären, denn dass ich mich bei jeder Gelegenheit als nicht *geheilt*, nur als *stabil* bezeichnete, wollte schlicht kein Mensch hören. Ich betonte, ich sei einfach froh, nicht gestorben zu sein. Ich räumte aber auch ein, dass ich vieles in meinem Leben verändert hatte – und vermutlich hatte die eine oder andere gravierende Veränderung meines Lebensstils, also nicht nur meiner Ess- und Trinkgewohnheiten, sondern auch mein verändertes Denken, Fühlen und Handeln, vor allem das Weglassen so vieler Dinge, Menschen und Verhaltensweisen, meine Verbesserung sehr begünstigt.

Aber obwohl ich mich wieder heil fühlte und obwohl ich seit Jahren keinen Schub mehr gehabt hatte, bezeichnete ich mich nicht als »geheilt«. Denn unter »geheilt« verstanden meisten offenkundig etwas ganz anderes als ich. »Geheilt« schien für die

Mehrheit – unausgesprochen – zu bedeuten: »Wieder exakt genauso wie vorher.« Mir erschien das völlig absurd, denn ich bin ja nicht mal heute genauso wie gestern, geschweige denn ist man nach einem schweren Unfall, einer überstandenen Krebserkrankung oder eben einer schweren MS-Zeit »wieder genauso wie vorher«, schon gar nicht fünf oder zehn Jahre später, weil man ja obendrein ganz normal altert. Doch offenkundig wollte das niemand besprechen. Oder sich wenigstens mal kurz darüber klar werden, was für eine komplett irrsinnige Definition von »geheilt« man da mit sich herumtrug. Niemand hatte für so was Zeit. Entweder: »Geheilt! Wie vorher! Fast tot! Spielt wieder Tennis!«, oder eben: »Weiterhin schwer krank, hier gibt's nichts zu sehen!«

Die einzige Medienvertreterin, die annähernd verstand, worum es ging, war Dr. Barbara Garde, die für den WDR die *Planet-Wissen*-Sendungen konzipierte und betreute. Und da die einstündige Sendung »live on tape« produziert wurde, konnte ich sicher sein, dass man meine Aussagen nicht entstellend zusammenschneiden oder mich irreführend zitieren konnte. Es bestand allenfalls die Gefahr, dass ich Blödsinn redete – aber das fällt ja unter eigene Fehler, und mit denen kann ich ganz gut leben. Also reiste ich nach Dortmund und berichtete, was ich gemacht hatte und was meiner Einschätzung nach hilfreich sein könnte, unterstützt vom zugeschalteten Leiter der UKE-MS-Ambulanz Professor Christoph Heesen, der – anders als die meisten seiner neurologischen Kollegen – meiner Sichtweise auf die Krankheit vieles abgewinnen konnte. So weit, so gut. Aber das reichte ja nicht.

Hilfe von außen

Als ich meiner Familie und meinen Vertrauten mitteilte, ich würde aus eigenen Mitteln und eigener Kraft eine umfangreiche Webseite aufbauen, die alle wesentlichen Informationen und Studien auswertete und geeignet sammelte, nebenher eine vollständige

Betrachtung der MS-Aspekte als Ratgeber beziehungsweise Fachbuch veröffentlichen, hielt sich die Begeisterung in sehr engen Grenzen. Besser gesagt: Die Skepsis war riesig. Und nahm noch ein bisschen zu, als ich ankündigte, nicht nur ein Jahr lang auf all meine andernfalls möglichen Verdienste zu verzichten, sondern obendrein alle Einnahmen aus den *Quintessenzen*, aus *MS für Anfänger* und auch die aus dem die Seite begleitenden neuen Buch vollständig in das Projekt »Lifestyle und MS«, kurz lsms.info, investieren zu wollen.

Die Frage lautete schlicht: »Wozu?« Oder, erfrischend deutlicher: »Bist du bescheuert?« Direkt anschließend folgte eine Prognose, gleichlautend aus vielen Mündern, zusammengefasst so lautend: »Danach bist du pleite. Danach wirst du zwar ein paar Leuten geholfen haben, die du nicht kennst, und zehn von denen werden dir bestimmt auch per Mail danken. Andererseits wird man dich in den einschlägigen Foren voller unheilbarer Ich-hab-das-schon-seit-30-Jahren-Fälle niedermachen und diffamieren, und die zahlreichen professionellen MS-Profiteure werden dich bestenfalls ignorieren, schlimmstenfalls anzeigen. Von den Neurologen kannst du keine Unterstützung erwarten, denn deine Grundidee ›Weglassen‹ ist für alle Behandler und Medikamentenhersteller schlicht existenzgefährdend. Keine Zeitung, kein Sender wird dich unterstützen oder auch nur über dein Engagement berichten, denn die haben einen Haufen Werbekunden aus der Pharmaindustrie. Und MS ist für die eine goldene Kuh, ein Milliardengeschäft. Nicht mal die Krankenkassen werden dich unterstützen, denn seit Einführung des Morbi-RSA[5] brauchen die dringend mehr chronische, unheilbare Kranke, nicht weniger. Und solltest du doch, tatsächlich, aus unerfindlichen, wunderbaren Gründen mit deiner Message hörbar durchdringen, wird dich irgendein Auftragskiller von Big Pharma wahrscheinlich tödlich verunfallen lassen.«

Meine Gegenargumente waren klasse: »Erstens: Ich hab aber keine Lust zu glauben, dass die Welt so ist und dass die Menschen so sind. Zweitens: Big Pharma ist zwar kriminell, aber nicht *so* kriminell – außerdem reicht es völlig, Kritiker totzu*schweigen*. Drittens: Vielleicht hilft das ja jemandem, wenigstens *einem* Menschen, den ich gar nicht kenne, und dann kriege ich zwei Punkte auf meinem Karmakonto gutgeschrieben und muss nächstes Mal nicht als Küchenschabe wieder vorn von anfangen.«

Also gönnte ich mir ein Charity-Jahr, baute die Seite aus eigenen Mitteln, warf meine Honorare aus dem Buch zum Thema dazu (auch wenn das vorn und hinten nicht reichte), übergab alles nach Fertigstellung an meine wunderbaren Wegbegleiter und das neu entstandene hilfreiche Netzwerk und ging wieder arbeiten. Im Wissen, dass es etwas genützt hatte. Ich hatte ein paar Menschen geholfen. Das war gut. Ich hatte einen Haufen schöner Briefe erhalten. Und selbstgemalte Bilder. Und ein von einem Betroffenen selbstveröffentlichtes sehr schönes Tagebuch. Unterm Strich war das Ganze also eine hilfreiche, nützliche und gute Aktion gewesen, fünf- bis zehntausend Menschen hatte alles gratis genützt, einem eher nicht, aber das fiel unter »Kollateralschäden«, also blieb per Saldo viel Gutes stehen.

Und es stimmt ja auch gar nicht, dass ich mit der Aktion nur viel verloren hatte, also: viel Zeit und viel Geld, ja, aber ich hatte auch etwas gewonnen, neben den zwei Punkten auf dem Karmakonto, im Hier und Jetzt einen Haufen nützlicher Erkenntnisse.

Und die werden ja nicht weniger, wenn man sie teilt.

Unheil

Gesunde Menschen sind nur Kranke,
die von ihrem wahren Zustand noch nichts wissen.
(Jules Romain)

Die Konsequenzen der institutionellen Medizin
wirken zusammen und rufen eine neue Art Leiden hervor:
anästhesiertes, ohnmächtiges und einsames Überleben
in einer Welt, die sich in eine Krankenstation verwandelt.
(Ivan Illich)

Viele Menschen würden eher sterben als denken.
Und in der Tat: sie tun es.
(Bertrand Russell)

Prämissen (defekt)

Anfang 2016 erreichte mich die Bitte einer Mitbetroffenen, ich möge ihr doch bei ihrer Ernährungsumstellung behilflich sein. Wie die meisten, die mir schreiben, hatte die Dame meine Ausführungen zur MS nicht gelesen, sondern mich nur im Fernsehen gesehen und aus meinem Weg Hoffnung geschöpft. Sie litt, wie sie mir schilderte, seit Kurzem an einer Fußheberschwäche, einem durchaus häufigen Problem MS-Erkrankter, und wollte nun von mir wissen, wie lange es etwa dauern würde, bis diese Schwäche sich wieder ganz zurückbildete, wenn sie sich ganz oder teilweise an die von mir angeregten Einschränkungen hielt – auf Milch und Kuchen würde sie allerdings nicht verzichten können. Zum Ende der langen Mail ergänzte sie der Vollständigkeit halber: MS sei bei ihr bereits vor 35 Jahren diagnostiziert worden, sie habe aber nie Beschwerden gehabt und sei inzwischen 74 Jahre alt. Ich konnte die Frage nicht beantworten. Das war unhöflich. Aber wenn ich ehrlich geantwortet hätte, wäre das noch unhöflicher gewesen.

Die meisten anderen Ratsuchenden erwarten nicht ganz so viel. Nur Einfachheit, Klarheit, bevorzugt: eine Zauberpille. Am besten eine mit viel Vitamin D3 drin, denn spätestens seit Dr. Coimbra[1] hat ja fast jeder MS-Diagnostizierte schon mal gehört, dass dessen »Protokoll« einen wieder ganz gesund macht – und das Protokoll scheint ja nur aus Vitamin-D-Hochdosen zu bestehen. Man macht sich nicht sonderlich beliebt, wenn man darauf hinweist, dass das nicht stimmt. Dass zum einen allerhand geklärt werden muss, ehe man diese Therapieform wählt (ein Blick auf die Gene gehört auch dazu), zum anderen, wichtiger, dass es eben nicht nur um die Pille geht, sondern um ein Komplettprogramm – inklusive diverser Umstellungen und Veränderungen des Lebensstils. Viele sind enttäuscht, wenn man sie zart darauf hinweist. Denn wie die vierundsiebzigjährige Dame mit der Fußheberschwäche wollen sie zwar gern ihren Zustand wieder ändern, aber ungern sonst irgendwas. Weder in Sachen Lebensgestaltung noch in Sachen Ess- oder Trinkgewohnheiten, noch will man meditieren oder philosophieren, noch irgendwas lesen. Man will nur wissen, ob, nein, *dass* hochdosiertes Vitamin D, ohne Schnickschnack, ohne Extras, eine Pille jeden Morgen, *die* Lösung ist.

Ich falle daher oft bei Ratsuchenden oft jäh in Ungnade, hüte mich aber dennoch, anstrengend zu werden. Denn ich *weiß* ja nicht, wessen Zustand überhaupt beeinflussbar gewesen ist oder sein könnte durch den ganzen »aufwendigen Quatsch«, durch Philosophie, Meditation, Weglassen, Ernährungsumstellung sowie gezielte Nahrungsmittelergänzungen. Ich weiß nur, dass ich all dies versuchen würde. Weil ich es selbst so gemacht habe. Gründlich und kleinlich, weit über die Betrachtung der gängigen Laborwerte hinaus, um alle überhaupt denkbaren Ursachen auszumachen, und, notfalls unter Vernichtung meiner Ersparnisse, mittels 6 Monaten unbezahlten Urlaubs, Qigong und Stillsitzen – um meinem Körper bei der Selbstheilung zu helfen. Aber mir ist bewusst, dass die meisten das als Zumutung empfinden.

Die vierundsiebzigjährige Dame ist eben beileibe nicht allein mit ihrem Erwartungsproblem, auch wenn sie nach meinem Dafürhalten an einer besonders schweren Form leidet. Die leichtere Erwartungserkrankung hingegen ist weit verbreitet und förmlich chronisch: Man geht zum Arzt, der Arzt verschreibt einem was, meist ein Medikament, und dann wird man wieder gesund. Ohne Arzt und ohne Verschreibung geht das nicht, schon gar nicht kann der eigene Körper so etwas: wieder heil werden – ohne ärztliche Verschreibung.

Wir Deutschen sind in der Hinsicht ungeheuer konsequent. Bis zu neun Millionen von uns sitzen jeden Montagmorgen in den Praxen der Republik[2] und warten auf unsere 380 000 Ärzte, niedergelassene wie klinikangestellte.[3] Jederzeit liegt eine halbe Million von uns im Krankenhaus, etwa 20 Millionen werden alljährlich stationär behandelt.[4] Sofern wir also davon ausgehen, dass man nur zum Arzt geht, wenn man krank ist – und wieso denn sonst? –, sind wir das mit Abstand krankste Volk der Welt. Aber trotz unserer Rekordversorgung mit Medizinern und Medizin sinkt unsere Lebenserwartung[5] – die ohnehin deutlich kürzer ist als die Lebenserwartung unserer schlechter mit Ärzten versorgten Nachbarn: Spanier, Franzosen oder Italiener leben im Schnitt drei Jahre länger als wir.[6] Dabei fällt im internationalen Vergleich überdies auf, dass die Prognose für die »krankheitsfreien Jahre« jenseits des fünfzigsten Geburtstags in Deutschland verblüffend schlecht ist: Wir sterben nicht nur früher als unsere Nachbarn, wir sind auch auf dem letzten Stück des Wegs deutlich angeschlagener[7]. Unsere Jahr für Jahr zahlreicher werdenden Ärzte scheinen mithin so ganz und gar nichts dazu beitragen zu können, dass sich diese Tendenz umkehrt – und sich dank Ihres Wirkens längeres Leben oder zumindest mehr Gesundheit einstellt. Ganz im Gegenteil: Wir werden immer kränker, und die »Schere zwischen Behandlungsbedarf und Behandlungskapazitäten [öffnet sich] immer weiter«, so Prof. Dr. Frank Ulrich Montgomery, der Präsident der Bundesärztekammer. Wir kommen gleich ausführlicher auf Böcke, Gärtner und Milchmädchen zurück.

Für unsere durchschnittlich 18 Arztbesuche pro Jahr bezahlen wir Deutschen nun obendrein, anders als alle anderen Erdenbürger, keinen Cent. Jedenfalls nicht selbst, nicht aus eigener Tasche. Wir sehen nie eine Rechnung. Anders als in allen anderen Ländern der Welt, in denen man zumindest in Vorlage gehen und sich das aufgewendete Geld von einer Krankenkasse ganz oder teilweise erstatten lassen muss, wird all dies hierzulande von unsichtbaren Händen im Hintergrund geregelt. Man behelligt uns nicht damit, dass die Leistungen des Arztes und die von ihm verschriebenen Medikamente Geld kosten. Viel Geld.

Auf wie viele unserer durchschnittlich 18 jährlichen Arztbesuche würden wir verzichten, wenn wir sie aus eigener Tasche bezahlen müssten? Oder die Summen auch nur auslegen und uns zurückholen müssten von unseren Kassen? Auf durchschnittlich 9? Oder doch eher auf durchschnittlich 15?

Und auf wie viele, wenn wir wüssten, dass unsere Prämisse betreffend die Ziele der Gesundheitsmaschine falsch ist: die Idee, das »Gesundheitswesen« wolle uns nützen? Auch wenn Einzelne (Ärzte) darin genau dies bestimmt wollen: Das Wesen, weniger

Gesundheits- als Krankheitswesen, *kann* dies nicht wollen und nicht zulassen. Und »es« meint das gar nicht böse. Oder persönlich.

Es besteht also kein Anlass, sauer zu werden. Nicht auf unsere Ärzte. Und schon gar nicht auf die Pharmaindustrie. Wir müssen uns nur klarmachen, mit wem wir es zu tun haben.

Krankheitsmaschine (intakt)

Ohne florierendes Krankheitssystem würde die deutsche Wirtschaft wohl umgehend zusammenbrechen, denn die Gesundheit unseres alles entscheidenden Wachstumsindikators, des Bruttoinlandsprodukts (BIP), hängt maßgeblich davon ab, dass es immer weniger Gesunde gibt und immer mehr Kranke. Wer das merkwürdig findet, vergegenwärtige sich, dass das irreführend so genannte »Gesundheitswesen« seit 1950 von einem 2-Milliarden-Geschäft zu einer 350-Milliarden-Maschine[8] eskaliert ist, deren Umsätze 12 Prozent des BIP ausmachen und die mit etwa 5,5 Millionen Beschäftigten[9] fast jeden sechsten Arbeitsplatz in Deutschland stellt.[10] Nicht einberechnet sind hierbei Zulieferer, Handwerker, Beschäftigte der »Wellnessbranche« sowie Heilpraktiker, Homöopathen und alle nicht behördlich als Gesundheitsdienstleistende anerkannten Behandler.[11] Zählte man all diese und ihre Leistungen hinzu, betrüge der BIP-Anteil des Krankheitswesens wohl zwischen 15 und 20 Prozent.

Weshalb das BIP zerstörerisch wirkt, als Teufelszahl im Schafspelz,[12] habe ich an anderer Stelle ausführlich dargelegt. Hier wollen wir uns nur erinnern, dass wir die Zahl nicht loswerden, allem Bemühen von Nobelpreisträgern zum Trotz:[13] eine Zahl, die Wirtschaftstätigkeit emotionslos misst und folgerichtig ganz ungerührt bleibt, wenn Sie morgens unfallfrei zur Arbeit fahren (BIP-Zuwachs = 7,50 Euro), hingegen gewaltiges, positives, wünschenswertes Wachstum mittels Freudensprung nach oben signalisiert, wenn Sie einen schweren Unfall mit zwanzig Totalschäden und vielen Schwerverletzten verursachen (BIP-Zuwachs = 1 250 007,50 Euro).

Die explodierenden Kosten des Krankheitssystems bereiten daher auch dem zuständigen Gesundheitsministerium nicht etwa Sorgen, sondern lösen regelrechte Begeisterungsstürme aus. Die alljährlichen Berichte preisen in den höchsten Tönen den »Beschäftigungsmotor«,[14] die »Wachstumsbranche auf Erfolgskurs«,[15] deren »durchschnittliche Bruttowertschöpfung« mit »3,5 % deutlich schneller wächst als die Gesamtwirtschaft«, und man spart auch nicht mit Exportweltmeister-Lob für den erklecklichen Außenhandelsüberschuss der Branche (21 Milliarden Euro im Jahr 2014).[16] Verständlicherweise findet sich in öffentlichen Verlautbarungen nicht der leiseste Hinweis darauf, dass all dieses Wachstum vor allem bedeutet, dass die Leute nicht direkt gesünder werden, aber das wäre ja auch gar nicht gut. Im Gegenteil: Zunehmende Gesundheit wäre alarmierend für das Gesundheitsministerium, bedeutete sie doch abnehmendes Wachstum oder gar eine Schrumpfung des so überaus erfolgreichen Sektors. Anlass zur Sorge besteht aber diesbezüglich offenkundig nicht.

Über die (vordergründig) dramatischen Fehlentwicklungen in unserem Krankheitssystem haben nun in den vergangenen Jahren eine ganze Reihe von *Whistleblowern* und Aufklärern, meist Experten mit medizinischem Hintergrund, kluge und schockierende Bücher vorgelegt. Eine kommentierte Literaturliste finden Sie im Anhang, sofern Sie Interesse an Mafia- und Horrorgeschichten haben, werden Sie dort garantiert fündig. Allerdings hält sich das Publikumsinteresse an diesen Büchern in Grenzen, denn selbst wenn einige Titel kurzzeitig auf der Bestsellerliste stehen, bedeutet das nicht, dass plötzlich Unmengen Leute ihre Nase in ihre eigenen Angelegenheiten stecken. Ein temporärer Platz 15 in der *Spiegel*-Liste bedeutet nur, dass von 82 000 000 Deutschen den für sie so lebenswichtigen Stoff *nicht* gelesen haben: circa 81 980 000.

Aber auch wer keines dieser dicken Bücher liest, bekommt ja immer wieder mal am Rande etwas mit von den frischen Skandalen der Pharmaindustrie oder erfährt, dass unsere Krankenhäuser sich in privat betriebene Shareholder-Profitmaschinen verwandelt haben. Gerade dieses Wissen aber – so viele Skandale sind längst von klugen Menschen aufgedeckt und veröffentlicht, niemand muss noch Wikileaks bemühen, um alle Fakten, frei von »Verschwörungstheorien«, zu erfahren – führt uns kognitiv aufs Glatteis. Denn wir sind ja nicht im Wilden Westen, sondern in der Zivilisation – und wenn all diese »Ermittler« Skandale offenlegen, gehen wir doch unausgesprochen, selbstverständlich davon aus, dass sich um diese Schweinereien schon jemand kümmern wird.

Wenn Peter Goetzsche belegt, dass in den USA jedes Jahr zwischen 210 000 und 250 000 Menschen[17] an ärztlichen Behandlungen und an vorwiegend verschreibungsgemäß eingenommenen Medikamenten sterben (iatrogene[18] Todesfälle), und wir davon ausgehen können, dass die gleiche Zahl an europäischen Opfern hinzukommt[19] (sowie ein paar weitere Millionen nicht *Tote*, aber iatrogen Verstümmelte und chronisch Erkrankende), ist das ein Riesenskandal, ein unfassbares Drama. Eine knappe halbe Million Todesopfer im zivilisierten Norden? Pro Jahr? Verursacht nicht etwa durch »Kunstfehler« oder falsch eingenommene Mittel, sondern durch vorschriftsgemäßes Handeln von Arzt und Apotheker? Undenkbar, das kann nicht sein. Wäre das so, liefen doch jeden Abend zur besten Sendezeit *Brennpunkte* in allen Programmen, bis diese Epidemie historischen Ausmaßes besiegt und verschwunden ist. Diesen Massenmord müsste, würde doch sofort jemand abstellen. Nämlich unsere Behörden, unsere Regierung. Irgendwer, den wir doch genau dafür eingesetzt haben und bezahlen, dass er uns vor Betrug und Missbrauch schützt – erst recht aber vor Verstümmelung und Ermordung, also: unsere körperliche Unversehrtheit. Denken wir.

Und so denken wir auch, wenn wir ein halbes Jahr nach der jüngsten uns zu Ohren gekommenen Skandalmeldung zum Arzt gehen, darum werde sich ja wohl in der Zwischenzeit jemand gekümmert haben. Hat aber keiner. Und das liegt nicht daran, dass das System versagt hätte. Es liegt daran, dass das System funktioniert.

Ben Goldacre konstatiert zutreffend, stellvertretend für so viele Kritiker: »Medicine is broken«[20] – die Medizin ist kaputt. Aber die Medizin, das Krankheitswesen, ist eben kein Sonderfall, keine kaputte Insel, denn sie gehorcht höheren Systemgesetzen. So hat Spezialist Goldacre recht, springt aber doch zu kurz und erweckt gar, wie alle Kämpfer für die Gesundheit, den Eindruck, man könne die kaputte Medizin reformieren, ohne den Rest des Systems zu reparieren. Das ist falsch.

Unser Krankheitssystem ist eingebettet in einen größeren Zusammenhang. In diesem Zusammenhang gilt das erste Gebot von Kanzlerin Merkel: »Ohne Wachstum ist alles nichts.« Droht in diesem System eine wachstumstreibende Branche wie die Autoindustrie, die deutlich kleiner ist als die Gesundheitsbranche, durch innere oder äußere Faktoren gebremst zu werden, greift man daher notfalls sogar zu radikalen Maßnahmen und beschließt auf Kosten aller eine Schrottprämie. Gerät das Bankwesen unter Druck, rettet man es per Bail-out. Und kommt ein Schlaumeier auf die Idee, »geldwerte Leistungen« einfach nachbarschaftlich über den Gartenzaun zu verschenken – was fürs BIP reines Gift ist –, ändert man die Steuergesetze.

Das Krankheitswesen, fest eingebettet in dieses größere System, will und muss wie alles andere wachsen. Aber während das Weiterwachsen beispielsweise der Autoindustrie »nur« bedeutet, dass wir uns auf Teufel komm raus alle paar Jahre ein neues Auto kaufen müssen, bedeutet Wachstum in der Krankheitsbranche: mehr Kranke. Was also Goldacre, Goetzsche und alle anderen Aufklärer beschreiben, ist nicht das Versagen des Systems, sondern seine gewünschte Funktionsweise, sein Triumph.

Die Krankheitsmaschine läuft – wie gewünscht, wie geschmiert. Wir müssen uns nur klarmachen, was das bedeutet: dass das Ziel der Maschine eben nicht dasselbe ist wie unseres, sondern das genaue Gegenteil. Denn je gesünder wir sind, desto schlechter geht es der Maschine. Je kränker wir sind, desto besser geht es der Maschine. Alles, was medizinisch vernünftig wäre, rasche Gesundung beförderte und chronische Krankheit vermiede, ist daher schlicht geschäftsschädigend – und schlecht fürs BIP. Deshalb behandelt die Maschine nicht Kranke, sondern Krankheit, deshalb ist ihr Produkt nicht Gesundheit, sondern der Kranke – und wir sind in diesem System lediglich Brennstoff, nicht etwa Reiseteilnehmer. Deshalb honoriert das System jeden Zuwachs an Krankheit, nicht an Gesundheit. Das Interesse dieser Maschine an Gesunden ist gleich null. Die oben beschriebene Iatrogenik trifft hier auf verhängnisvolle Weise mit dem »Prinzipal-Agent-Problem« zusammen, das auftritt, »wenn eine Seite (der »Agent«, der Beauftragte) persönliche Interessen verfolgt, die mit den Interessen desjenigen, der seine Dienste in Anspruch nimmt (des »Prinzipals«, des Auftraggebers), nicht übereinstimmen.[21]

Wir tun uns indes schwer, das einzusehen. Die Unzähligen, die ihren Lebensunterhalt mit Krankheit verdienen, sind wohl entschuldigt, denn Upton Sinclairs Wort gilt weiterhin: »Ein Mensch lässt sich schwerlich bewegen, etwas zu verstehen, wenn sein Gehalt davon abhängt, dass er es nicht versteht.«[22] Aber auch alle anderen, die nicht von Kranken leben, geraten hier kognitiv in schwere Dissonanz – unsere Ratio kollidiert mit unseren festen Überzeugungen: *Das* kann doch gar nicht sein, der Kranke als Benzin, nicht als Passagier? Das wäre doch … krank. Und unanständig. Und überhaupt, das ist doch gar nicht wahr, es steht doch »Gesundheitssystem« drauf, nicht »Krankheitssystem«. Es ist beeindruckend, wie gründlich wir uns von Worten, von »Neusprech« in die Irre führen lassen, ebenso beeindruckend wie die Marketingarbeit der Krankheitsindustrie. Könnte die Autobranche ebenso perfekt Gehirne waschen, wären wir alle heute felsenfest davon überzeugt, VW und Co. arbeiteten rund um die Uhr an der Abschaffung von Straßen.

Zur Auflösung dieser unangenehmen inneren Dissonanz stehen uns nun mehrere Wege offen, die bequemsten und meistgewählten sind: Herunterspielen, Nichtwahrnehmen und selektives Weglassen von Informationen, also die Beibehaltung der ursprünglichen Überzeugung. Verständlicherweise, denn der andere Weg zur Auflösung der Dissonanz wäre eine Anpassung des eigenen

Verhaltens an eine *neue* Überzeugung. Und das ist nicht nur mühsam und unangenehm, es verheißt auch Frustration, da ja der Einzelne nicht das Gesamtsystem verändern kann. So resultiert aus der traurigen Erkenntnis, dass das System primär sich selbst dient und nicht dem Erkrankten, nichts sonderlich Zielführendes: Zwar kann man diesen Zustand beklagen oder doof finden oder empörend – als interessierter Bürger, als Weltverbesserer, als Mensch –, aber mangels Verbündeter kann man ja offenkundig nichts daran ändern. Und wer wollte sich freiwillig selbst dauernd frustrieren? Zumal ja die Funktionsweise des Systems, solange wir gesund sind, nicht lebensgefährlich ist – jedenfalls nicht für uns selbst. Erst wenn wir selbst zu Patienten werden, wenn wir uns doch selbst an das System wenden (müssen), weil wir krank sind oder uns krank fühlen, wird es heikel. Daher müssen wir uns als Patienten in spe – selbstschützend – von ein paar weiteren Illusionen verabschieden.

Primär müssen wir uns von der Prämisse verabschieden, unsere Ärzte, Behandler, Krankenkassenmitarbeiter, Krankenhausbetreiber, Medikamentenhersteller, Forscher müssten ein Interesse daran haben, uns gesundzumachen. Haben sie aber nicht – und zwar nicht, weil sie schlechte Menschen wären, sondern weil sie an unserer Gesundheit kein Interesse haben *können*. Weil das System sie bestraft, wenn sie unsere Gesundheit fördern. Das heißt: Es wird ihnen systematisch ungeheuer schwer gemacht, unsere Gesundheit überhaupt befördern zu wollen. Verfolgen sie dieses Interesse ernsthaft, müssen sie waghalsige Helden sein, mutige Gutmenschen reinsten Wassers, denn in diesem Fall setzen sie sich der Gefahr aus, pleitezugehen, ihren Arbeitsplatz, ihre Approbation zu verlieren oder gar vor Gericht zu landen.

Diese Konstruktion ist nur konsequent. Denn da Gesundheit dem BIP schadet, ist Selbstheilung gänzlich unerwünscht. Wer nicht zum Arzt geht, schadet dem BIP. Wer andere Menschen heilt, und zwar so, dass sie dem System gesundet fernbleiben, schadet dem BIP. Wer innerhalb des Systems versucht, Gesundheit herzustellen, schadet dem BIP, wird ausgestoßen und verliert seine Lebensgrundlage. Wer von außen versucht, Gesundheit herzustellen, bedroht das Einkommen derer, die vom System leben. Und wird zum Paria, denn er wendet sich, mehr oder weniger frontal, gegen das erste Gebot, gegen das Dogma: »Ohne Wachstum ist alles nichts.« Wer hier »Abwarten und Weglassen« empfiehlt, ist aber nicht nur ein Saboteur, sondern auch naiv.

Ich bekenne mich schuldig. Doppelt. Gestatten Sie mir, das sogar zwei Seiten lang zu belegen. Mit Masochismus hat das nichts zu tun, es dient nur – hoffentlich – der Unterstreichung des Gesagten.

Nachdem ich mit den *Quintessenzen* kurz auf der *Spiegel*-Bestsellerliste stehen durfte und notgedrungen die Gratis-Fibel *MS für Anfänger* ins Netz gestellt hatte, meldeten sich der ebenfalls an MS erkrankte und umfassend über die Krankheit informierte Diplomingenieur Anno Jordan und sein Wegbegleiter Professor Jörg Spitz[23] bei mir. Wir fragten uns zu dritt, ob oder wie wir anderen Betroffenen, insbesondere »Anfängern«, noch besser helfen konnten, die »unheilbare« MS gleich vom ersten klinisch isolierten Syndrom (CIS) oder eben dem ersten echten »Schub« an so in den Griff zu bekommen, dass die Erkrankung möglichst lebenslang stabil und unauffällig bliebe – oder sogar ganz verschwinden möge. Denn dass dies häufig vorkam, wussten wir ja, teils aus eigener Erfahrung, teils aus den zahlreichen Studien, die leider niemand geeignet kommunizierte, erst recht aus den vielen Berichten, die uns inzwischen erreichten, Berichten von etlichen über Jahrzehnte »Stabilen« sowie von tatsächlich Geheilten.

Anno Jordans und mein Motiv, dieses Wissen weitergeben zu wollen, war simpel: Wir selbst hätten über all diese Informationen nämlich gern verfügt, als wir zum ersten Mal im Krankenhaus gelandet waren und uns die Diagnose eingefangen hatten. Mit unserem Kenntnisstand von 2014 indes wären wir den dringenden Empfehlungen unserer Neurologen wohl nicht gefolgt – und vielleicht sogar wieder ganz gesund geworden, nicht nur halbwegs stabil. Diese Chance und die Möglichkeiten aufzuzeigen, die man selbst zur Beeinflussung des Verlaufs hatte, per sachlicher Information, erschien uns jedenfalls essenziell. Aber außer uns schien das keiner machen zu wollen. Weshalb? Wir vermuteten ganz naiv: wegen des hohen Aufwands. Denn es war ja aufwendig, und wer konnte sich das leisten? Wer sollte das bezahlen? Eine schön und komfortabel bedienbare Webseite, eine angehängte sicher verschlüsselte Datenbank mit Berichten von Stabilen und Geheilten, vor allem aber eine umfassende, gut verlinkte Aufbereitung von allem, was in Sachen MS wichtig war. Das bedeutete neben viel Technik- und Techniker-Einkauf unterm Strich wenigstens ein oder zwei »Mann-Jahre« Arbeitszeit, und selbst wenn wir einen ausreichend qualifizierten Web-Designer-Programmierer-Mediziner-MS-Experten fanden, der auf zwei Drittel seines Jahreseinkommens verzichtete, benötigten wir doch wenigstens 50 000 bis 80 000 Euro. Wer, bitte, sollte die investieren?

Unsere Diskussion dauerte nicht sonderlich lang – so naiv waren wir dann doch nicht. Unsere Webseite würde lediglich Patienten und Neudiagnostizierten nützen und im günstigsten Fall dazu führen, dass diese praktisch kostenlos zurückfanden zu Gesundheit und Stabilität. »Kostenlos« für die Patienten bedeutete aber andererseits auch »ohne Gewinnaussicht für den Investor«. Und wer sollte 80 000 Euro in die Hand nehmen, nur um die Gewinne von Ärzten und Pharmaindustrie zu schmälern? Robin Hood arbeitet nicht bei Goldman Sachs und schon gar nicht bei der Pharmaindustrie.

Als aufmerksam mitdenkender Leser werden Sie an dieser Stelle »Moment mal!« denken, weil Sie rechnen können: MS-Kranke, die von Ärzten oder Zentren betreut und mit reichlich Chemie behandelt werden, kosten die Gemeinschaft viel Geld, nämlich durchschnittlich etwa 50 000 Euro pro Kopf und Jahr. Verhalfen wir also lediglich 5 Prozent der Erkrankten, speziell den Neudiagnostizierten, auch und gerade mittels »Weglassen«, zu einem selbstbestimmten Gratisweg zurück zu Stabilität und Gesundheit, ließ sich problemlos über den Daumen peilen, dass wir nicht nur sehr viel Leid aus der Welt schaffen würden, sondern auch erhebliche Kosten – selbst wenn wir, bescheiden angenommen, nur 2000 Patienten halfen, im Gegenwert von jeweils 50000 Euro jährlich. Die Gemeinschaft aller, die in die Krankenkassen einzahlen, würde also jährlich 100 Millionen Euro sparen. Nein, halt, Unsinn: abzüglich der 80000 Euro, die der Betrieb der Patienteninfo-Seite kosten würde. Also betrüge die Ersparnis für die Gemeinschaft nur 99920000 Euro, und das jedes Jahr.

Den Denkfehler in dieser Rechnung sieht jeder Laie spätestens auf den zweiten Blick: 99,92 Millionen Ersparnis für die Gemeinschaft bedeuten 99,92 Millionen Umsatzeinbuße für Ärzte, Behandler und Medikamentenhersteller.[24] Und damit 99,92 Millionen weniger Bruttoinlandsprodukt. Pro Jahr.

Präziser: So unschön, wahlweise fürchterlich MS für uns Betroffene ist – für Behandler und Vermarkter ist MS die perfekte Krankheit: ungeheuer lange Laufzeit, nämlich durchschnittlich 50 Jahre,[25] Beginn in der Regel im Alter zwischen 20 und 40, je früher man die Krankheit schon bei Verdacht diagnostiziert desto länger. Krankheitsursache: unbekannt. Heilungschance: keine. Große Angst bei den Betroffenen, dazu der von Neurologen entlang der vorliegenden Leitlinie schon bei einem CIS sofort empfohlene Beginn einer jährlich etwa 50000 Euro teuren Therapie – allein die Medikamente schlagen mit 12000 bis 35000 Euro pro Jahr zu Buche –, die der Patient zeitlebens fortsetzen muss. Die Überwachung sowie die medikamentös zu behandelnden Nebenwirkungen der Basis- und Eskalationstherapie sorgen für zusätzliche, stabile Gewinne, zudem profitieren Kliniken, neurologische und andere Behandler, MS-Zentren, MS-Spezialkliniken und Rehakliniken während der gesamten Krankheitsdauer. Selbst bei Rollstuhlherstellern lässt sich schwerlich ein Interesse an einer *Heilung* der MS herbeifantasieren.

»Bringt« jeder voll betreute[26] MS-Patient seinen Behandlern und Verwaltern also etwa 50000 Euro im Jahr, lässt sich wohl auch ohne eigenes Rechenzentrum vorsichtig konstatieren, dass bei 220000 Betroffenen in Deutschland mindestens ebenso viele Menschen *von* MS leben wie *mit* MS. Und die Interessen von Patienten und Behandlern sind nun einmal diametral entgegengesetzt, denn ginge die Zahl der MS-Kranken um die Hälfte zurück, verlören eben auch 60 000 bis 95 000 Beschäftigte à angenommenen 50 000 Euro Jahreseinkommen ihre Jobs. Schon der Versuch, MS zu heilen, ist daher aus wirtschaftspolitischer Sicht entschieden zu verurteilen.

Anno Jordan, Jörg Spitz und ich hatten diese Kehrseite anfangs nicht im Blick. Wir wussten nur, dass unser Engagement uns viel Zeit und Geld kosten würde, ohne Aussicht auf Kostendeckung, aber das konnte ja keine Rolle spielen, es war ja für einen guten Zweck. Wie sehr wir, die wir das Weglassen propagierten, dem System auf die Nerven gingen, sahen wir nicht. Wohlgemerkt: nicht den Menschen in diesem System. Den Neudiagnostizierten ohnehin nicht, denn die trugen unsere Initiative dankbar mit, aus eigenen Mitteln, mit Spenden, und sorgen bis heute dafür, dass unser jährliches Winzbudget von 7 500 Euro zusammenkommt. (Am Rande, laut gerufen: DANKE! Und nicht nur für die Spenden, auch für das viele positive Feedback.) Viele Ärzte zeigten sich ebenfalls anerkennend, bestätigend, solidarisch, wenn auch lediglich in privaten Zuschriften oder mit anonymen Spenden, denn öffentlich konnten sie ja kaum sagen: »Weglassen! Gute Idee!«[27] Sogar Big-Pharma-Angestellte unterstützen uns. Heimlich, als Menschen, privat – aber nicht als Vertreter des Systems. Verständlich.

Denn dieses System ist von immenser Bedeutung – und es ist perfekt organisiert, bis ins letzte Detail. Alle Ärzte, alle Kliniken, alle 164 Krankenkassen,[28] die Kassenärztliche Vereinigung, diverse Behörden, die gesamte Pharmaindustrie, PR- und Werbeagenturen, Maschinenhersteller, Forscher, Universitäten, Lobbyisten: Das Wohlergehen aller 5,5 Millionen in der Krankheitsbranche Beschäftigten (plus geschätzt einer weiteren Million Menschen in »Zuliefererbetrieben«) vom CEO bis zum Pfleger hängt an dieser Maschine. Hier, in diesem System, ist alles perfekt verzahnt. Irreparabel verzahnt. Und zwar unreformierbar – solange man nicht das gesamte System reformiert, in das das Krankensystem eingebettet ist. (Träumen Sie weiter! Ich mache mit. Aber das bringt uns hier nicht weiter.)

Hierbei sei indes ausdrücklich und förmlich in Großbuchstaben betont: Es kann und wird in dieser Betrachtung *nicht* um Schuldzuweisungen oder Skandale gehen. Das würde uns nur vom Wesentlichen ablenken und falsche Hoffnungen erwecken. Hier geht es nicht um das »völlig folgenlose Aufaddieren von Empörungen« (Rainer Mausfeld), was dann doch nur zu Frustration und »Empörungserschöpfung« führt – weil sich nichts ändern kann und wird. Und auch Kritik am Fehlverhalten Einzelner wäre hier fehl am Platz und unterbleibt daher. Denn es ist nichts individuell Böswilliges im Spiel – auch wenn es selbstredend böse Teilnehmer in diesem Spiel gibt, aber die können wir vernachlässigen. Es handelt sich schlicht um eiserne Systemgesetze, denen sich niemand entziehen kann. Und so wollen wir allen Beteiligten, auch und gerade jenen mit einer Mentalität im Sinn von »Ich bin doch hier nur Schaffner im Zug nach Guantanamo« ein Blankopardon ausstellen. Denn all diese Leute, die uns schaden, sind selbst Opfer, Schaffner, Soldaten, die im Fall des Widerstands untergehen würden – und daher nichts tun können, um uns zu helfen.

Einige tun das trotzdem. Das sind Helden. Aber wer wollte nach den vielen, die sich Heldentum eben nicht leisten (können), mit Steinen werfen? Wir müssen doch alle unsere Miete zahlen. Und unsere Krankenversicherung – obwohl das vielleicht nicht so zielführend ist, wie es uns erscheint. Die Kinder wollen ab und zu neue T-Shirts oder die neue Xbox. Und wir selbst dauernd neue Autos, da ist für Heldentum nicht viel Platz. Wir sind entschuldigt, alle.

Aber nachdem wir das nun abschließend geklärt und rundherum den moralischen Freifahrtschein ausgestellt haben, wollen wir in gebührender Kürze ans Aufräumen gehen. Nicht draußen, sondern drin, in unseren Vorstellungen, mit unseren Prämissen. Denn eben dies ist für uns als Patienten überlebenswichtig: Zu verstehen, wie die Empfehlungen und das Verhalten unserer Betreuer zustande kommen. Im Wissen, dass sie nicht uns dienen sollen und nicht uns dienen können.

Aber wir können.

Ärzte

Eine grundsätzliche Erkenntnis wird bei jedem Arztbesuch ganz automatisch verdeckt, von Reinheit und Autorität signalisierendem Weiß: »In jeder gesellschaftlichen Subgruppe, egal ob man diese nach Schicht, Geschlecht, Ausbildung oder Beruf differenziert, bleiben die Anteile der Intelligenten (20 %), der Durchschnittlichen (40 %) und der Doofen (40 %) konstant. Unter Professoren gibt es genauso viele dumme Menschen wie unter Polizisten, Putzfrauen oder Polsterern, und umgekehrt«, so Harald Welzer.[29] Der Fairness halber sei hier alliterierend ergänzt: »sowie unter Patienten«.[30] Aber wir wollen hier nicht erörtern, ob Welzer sich um ein paar optimistische Prozentpunkte vertan hat, grundsätzlich erscheint mir die Einteilung realistisch – und soll hier beileibe nicht zur Volksbeschimpfung dienen, sondern als Leuchtmittel zur Erhellung eines für uns fast unsichtbaren Problems.

Wenn wir an einen der acht von zehn durchschnittlichen oder doofen Bäcker geraten, hat das für uns keine dramatischen Folgen, sondern bedeutet nur ein mäßiges oder versautes Frühstück. Geraten wir an einen der acht von zehn mittelmäßigen oder doofen Ärzte, kann das allerdings mit etwas Pech ein mäßiges bis versautes Leben bedeuten. Oder eben ein verkürztes, wie die bummelig 200 000 bis 500 000 iatrogenen Todesopfer pro Jahr in der EU und den USA eindrucksvoll belegen.

Welzers Angebot von 80 Prozent Mittelmäßigen oder Doofen wird betreffend unsere Ärzteschaft indes interessant gestützt, denn »Schätzungen zufolge wollen oder können 80 Prozent der Ärzte in Deutschland keine Artikel auf Englisch lesen«.[31] Was durchaus nicht egal ist, da etwa 95 Prozent der relevanten medizinischen Fachliteratur und Studien ausschließlich auf Englisch publiziert werden. Dieses achtzigprozentige Desinteresse der Behandler an fast allen für sie relevanten Informationen erklärt immerhin, weshalb Deutschland, anders als fast alle anderen europäischen Länder von Spanien bis Dänemark, seinen Ärzten sowie der Bevölkerung den uneingeschränkten freien Zugang zu »einer der besten Quellen für medizinische Forschungsergebnisse«[32] verweigert, nämlich der unabhängigen Cochrane Collaboration.[33] Diese Vereinigung stellt seit 1993 Metastudien an, wertet also die Ergebnisse diverser Studien aus und bewertet dabei auch die Qualität der Studiendesigns, bietet also fraglos eine äußerst wertvolle Entscheidungshilfe für niedergelassene Ärzte wie Patienten.[34] Aber nicht in Deutschland. Denn der freie Zugang würde das Gesundheitsministerium wohl etwa 1 Cent pro Kopf und Jahr kosten, also eine ganze Million Euro.[35] Das ist, bei 345 Milliarden Euro Gesamtumsatz der Branche, natürlich zu viel. Zumal ja 80 Prozent unserer Ärzte das alles sowieso nicht lesen könnten oder wollten.

Geraten wir als Patienten an einen dieser 80 Prozent inkompetenten oder mittelmäßigen Englischverweigerer, haben wir vermutlich ein Problem – ohne es zu wissen. Zu unserer Beruhigung vergegenwärtigen wir uns aber bitte, dass wir selbst die ausgesprochenen Empfehlungen gründlich abwägen können und ihnen nicht folgen *müssen*, sofern sie mittelmäßig oder dämlich sind. Noch kann unser Arzt uns ja nicht zwingen, uns selbst zu schaden, bis dahin sind noch 2 bis 5 Jahre Zeit. Und bis dahin droht uns selbst von den 80 Prozent keine Gefahr, solange wir ein bisschen vorsichtig sind.

Obendrein bleiben ja noch zwei von zehn Ärzten, die klug sind und informiert, immerhin. Von diesen zweien ist nun einer allerdings nicht nur klug, sondern so intelligent, sich dem System anzupassen, in dem vorwiegend Nieten und Mittelmäßige ihm Konkurrenz machen. Dieser eine operiert dann Privatpatienten die Nasen und verdient sich so eine eigene goldene – oder lässt sich als Leitlinienautor von der Pharmaindustrie zwei Pferde und eine Jacht finanzieren. Man kann es ihm kaum verdenken, denn auch als Arzt lebt man ja nur einmal.

Da war es nur noch einer. Dieser letzte Arzt, der eine von zehn, ist der, den wir uns wünschen. Den sich wohl jeder wünscht. Dieser Arzt folgt aus Überzeugung Hippokrates und dessen Epigonen,[36] er lebt und arbeitet nach der Maxime: erstens nicht schaden, zweitens vorsichtig sein, drittens heilen (»primum nocere, secundum cavere, tertium sanare«). Er weiß, mit Voltaire, dass die Kunst der Medizin darin besteht, »den Kranken solange bei Laune zu halten, bis die Natur die Krankheit geheilt hat«.

Dieser Arzt lässt uns mit einer Erkältung gar nicht erst in seine Praxis (Ansteckungsgefahr) und verschreibt uns erst recht kein Antibiotikum dagegen (auch wenn drei Viertel seiner hartnäckig erkälteten Patienten beziehungsweise »Gesundheitskunden« das sinnloserweise verlangen).[37] Dieser Arzt empfiehlt bei Knieschmerzen keine »harmlose« Kniespülung, weil er weiß, dass die jährlich 413 000 Eingriffe sinnlos, wahlweise gefährlich sind,[38] und weil er weiß, dass Ursache der Knieschmerzen in der Regel schlichter Gelenkverschleiß ist, also Schwund beziehungsweise »Entropie bei der Arbeit«: Gegen die Naturgesetze ist weiterhin kein Kraut gewachsen.

Dieser Arzt trägt, merkwürdig würdelos, einen kurzärmligen Kittel – und keine Manschettenknöpfe. Und er gibt Ihnen, unerhört, zur Begrüßung nicht die Hand.[39]

Dieser fabelhafte Arzt verkauft keine IGEL.[40]

Dieser Arzt weiß: Spontan verlaufende Heilungen zu »therapieren« ist *das* Geschäftsmodell. Denn wird eine schubförmig verlaufende Erkrankung wie Rheuma oder MS im Schub behandelt, stellt sich eine Besserung unabhängig von der Therapie ein.[41] Aber genau diese natürliche Besserung schreibt der Patient fälschlich dem eingenommenen Medikament zu. Deshalb verzichtet unser Arzt auf diese Behandlung.

Natürlich rät dieser Arzt von Operationen bei Bandscheibenvorfällen ab, weil er weiß, was der Körper des Patienten alles kann und dass fast alles, was unter »Rücken« fällt, von selbst wieder verschwindet. Er schickt niemanden ins CT, schon gar kein Kind. Weil er weiß, dass die Strahlenbelastung hundertmal höher ist als beim Röntgen und dass durch überflüssige CT-Untersuchungen allein in den USA jedes Jahr 29 000 Menschen an Krebs erkranken.[42]

Er weiß: »Die meisten Menschen mit *positiven* Ergebnissen bei Mammogrammen und PSA-Tests oder mit okkultem Blut im Stuhl haben *keinen* Krebs.«[43] Er weiß: Wenn eine Schwangere sich einem Pränataltest unterzieht und dieser positiv ausfällt (Down-Syndrom), sind fünf von sechs »positiven« Ergebnissen unrichtig, sprich: Fünf von sechs angeblichen »Down-Embryos« sind gesund.[44] Denn dieser Arzt versteht von Statistik mehr als Bahnhof – anders als seine Kollegen, die im Studium nur ein Semester Statistik »mussten« und denen sämtliche Grundlagen zum korrekten Lesen fehlen, nicht nur des Englischen, auch und besonders von Studienergebnissen.

Dieser Arzt weiß sogar, wie die Grenzwerte für »böses« Cholesterin zustande gekommen sind[45] – eine Änderung, die allein in den USA fast 43 Millionen Gesunde über Nacht in behandlungsbedürftige Kranke verwandelte.[46] Dieser Arzt kann sich des Verdachts nicht erwehren, dass sämtliche Blockbuster-Statine vor allem den Herstellern nützen, und verschreibt diese nicht leichtfertig, jedenfalls nicht »zur Vorsorge«.[47] Zu guten und nicht so guten Fetten hat er allerdings bei Bedarf ein paar nützliche Anmerkungen im Angebot.[48] Denn natürlich weiß dieser Arzt auch mehr als ein paar Binsenweisheiten über Ernährung, empfiehlt keine Kuh-Muttermilch, schon gar nicht als Osteoporose-Prävention,[49] und plappert nicht stumpf DGE-Empfehlungen nach. Überdies weiß er in Sachen Nahrungsergänzungsmittel nicht nur »erst messen, dann essen«, sondern sogar Bescheid über alle wichtigen Details und Wechselwirkungen, die im Zusammenspiel zwischen echten Medikamenten und verschreibungsfreien Ergänzungen auftreten – weil sein *Gröber*[50] nicht in der Buchhandlung steht, sondern auf seinem Schreibtisch.

Dieser Arzt weiß, wie die neuen Grenzwerte für Bluthochdruck zustande gekommen sind, beginnend 2017 in den USA, die über Nacht Millionen Gesunde zu Kranken gemacht haben.[51] Und er verschreibt diesen »neuen Kranken« nichts, allenfalls Spaziergänge. Und natürlich weiß dieser Arzt, wie viel Heilendes im Abwarten und Weglassen liegt, dass der Körper gar nichts anderes will, als heil zu werden, und wir ihn dabei lediglich unterstützen müssen – und sei es, indem wir unseren Körper in Ruhe an seiner Wiederherstellung arbeiten lassen. Wer noch nie das Vergnügen hatte, diesem Wunder bewusst beizuwohnen, sehe beim Verheilen seiner nächsten kleineren Fleischwunde aufmerksam und mit etwas Geduld zu.

Natürlich kennt dieser Dr. Einhorn die ungeheure Macht des Placeboeffekts. Kennt alle Studien. Hat (auch) Dr. Bernie Siegel gelesen und die Doktoren Simonton und Joe Dispenza, sogar auf Englisch. Dieser Arzt behält den Überblick – auch wenn das bedeutet, dass er neben seiner eigentlichen Tätigkeit sowie ungeheuer viel Verwaltungsarbeit für Krankenkassen[52] und den nur in Deutschland existierenden, »parastaatlichen« Apparat der Kassenärztlichen Vereinigung[53] obendrein 20 000 Fachartikel pro Jahr lesen muss, die meisten auf Englisch.

Er weiß: »Wie beim Erzieher besteht das Ziel des Arztes darin, seine eigene Funktion nutzlos werden zu lassen.«[54] Er weiß: Oft heißt es, nicht sofort zu handeln, nicht zu schaden, immer heißt es, zuzuhören, vorsichtig zu sein, den Menschen, dem etwas fehlt, reden zu lassen. Herauszuhören, was es ist, das dem Patienten *fehlt*. – es wird sich hierbei in circa 99 Prozent der Fälle nicht um eine Chemikalie handeln.

Und während die Kollegen unseres Fabelarztes ihren Patienten im Schnitt nach 11 bis 24 *Sekunden* zum ersten Mal unterbrechen, nach durchschnittlich 8 Minuten wieder verabschieden[55] und dringend hoffen, dass der Patient in diesem Quartal nicht wiederkommt, hört unser Arzt zu. Geduldig. Dabei kann er allerdings schon mal seinen Wecker auf den nahen Zeitpunkt stellen, an dem er pleite sein wird. Denn sein Honorarsatz fürs Zuhören beträgt 22,87 Euro.[56] Nicht pro 8 Minuten, nicht pro Stunde, nicht pro Gespräch – 22,87 Euro pro Quartal, ganz egal ob Sie als Patient nur einmal zu diesem unseren Arzt kommen für 5 Minuten oder ob Sie jeden Wochentag kommen und eine halbe Stunde Fragen haben. Der Mann verdient daran im Quartal insgesamt immer exakt 22,87 Euro.[57] (Deshalb bekommen Sie, sofern Sie Kassenpatient sind, im März, Juni, September oder Dezember praktisch nie einen Termin.[58])

Aber gut, unser Arzt lässt sich davon nicht beeindrucken. Er ist eben ein echter Arzt. Bestimmt hat er geerbt, also kann er sich das leisten: keine Maschine anzuschalten (obwohl das viel besser dotiert als ist bloßes Zuhören), nichts zu verschreiben (oder nur das günstigste Präparat) und den Patienten gegebenenfalls einfach wieder nach Hause zu schicken (mit ein paar guten, gesundheits- oder genesungsförderlichen Hinweisen). Denn er weiß ja, dass 90 Prozent aller effektiven Maßnahmen zur Verkürzung von Krankheitsdauer nur der Patient selbst ergreifen kann. Den Rest erledigt der Körper von selbst – man muss ihm nur ein bisschen Zeit geben.

Der Vollständigkeit halber sei erwähnt, dass unser Arzt tatsächlich großen Respekt vor der Zeit an sich hat, nicht nur als wertvollster Assistentin des Erkrankten. Unser Arzt weiß, dass Zeit alles ist, was wir haben. Deshalb gestaltet er seinen Terminplan so, dass sein Wartezimmer nie voll ist, sondern fast immer leer. Kein Patient muss hier länger als 20 Minuten auf seinen Termin warten.

Das wird allerdings nicht goutiert, aus mehreren Gründen. Denn 80 Prozent seiner Patienten wissen ja nicht, weshalb sie zutreffend Patienten heißen. Von ihnen wird vor allem Geduld verlangt, lateinisch *patientia*, das Erdulden, Ertragen und Aushalten. Nicht das Erdulden eines vollen Wartezimmers, sondern das Erdulden von Krankheit, während der Körper seine Heilungsarbeit verrichtet. Aber der Impatient ist längst Kunde, also König, und weiß ja manches aus Erfahrung, nicht nur, dass *alles* per Express geliefert werden kann, sondern auch: Ein leeres Kaufhaus oder Restaurant taugen nichts. Also wird wohl auch dieser Arzt nichts taugen, der ist ja offenkundig nicht gefragt. Da nützt es unserem Arzt nichts, dass er eine kleine selbstverfasste Infobroschüre auf dem Lektüretisch platziert hat, in der er in freundlicher Kürze das historische chinesische Prinzip erläutert, wonach natürlich derjenige der beste Arzt ist, dessen Schutzbefohlene gesund sind und bleiben, weil er sie gut aufgeklärt hat über Selbstheilungskräfte und selbst zu treffende Vorsorgemaßnahmen, weshalb sie eben nicht krank sind, sondern gesund. Deshalb ist das Wartezimmer des besten Arztes immer so gut wie leer.

Die Mehrzahl der Patienten empfindet das Denken und Handeln unseres Arztes als absurd. Nicht nur wegen des leeren Wartezimmers, auch weil er ihnen praktisch nie die neusten und hippsten Medikamente verschreibt. Aber auch seine Kollegen schätzen ihn nicht: die mittelmäßigen und doofen nicht, weil er klüger ist als sie, die klugen nicht, weil er naiv handelt, statt seine Intelligenz zu Geld zu machen.

Dennoch wollen wir uns diesen Dr. Sisyphos als glücklichen Menschen vorstellen. Und wir wollen uns überdies vorstellen, wir hätten diesen einen von zehn gefunden, vielleicht nach einer Google-Suche bei den »Mezis«.[59] Jetzt sitzen Sie also vor ihm, ganz ohne Wartezeit: vor Dr. med. Einhorn, dem Fabelarzt. Aber nun haben Sie irgendwas Ernsteres, keinen Schnupfen, keinen Ausschlag, nicht »Knie«, nicht »Rücken« oder »Burn-out«. Sondern Diabetes, *wirklich* verkalkte Arterien, Demenz, Parkinson, Krebs, MS oder eine der etlichen sogenannten Autoimmunerkrankungen.

Hiermit verringert sich Ihre Chance auf einen Gewinn von 1 zu 10 auf 1 zu 1 000. Denn jetzt muss dieser wunderbare, kompetente, intelligente, seinen Beruf ernst nehmende Arzt auch noch unfassbar starke Nerven haben und buchstäblich *alles* riskieren, um Ihnen helfen zu können. Dieser ideale Arzt muss nicht nur ein fabelhafter Altruist sein, sondern obendrein ein *Dangerfreak*, unheimlich mutig. Denn für alle »ernsten« Erkrankungen existieren Leitlinien, fachärztliche. Wer sich an die nicht hält, spielt mit seinem Berufsleben. Dass diese Leitlinien mit viel freundlicher Unterstützung der Pharmaindustrie fabriziert werden, ist hierbei ganz nebensächlich, denn Leitlinie ist eben Leitlinie, und an die sollte der Behandler sich tunlichst halten. Der ärztliche Ermessensspielraum ist also hier stark eingeschränkt – oft gegen null, denn die Behandlungsoption »Abwarten« findet sich in der Regel nicht in den Vorschriften.

So entsteht die absurde Situation, dass der Arzt, der »Abwarten« insgeheim für die beste Option hält, hoffen muss, dass sein Patient selbst darauf kommt und das vorschlägt. Denn in diesem Fall kann der Arzt dankbar vermerken »Patient lehnt medikamentöse Therapie ab« – und diesen darin unterstützen. Jeden anderen Patienten aber *muss* der Arzt nach Leitlinie behandeln. Tut er das nicht und der Patient nimmt abwartend weiteren Schaden – ob das nun am Abwarten selbst liegt oder der Schaden auch bei Behandlung genauso oder schwerer eingetreten wäre –, ist der Arzt »dran«. Denn jeder Patient kann ihn in diesem Fall vor Gericht zerren und belegen, dass der Arzt ihn nicht der Leitlinie entsprechend behandelt hat, sondern ihn fahrlässig geschädigt.

So ist der gute Arzt gefangen. Bei »Watchful-Waiting-Verstößen« gegen die Leitlinien droht ihm nicht nur ein Prozess, ihm droht im Wiederholungsfall sogar der Verlust seiner Approbation, also seines Lebensinhalts. Denn er ist ja mit Leib und Seele Arzt. Aber wenn er diese Berufung ernst nimmt und sich entsprechend verhält, ist er eben keiner mehr. Was würden Sie da machen?

Als Allgemeinmediziner einem MS-Kranken raten, die Empfehlungen der Spezialisten zu ignorieren und stattdessen dem eigenen Körper die Selbstheilung zu erlauben? Einer fünfundsiebzigjährigen Krebspatientin raten, noch mal schön in einen langen Urlaub zu fahren, ordentlich Himbeeren zu essen und Genesung zu visualisieren? Einem Diabetiker raten, gar keine Medikamente zu nehmen, sondern jeden Tag 5 Kilometer spazieren zu gehen und den Speiseplan gründlich umzubauen? Würden Sie? Ihrem Patienten raten, nach bestem Wissen, die Empfehlung der Spezialisten links liegen zu lassen? Obwohl Sie die Leitlinie kennen?

Das ist viel verlangt – sogar von einem kompetenten Helden. Selbst der wird spätestens hier, spätestens bei allen schwierigen, ernsten Fällen, die Expertenwissen erfordern, die Waffen strecken – und seinen Patienten zum Spezialisten überweisen. Sofern der Patient nicht sowieso gleich selbst zum Spezialisten gegangen ist, denn die sind ja inzwischen überall.

Und wir machen uns viel zu selten klar, wie gefährlich das für uns ist.

Spezialisten

Grundsätzlich profitiert der Spezialist oder Experte als solcher von einem Wahrnehmungsfehler unsererseits. Denn wir glauben unreflektiert, in einer stets komplexer werdenden Welt bedürfe es zahlreicher Spezialisten, da ja niemand mehr allein den Überblick behalten könne. Das wäre richtig, ließe sich das Expertenwissen auf das zur Beurteilung von allem zwingend erforderliche Universalwissen förmlich »draufsatteln«, aber genau das ist natürlich – eben wegen der Komplexität der Systeme – unmöglich. So machen wir aus der Tugend eine Not und bemerken es nicht einmal. Denn der Experte verfügt nicht etwa über *zusätzliches* Wissen, sondern lediglich über Spezialwissen.

Bei unserer Einschätzung des medizinischen Experten wirkt sich das insofern verheerend für uns aus, als wir unausgesprochen weiter alles mit dem Titel »Dr. med.« verbuchen unter: »Kennt sich total umfassend mit Krankheiten aus.« Und beim Spezialisten hinzuaddieren: »Kennt sich total umfassend aus – und obendrein mit was Speziellem ganz besonders gut!« De facto aber haben wir es beim Spezialisten mit einem Menschen zu tun, der seinen beschränkten Horizont schon im Titel vor sich herträgt. Und obwohl wir wissen, dass, wer einen Hammer hat, überall nur Nägel sieht, blenden wir erfolgreich aus, dass keiner dieser Spezialisten Allgemeinmediziner ist – oder auch nur so viel wie wir selbst wissen kann über das, was uns gerade fehlt. Denn wir sind eben nicht mehr beim Hausarzt, der uns seit Jahren genau kennt. Wir sind beim Fachmann, einer Koryphäe auf genau einem klar eingrenzten Fachgebiet. Beim Orthopäden, Onkologen, Neurologen oder beim Internisten, der sich allerdings noch weiter spezialisiert hat auf zum Beispiel vorsorgliche Darmspiegelungen. Oder wir sind beim hochbezahlten Radiologen, der spezialisiert ist ausschließlich aufs Bildgeben, also aufs Fotografieren im Akkord. Oft kann dieser Bilderspezialist dann nicht mal mit dem Patienten besprechen, was denn die beeindruckenden CT- oder MRT-Bilder bedeuten – weil er das nicht weiß oder nichts dazu sagen darf. Dafür gibt es wieder andere Spezialisten.

Vom »big picture« allerdings hat der Spezialist nicht den blassesten Schimmer. Er ist per definitionem das Gegenteil von interdisziplinär, er kennt nicht die Gesamtzusammenhänge im Körper, geschweige denn die Zusammenhänge von Körper, Geist und Seele. Und kommt nun ein Nichtspezialist, schlimmer noch ein Patient, auf die irre Idee, eben solches Denken in größerem Zusammenhang vom Spezialisten förmlich einzufordern (zeitraubend!), verlegt der sich gern auf eine äußerst wirksame Verteidigungsstrategie: Er macht dem Patienten Angst. So lautet beispielsweise die Antwort der MS-Koryphäe auf die unerhörte Laienfrage: »Können wir das auch erst mal sein lassen, das mit dem Kilo Kortison?« »Klar, aber dann sitzen Sie in einem halben Jahr im Rollstuhl.« Oder etwas subtiler: »Wir können das höchstens ambulant machen. Aber wenn Sie morgen kommen, da ist in der Cafeteria eine Informationsveranstaltung für Rollstühle.« Noch effektiver als die Drohung, »Bei Nichtbefolgen meiner Anweisung landen Sie im Rollstuhl«, ist natürlich generell: »Bei Nichtbefolgung meiner Anweisung werden Sie sterben.« Denn das ist ein echtes Totschlagargument.

Meine Frau musste sich das 2004 anhören. Vom Schilddrüsenexperten, der »vorsorglich« geschallt und einen mehrere Zentimeter großen Knoten entdeckt hatte und zur sofortigen OP riet. Oder besser, nicht riet, sondern schlicht verkündete, er werde sich das hier und jetzt im Rahmen einer OP ansehen und, sofern der Knoten sich hierbei als bösartig entpuppte, die Schilddrüse gleich entfernen, weil andernfalls die Patientin sterben werde. Für die Patientin war das natürlich ein Schock. Sie blieb gleich in der Klinik, eingeschüchtert, wenngleich irritiert wegen der vielen dick bandagiertem, schweigenden Frauen, die auf den Fluren herumtappten. Und wegen der Schwester, die ihr zuflüsterte, sie solle die Beine in die Hand nehmen und abhauen, sonst werde sie enden wie diese armen Frauen. Aber das war ja nur eine Schwester, keine Expertin. Ich zog meine Frau drei Stunden vor dem angesetzten OP-Termin aus dem Krankenhaus. Gegen den Widerstand eines in ihrem Zimmer auftauchenden Assistenzarztes, der mir allen Ernstes ins Gesicht bellte, wenn ich meine Frau mitnähme, hätte ich sie auf dem Gewissen.

Die ärztliche Zweitmeinung holten wir uns nicht vom Fachmann, sondern vom Allgemeinmediziner. Der schallte, maß und konstatierte hernach, tatsächlich befänden sich drei winzige Knötchen in der Schilddrüse, weit voneinander entfernt. Dazwischen allerdings befand sich lediglich kerngesundes Gewebe. Die Spezialisten hatten die drei ungefährlichen Winzknoten einfach als Eckpunkte eines Riesenknotens betrachtet – den es nicht gab. Meine Frau ließ sich nicht operieren. Das war vor nun fast 15 Jahren, falls es wen interessiert, und sie lebt sehr gesund. Mit Schilddrüse.

Das Nachspiel war allerdings unschön, denn meine Frau forderte eine Erklärung von diesem Spezialisten und schilderte den Sachverhalt schriftlich. Worauf der Chefarzt der Klinik sie anrief und ihr im besten Mafia-Tonfall mitteilte, sollte sie diese Behauptungen an die Ärztekammer schicken, werde er sie durch alle Instanzen verklagen. Meine Frau verzichtete auf die Klage.

Aber natürlich ist das ein Einzelfall. Natürlich passiert so was nur uns. Na gut, *fast* nur uns. In Deutschland, reich an Experten, werden pro Jahr gleich 100 000 gutartige Vergrößerungen der Schilddrüse operiert, im Verhältnis achtmal mehr als in den USA.[60] Die deutsche Gesellschaft für Endokrinologie hält hierzu fest, bei 80 bis 90 Prozent dieser Operationen fehle die zwingende Indikation.[61] Im befreundeten europäischen Ausland sieht es etwas besser aus, aber trotzdem verheerend: 2016 saßen schätzungsweise 65 000 Italienerinnen in jenem Boot, aus dem meine Frau gerade noch rechtzeitig herausgesprungen war, sowie 46 000 Französinnen: überdiagnostiziert und grundlos verstümmelt.[62]

»Sie werden sterben«, ist jedenfalls immer ein starkes Argument. Bei MS eher selten, dennoch – weil so viele Fremde mir unterstellt haben, mir hätte das nie ein Neurologe gesagt – kommt das vor. Wohl nur bei so fiesen Anfangsverläufen wie meinem, wenn Patienten steil und virulent abstürzen und nach zwei Jahren gelähmt daliegen – dann kann man das ja auch mal machen, als Arzt, damit der Patient sich endlich besinnt. Meine Lieblingsdrückersätze in Richtung monoklonaler Eskalationstherapie mit hohem PML-Risiko[63] waren dabei, sehr energisch: »Sie warten schon zwei Wochen auf Ihre Selbstheilungskräfte, wollen Sie sich umbringen!?« Und »Denken Sie doch mal an Ihre Kinder!« Hab ich gemacht. Und deshalb, statt eine zusätzliche 1-zu-250-Schwerkrankchance[64] einzuwerfen, doch lieber erst mal eine gescheite Anamnese vorgenommen, auf eigene Faust. Danke für nichts. Mir geht's gut.

Einem Experten gegenüber die Nerven zu behalten, ist indes alles andere als leicht. Denn wenn der sich auch noch auf eine Leitlinie berufen kann, wird kaum ein Hausarzt oder Allgemeinmediziner es wagen, den Empfehlungen zu widersprechen. Mein Hausarzt war, als ich ihn vor meiner ersten »Kortison-Hochdosis« aus dem Krankenhaus anrief, auf der komplett richtigen Spur, denn die empfohlene Dosis reichte für eine Elefantenherde. Er war zweitens auf der richtigen Spur mit seiner Vermutung, dass Kortison in den meisten Fällen vermutlich gar nichts oder nur wenig nütze: MS-Diagnostizierte lassen sich das in der Fußnote gern doppelt bestätigen, von der MS-Ambulanz des UKE[65] und von der Cochrane Collaboration.[66] Aber als »nur« Allgemeinmediziner wagte er es natürlich nicht, mir etwas anderes zu raten als die Experten. Wobei ich als Freiberufler noch Glück hatte, denn wie mir bedauernswerte Festangestellte immer wieder mal schreiben, kommt die Neurologenaufforderung zur Hochdosis auch gern im Paket mit: »Sonst schreibe ich Sie eben nicht krank!«[67]

Die Spezialisten können sich bei all dem sehr sicher fühlen. Denn die anderen Ärzte, die Allgemeinmediziner ebenso wie die Spezialisten für alles andere, kennen sich ja auf dem Spezialgebiet des einen nicht aus. Allein der Spezialist weiß, leitliniengestützt, was zu tun ist. Irritierende Zahlen fallen dabei gelegentlich unter den Tisch, möglicherweise aus Zeitmangel, aber möglicherweise auch, siehe oben, weil er viele davon gar nicht kennt, denn wir erinnern uns, dass vermutlich 80 Prozent unserer Ärzte weder Englisch lesen noch Statistik können.[68]

So weiß – exemplarisch – der gewöhnliche MS-Spezialist alles Wesentliche ganz genau: Es gibt im Grunde nur eine MS, und deren Ursache ist definitionsgemäß nicht bekannt. MS ist unheilbar. MS ist zwar »die Krankheit mit den tausend Gesichtern«, und wir kennen die Ursache nicht, aber feststeht: MS ist unheilbar. Es gilt: Es gibt 120000 MS-Kranke in Deutschland, alle unheilbar. Ende der Durchsage.

Das entspricht erstens der Aussage »Ich kann nicht Geige spielen, deshalb ist Geige unspielbar«, zweitens ist es wohl auch in der Sache schlicht falsch. Schon die allgemein kommunizierte Zahl der Erkrankten ist unrichtig, wie jeder Experte seit spätestens 2014 wusste oder hätte wissen müssen. Es gibt in Deutschland mindestens doppelt so viele MS-Diagnostizierte wie bis dahin angenommen und kommuniziert. Ich, Nichtexperte, wusste das ebenfalls, und wartete staunend drei Jahre lang darauf, dass die Experten sich und ihre Informationskanäle korrigierten – aber das taten sie nicht. Den falschen Eintrag in Wikipedia habe ich 2017 selbst korrigiert, nachdem mich ein Blog-Leser aufforderte, endlich mit der Bockigkeit aufzuhören. (Die neue Zahl blieb natürlich nach Prüfung der Wikis stehen, denn die Zahl ist ja nicht von mir, sondern amtlich). Wieso hatte keiner der Experten die Zahl korrigiert? Drei Jahre lang?

Bedeutete nicht »mehr MS-Kranke« gleichzeitig »mehr Geschäft«? Leider nicht. Denn viele der bisher Nichterfassten gingen offensichtlich zu selten zum Arzt – oder gar nicht. Eben dies hatte sich 2014 aus einem spröde betitelten Dokument[69] zur »Epidemiologie der Multiplen Sklerose« des Bonner Bundesversicherungsamtes ergeben, in dem die zahlreichen Fragezeichen und Unsicherheiten betreffend die MS-Prävalenz in Deutschland benannt waren und man konstatierte: Es gebe wohl nicht nur 120000, sondern wenigstens 212000 Menschen in Deutschland mit einer MS-Diagnose. Darunter offensichtlich weit mehr als bislang angenommen mit einem milden Krankheitsverlauf, was die Autoren der Untersuchung sehr vorsichtig so zusammenfassen: »Patienten mit einem milden Krankheitsverlauf wurden möglicherweise in krankenhaus- oder zentrumsbasierten Studien untererfasst. Bei ihnen treten oft über Jahre kaum Schübe auf, sodass sie nur selten in einem spezialisierten Zentrum behandelt wurden.«

Das ist, bei aller Vorsicht, nicht vernachlässigenswert.

Ersparen wir uns an dieser Stelle die Frage, ob die etwa doppelt so hoch wie bislang angenommen liegende Zahl MS-Diagnostizierter auch mit den immer weiter vereinfachten Diagnosekriterien[70] zusammenhängt, und ersparen wir uns obendrein die Frage, ob es sinnvoll ist, manches »klinisch isolierte Syndrom« (CIS) direkt mit Kortison und Einstieg in die Dauermedikation zu behandeln. Entscheidend ist doch, dass es offenkundig etliche MS-Diagnostizierte *gibt*, die entweder nur alle paar Jahre mal zum Neurologen gehen oder eben nach dem ersten »Schub« nie wieder. Und genau die interessierten mich.

Da es jedoch kein »MS-Register« gibt, findet man diese Leute eben nicht: die mit MS-Diagnose, aber ohne MS-Beschwerden oder MS-Einschränkungen. Denn diese Nichteingeschränkten, die Gesunden also, beschäftigen sich nicht mit MS – und melden sich schon gar nicht in MS-Foren an. So befinden sich also, durchaus verständlich, Ärzte, Behandler und die erwiesenermaßen Unheilbaren, langjährigen Forenbewohner in einer Filterblase, in der es tatsächlich keine Heilung von MS gibt. Ihre Schlussfolgerung ist allerdings grundfalsch, dass es auch *außerhalb* ihrer Blase keine geheilten MS-Kranken gibt. Und obwohl ich mich selbst ausdrücklich *nicht* als geheilt bezeichnete, wollte ich genau darauf die Frischdiagnostizierten hinweisen: dass sie von ihren Experten wohl grundlegend falsch informiert wurden, dass es offenbar eine hohe Dunkelziffer »geheilter« Fälle gab und ungeheuer viele leichte Verläufe.

Ich wiederhole es sicherheitshalber: Es sind nicht 120 000, sondern eher 220 000 bis 240 000 Betroffene – und dabei fehlen in der amtlichen Untersuchung von 2014 noch die Privatversicherten. Die Hälfte dieser Betroffenen ist nicht »auffällig« und nicht an der täglichen Nadel – es sind Patienten, bei denen treten »oft über Jahre kaum Schübe auf, sodass sie nur selten in einem spezialisierten Zentrum behandelt wurden«. Vulgo: Schon *vor* Betrachtung der ominösen 120 000 halbwegs gut dokumentierten Fälle, von denen nur ein Teil den neurologischen Chemo-Empfehlungen folgt, haben wir es mit etwa 50 Prozent MS-Verläufen zu tun, die allem Anschein so äußerst gutmütig sind, dass die Betroffenen es nicht für erforderlich halten, deswegen nach der Diagnose wieder zum Arzt zu gehen.

Verzichten wir auf alle weiteren Betrachtungen, ob sich unter dem faulen Deckmantel »die Krankheit mit den tausend Gesichtern« nicht vielleicht doch drei, fünf oder sieben verschiedene Krankheiten befinden,[71] die dummerweise alle mit den gleichen Mitteln behandelt werden. Es würde aber immerhin erklären, weshalb nur etwa 10 Prozent der MS-Diagnostizierten von den angebotenen Chemikalien profitieren, denn der Rest hätte ja gar nicht die eine MS mit den tausend Gesichtern, sondern eine der sechs anderen Krankheiten.

Und die müsste man eben anders behandeln. Mit einem Umzugslaster. Oder mit Vitamin B12. Oder Vitamin D.[72] Oder mit »sich selbst als Placebo«, also durch gescheites Visualisieren, Meditieren, Philosophieren, Sich-selbst-Neuerfinden, Umsteuern. Oder mittels Weglassen, beim Ersten mittels Weglassens von Giften, beim Zweiten mittels Weglassens bestimmter Nahrungsmittel, beim Dritten durchs Weglassen toxischer Mitmenschen. Wie die das wohl gemacht haben, die anderen? Eben die anderen 100 000, die nur die Diagnose haben, aber keine nennenswerten Beschwerden? Haben die etwa einfach was weggelassen? Geändert? Ohne Arzt? Es steht zu befürchten, dass niemand das herausfinden wird. Wie denn auch, wenn niemand fragt? Jedenfalls nicht die Experten, denn die leben von ihrem gesicherten Wissen.

Wohl könnte man den einen oder anderen Fachmann in Schutz nehmen und ihm schlichte Aufmerksamkeitsblindheit[73] attestieren – also das experimentell gut dokumentierte Phänomen, dass man Wesentliches übersieht, wenn man sich nur gründlich genug auf ein Detail konzentriert. Probanden, die in einer Fußgängerzone gebeten wurden, im Gewusel vorbeiflanierende Frauen mit hochhackigen Schuhen genauestens zu zählen, nahmen einen vorbeimarschierenden Gorilla (beziehungsweise Gorilladarsteller) überhaupt nicht wahr, der Volksmund konstatiert, »Wer einen Hammer hat, sieht überall Nägel« – nur: beim Krankheitsspezialisten kommt zum bewusst eng gewählten Blickfeld hinzu, dass seine Existenz davon abhängt, dass er den Gorilla übersieht. Oder eben den Elefanten im Zimmer.

So scheint es den hier exemplarisch betrachteten Nervenexperten auch vergleichsweise wurscht zu sein, wenn sogar die *Deutsche Ärztezeitung* konstatiert: »Viele MS-Diagnosen sind falsch«[74] – vor allem, »weil sich Neurologen zu sehr auf MRT-Aufnahmen verlassen, obwohl sie nicht zu den klinischen Symptomen passen oder schlicht falsch interpretiert werden«. Und: »Die MRT-Kriterien sind jedoch nicht zur Differenzialdiagnose geeignet. Sie sollen eine hohe Wahrscheinlichkeit für eine MS bei Patienten nahelegen, die typische neurologische Zeichen für Demyelinisierung zeigen.«

Stolze Kernspin-Freaks schaffen es indes ganz problemlos, solche Fakten zu ignorieren. Hier sei es dennoch betont, denn ich denke mir das ja nicht aus: Eine 2016 von Professor Andrew Solomon von der University of Burlington in Virginia durchgeführte Studie befand, dass von den untersuchten 110 MS-Fehldiagnostizieren, die drei bis über zehn Jahre aufgrund der falschen Diagnose behandelt worden waren, zwei Drittel tatsächlich an ganz anderen Erkrankungen litten, die meisten an Migräne, Fibromyalgie und »nicht genau lokalisierbaren neurologischen Problemen«.[75] Von diesen »Patienten mit falscher MS-Diagnose« hatten 70 Prozent eine Therapie mit Immunmodulatoren erhalten, 36 Prozent mehr als ein Präparat und »es sind überwiegend ganz häufige Störungen, die fälschlicherweise für eine MS gehalten werden«. Fazit: »Zwei Drittel der Patienten hätten keine MS-Diagnose erhalten dürfen.« Und: »Wie groß das Problem ist, weiß niemand, da es dazu keine Statistiken und Erhebungen gibt.«[76] Wozu auch? Das wäre doch wirklich nicht hilfreich. Jedenfalls nicht fürs Geschäft.

Der Experte wird daher entweder gar nicht wissen, dass es solche Fragen gibt – oder sie für sich behalten. Denn er weiß ohnehin alles, was er wissen muss. Viel ist das nicht. Und sollte er doch mal ins Grübeln kommen, kann er sich ja via Behandlungsleitlinie versichern, dass alles, was er tut, ganz richtig ist. Denn Leitlinien sind ja sozusagen Metawissen. Peer-reviewed von den besten Experten. Zwingend evidenzbasiert.

Darauf kann man sich verlassen.

Leitlinien

Wenn wir von der Existenz einer fachärztlichen Behandlungsleitlinie hören, gehen wir reflexartig davon aus, dass eine solche Leitlinie evidenzbasiert sein muss, denn alles andere wäre ja heilloser Unsinn. »Evidenzbasiert« bedeutet ja, sicherheitshalber übersetzt, »mit nachgewiesener Wirksamkeit«, und dieser Nachweis müsse wohl vorliegen, ehe man ans Behandeln geht, denken wir. Unser erster naiver und sympathischer Wahrnehmungsfehler liegt also mitten im Unbewussten, denn wir können uns gar nicht vorstellen, dass jemand behandelt, obwohl er gar keinen Beleg für die Wirksamkeit der Behandlung hat, wohl aber weiß, dass die Behandlung schaden kann. Das wäre schlichtweg idiotisch. Und genauso wird's gemacht.

»Man kann davon ausgehen, dass nicht weniger als 600 der jährlich über 700 Millionen ärztlichen Behandlungen in Deutschland ohne Evidenz der Wirksamkeit sind, mehr schaden als nützen oder es schlichtweg bessere Alternativen gibt«, so Gerd Reuther.[77] (MS-Kranke werfen diesbezüglich bitte einen Blick auf die Datenlage beim Kortison[78] und/oder auf ihre »Basismedikamente«.[79]) Es ist also tatsächlich so idiotisch wie oben beschrieben: Man behandelt, obwohl es keinen Nachweis der Wirksamkeit gibt. Das führt dann unter anderem zu 15,8 Millionen Operationen pro Jahr, 30 Prozent mehr als noch 2005[80] – offenkundig ohne jeden positiven Effekt auf die Volksgesundheit, denn die explodierenden Kosten sprechen ja Bände. Bei Herz-, Hüft- oder Kniegelenkoperationen ist das evidenzlose Deutschland mit großem Abstand Weltmeister: Hierzulande wird gleich doppelt so viel operiert wie im europäischen Durchschnitt, die Bandscheibe gar fünfmal so oft wie in Frankreich – und das bei recht häufigen Misserfolgen in 40 Prozent der Fälle.[81] Aber nicht nur beim Aufschneiden verzichten wir auf Wirksamkeitsnachweise, wir gönnen uns die gleiche Taktik schon bei der Diagnose: Von 130 Millionen jährlich angefertigten Röntgenbildern und 17 Millionen Tomografien sind etwa 80 Prozent unnütz.[82]

Droht nun Gefahr, dass kluge Menschen, inklusive der Ärzte, diesen gefährlichen Blödsinn durchschauen, insbesondere beim Treiben der Spezialisten, ist eiligst eine hohe Schutzmauer zu errichten, welche die Geschäftsinteressen der evidenzlos operierenden Experten wirksam schützt. Und diese Schutzmauer steht unter dem Titel »Leitlinie«.

Von denen gibt es inzwischen immerhin etwa 750. Und nur 10 Prozent der genauer betrachteten erreichen bei der Bewertung durch die unabhängige *Leitlinienwatch*[83] das Prädikat »gut«, 49 Prozent hingegen »sollten aus dem Verkehr gezogen werden«.[84] Auf die Gefahr hin, Sie exemplarisch zu langweilen, schauen wir uns das mal kurz am Beispiel der größten Goldgrube von allen an, der bereits sattsam bekannten MS. Denn natürlich existiert auch hier eine strikte Leitlinie – die, was Wunder, von *Leitlinienwatch* als verheerend bewertet wurde, wie Dr. Jutta Scheiderbauer präzisierte: »Diese erreicht nur 2 von 15 möglichen Punkten und die beiden auch nur dafür, dass die Interessenskonflikte der Leitlinienautoren im Internet veröffentlicht worden waren.« Weiter: »Die Datenlage für Empfehlungen in Bezug auf MS-Diagnosekriterien, Prognosefaktoren, Therapieindikationen, Therapieziele und Therapiedauer wird in der Leitlinie gar nicht erst besprochen. Wichtige Studien, etwa hochwertige systematische Metaanalysen der

Cochrane Collaboration, werden ohne Angabe von Gründen in der Leitlinie nicht aufgeführt.«[85] Dr. Scheiderbauer bewertete die Leitlinie bereits 2014 nach DELBI-Kriterien, legte das Ergebnis der zuständigen Deutschen Gesellschaft für Neurologie (DGN) vor, die zunächst nicht das Geringste änderte, sondern ein Zweitgutachten in Auftrag gab, das dann allerdings nur den »Scheiderbauer-Bericht« bestätigte – woraufhin man natürlich sofort handelte. Na gut, fast sofort. Im März 2015 versprach man Abhilfe. Die Leitlinie blieb bis März 2017 gültig und befindet sich zum Zeitpunkt der Drucklegung dieses Textes weiterhin in Bearbeitung[86].

Es dauert eben. Man tut sich schwer. Man muss das ja auch gründlich machen. Und insbesondere bei den Diagnosekriterien muss man sich vorsehen, denn verantwortungsvoller dem BIP gegenüber ist es, direkt loszutherapieren, wenn sich erstmals auf MRT-Bildern Läsionen im Hirn des Patienten zeigen. Einfacher gesagt: Am besten »hat« doch jeder gleich MS, der mit kribbelnden Fingern ins MRT gerät und Entzündungsherde im Kopf aufweist, denn dann muss man nicht bis zu einem zweiten Schub warten, um mit der Behandlung zu beginnen: Kortison-Stoßtherapie sowie Dauermedikation mit Immunsuppressiva oder monoklonalen Antikörpern.

Hierbei erweist es sich als äußerst hilfreich, einen kausalen Zusammenhang zwischen MRT-Bild und Krankheit als gegeben anzunehmen, selbst wenn dieser Zusammenhang möglicherweise gar nicht besteht. Zumindest scheint die Lage und Schwere der im MRT erkennbaren Läsionen wenig mit dem Befinden des Patienten zu tun zu haben, wie bereits 2007 Dr. Dominik Meier von der Universität Boston exemplarisch und überaus eindrucksvoll nachwies.[87] Denn im Gehirn des von ihm ein Jahr lang alle 4 Wochen dauerbeschallten MS-Falls brannte es zwar lichterloh, nur: Beschwerden hatte der Patient keine. Obwohl also oft gar kein Zusammenhang zwischen Läsionslast und Beschwerden besteht, gehen die Autoren der Leitlinie davon aus, eine Verringerung der Läsionslast führe zu geringeren Beschwerden. Daher wird die Verringerung der Läsionslast zum Therapieziel. Und weist ein Medikamentenhersteller in selbstfinanzierten Studien mit »Surrogatendpunkten« nach, dass sein Medikament die Läsionslast verringert – nicht die Beschwerden –, freut sich eine ganze Reihe von Shareholdern über dreistellige Millionengewinne. Das ist nicht verrückt, sondern sehr lukrativ: für die meisten Neurologen, viele Radiologen und für die Hersteller von Medikamenten, die eventuell die Läsionslast verringern – ohne dabei irgendeinen Nachweis erbringen zu müssen, dass sie sich auch auf das Befinden des Patienten positiv auswirken.

Für den Experten Dr. Einhorn, den guten und verantwortungsvollen Arzt, hat indes das Vorliegen dieser Leitlinie, wie oben angedeutet, dramatische Folgen. Denn er *kann* seinen Patienten kaum mehr vernünftig beraten. Da eine Leitlinie vorliegt, muss er sich an der orientieren, sonst läuft er Gefahr, vom Patienten vor Gericht gezerrt zu werden – sofern der beim »Abwarten« Pech hat. Der Professor, der meine Originaldiagnose stellte, mag hier als Beispiel dienen: Ein halbes Jahr nach meinen ursprünglichen Beschwerden, die mich zu ihm geführt hatten, hatte ich nämlich abermals kalte Füße. Damals benötigte man laut geltender Leitlinie noch wenigstens zwei Schübe, um sich die Diagnose »unheilbar« klinisch gesichert einzufangen. (Heute ist das etwas einfacher, siehe oben.) In meinem Fall hatte der erfahrene Professor beim CIS, also dem ersten Vorfall, MS ausgeschlossen und lediglich eine »transverse Myelitis« diagnostiziert – was reichlich Platz ließ für Heilung, denn eine Rückenmarksentzündung kann (und sollte) sich zurückbilden. Aber auch bei meinem nun zweiten Besuch binnen sechs Monaten war der gestandene Professor im Anamnese-Gespräch auf der gar nicht so falschen Spur und äußerte tatsächlich, ich sei wohl eine »Künstlerseele« und das Rezidiv nach seiner Einschätzung eher ein Hinweis darauf, dass ich doch etwas ändern müsse an meinem Leben und Arbeiten, also meinen Stress reduzieren, wieder mehr Sport treiben, das Rauchen endlich lassen et cetera. Hatte ich natürlich nicht, dachte ja, der erste Vorfall sei bloß ein Einzelereignis gewesen und alles wieder heil …

Des Professors komplett altmodische Zusatzuntersuchung – tief in die Augen gucken, mit dem Hämmerchen Reflexe prüfen – veränderte nicht das Geringste an seiner Einschätzung. Ein paar leicht gestörte Reflexe, nichts Dramatisches, kein Grund zur Panik. Aber er konnte mich eben nicht nach dieser erfahrenen Diagnose einfach nach Hause schicken und mir raten, das Meditieren anzufangen, sondern musste, um MS auszuschließen – leitlinienkonform – ein MRT sowie eine Lumbalpunktion veranlassen. Und obwohl sich keine oligoklonalen Banden in meinem Nervenwasser fanden, hatte ich zwei frische Entzündungsherde in Kopf und Rückenmark. So waren die Leitlinien-Diagnosekriterien erfüllt: zwei Schübe binnen sechs Monaten, im MRT sichtbare Entzündungsherde, also MS. Und damit waren meinem Professor wirksam die Hände gebunden: Jetzt konnte er mich nicht mehr gehen lassen und mir raten, selbst heil zu werden, auch wenn er das weiterhin für richtig hielt. Er musste sich nun an die Leitlinie halten, und in der stand nun mal klipp und klar, damals wie heute: Hochdosis-Stoßtherapie mit Kortison, anschließend sofortiger Beginn der medikamentösen »Basistherapie«.[88]

Seither ist offenbar nichts besser geworden – jedenfalls nicht besser für den Betroffenen und auch nicht besser für den erfahrenen und vorsichtigen Arzt. Denn die nachfolgend gültige Leitlinie ließ diesem weniger Spielraum denn je, erst einmal abzuwarten und auf die Selbstheilungskräfte des Betroffenen zu vertrauen. Die Frage stellt sich also umso dringender: Hätte man an dieser seit 2013 vorliegenden Leitlinie nicht *schleunigst* etwas ändern müssen? Oder besser: alles? Doch. Aber wäre das nicht ungeheuer verantwortungslos gewesen, dem BIP gegenüber?

Wer hier mit anderen Zielen als »Wachstum« losmarschiert wie die tapfere Frau Dr. Scheiderbauer, Dr. Meier aus Boston oder die Damen und Herren von *Leitlinienwatch,* verhält sich tatsächlich wenig konstruktiv, wohl auch lästig. Aber wer gar Statistiker mit Doktortitel ist und den Nutzen aller MRT-MS-Kontrollen mittels haufenweise echter Datensätze komplett infrage stellt, sollte sich schon vorher sehr warm anziehen.

Dr. Martin Daumer hat das mal versucht. Daumer, Leiter der deutschen Dependance des Sylvia-Lawry-Instituts in München, widerlegte schon 2005 den für die MS-Branche so nützlichen Mythos, MRT-Kontrollen könnten Aufschluss über den Verlauf der MS geben, gipfelnd in der Aussage: »Nur weil ein Wirkstoff die Entzündungsherde verringert, ist noch nicht gesagt, dass er die Krankheit lindern kann« – und beerdigte damit förmlich den Surrogatendpunkt »Ziel: Reduktion der Herde im Kopf«. Die gemeinnützige, global operierende *Multiple Sclerosis International Foundation (*MSiF) entsandte daraufhin Gutachter nach München, und deren Urteil war vernichtend: »Martin Daumer, Leiter des Sylvia-Lawry-Centre für die Erforschung von Multipler Sklerose (MS) und viele seiner Mitarbeiter seien ›unterqualifiziert‹, sie hätten ›keine Vision für die Zukunft‹ und würden ›in einer ihnen unbekannten Fachwelt dahinsegeln‹. Ihre ersten Erkenntnisse seien aufgrund ›schwerwiegender Bedenken‹ bezüglich der Daten fragwürdig. Der Rat der Gutachter: Alle Mitarbeiter sollten am besten sofort entlassen, das Zentrum geschlossen und die Daten in ein anderes Land transferiert werden. Daraufhin kündigte der Fonds den Vertrag mit dem Zentrum, das er bisher finanziert hatte.«[89]

Es nützte Daumer wenig, dass sich renommierte Neurologen wie Professor Ludwig Kappos auf seine Seite stellten: »Auch bei der Untersuchung von Patienten wird die Studie hoffentlich dazu führen, dass die Bildergläubigkeit von manchen Kollegen zurückgeht.«[90] Die Rehabilitation des SLCMS dauerte geschlagene drei Jahre, bis 2008 – als endlich die renommierte *Neurology* online eine Studie veröffentlichte, die Daumers Befunde stützte. Allerdings folgenlos, sowohl für die Branche wie auch für den MSIF: »Beim internationalen MS-Fonds, der sich inzwischen aus dem Sylvia-Lawry-Centre zurückgezogen hat, gibt man mittlerweile zu, ›rund um das externe Gutachten Fehler gemacht‹ zu haben, sagt Peer Baneke, Geschäftsführer des MSIF. Die Gutachter seien ›keine Experten für Kernspin gewesen, hatten aber Erfahrung mit Statistik‹. Man habe ›niemals geplant, das Zentrum zu schließen, das war nur eine von mehreren Optionen‹, […]. Darüber kann Martin Daumer nur bitter lachen. Er sitzt im leeren Büro. Von 14 Mitarbeitern sind ihm drei geblieben.« [91]

Wer die Wahrheit sagt, braucht ein schnelles Pferd. Oder einen Taxischein. Das gilt beileibe nicht nur in München und beileibe nicht nur für Angriffe auf die lukrativen, aber höchst fragwürdige Diagnosekriterien. Erst recht gilt es für das noch weitaus lukrativere Geschäft von Big Pharma, denn auch das hängt ja entscheidend davon ab, dass die Leitlinien verheerend sind – und bleiben.

Also wehe, da kommt einer mit Zahlen, die gar die Wirksamkeit des *gesamten* Therapieregiments infrage stellen. Wie 2014 das amerikanische IQWIG-Äquivalent, die U. S. Agency for Healthcare Research and Quality (AHRQ), das unter einer 126-Seiten-Studie zum Nutzen der leitlinienkonform seit Jahrzehnten für Milliarden Dollar verschriebenen MS-Medikamente das Fazit zog: »Es gibt kaum Hinweise, dass Patienten mit schubförmig verlaufender MS von der Anwendung der immunmodulierenden Therapien langfristig profitieren.«[92] Also jenen Therapien, die in allen neurologischen Leitlinien schon beim ersten Nervenentzündungsanzeichen dringend und sofort und für immer empfohlen werden – und die wegen der exorbitant hohen Preise aus MS ein weltweites Milliardengeschäft machen. Und da behaupteten nun 2014 plötzlich unabhängige Metastudien-Qualitätschecker, deren Namen man sicherheitshalber nicht einmal nannte: dass weltweit 14 bis 16 Milliarden Dollar jährlich ausgegeben werden für bestenfalls ein Ergebnis nach dem Motto: »Schad' nix, nützt nix.« Auch dies hatte natürlich Konsequenzen.

Der Entwurf des Berichts verschwand binnen kürzester Zeit wieder von der AHRQ-Webseite, zur Revision, und die Vizepräsidentin der amerikanischen National MS Society NMSS,[93] Rosalind Kalb, erklärte öffentlich höchst erhellend, wie man Leitlinien ganz generell zu verstehen hat: »Die Leute machen oft den Denkfehler, das Fehlen positiver Daten mit negativen Daten zu verwechseln, genau das ist in diesem Papier passiert. Wir sollten diese zwei Dinge nicht durcheinanderbringen.«[94] Das ist Orwellsches Newspeak in Reinkultur, aber genau so scheint es gemeint: *Fehlende* Evidenz, also das *Fehlen positiver Daten* (für die seit Jahrzehnten empfohlenen, sündhaft teuren Therapien) ist nicht gleichzusetzen mit *negativen* Daten. Das heißt, solange niemand zweifelfrei nachweist, dass die Therapie garantiert schadet, wird sie weiter gemacht, auch wenn jeder Wirksamkeitsnachweis fehlt. Im Klartext könnte man wohl auch sagen: »Legt euch wieder hin, und jagt euch weiter täglich Spritzen in die Beine oder schluckt 40 000 Euro teure MS-Mittel, die vorher – fast gratis – nur gegen Schuppenflechte gewirkt haben[95] Erst wenn jemand beweist, dass das schadet, hören wir damit auf. Im Übrigen formulieren wir jetzt alles so um, dass es nicht mehr skandalös klingt, und über dem endgültigen Bericht stehen dann auch irgendwelche Namen anerkannter MS-Experten. Die Genies, die den ursprünglichen Bericht rausgehauen haben, beantworten ab morgen nur Fragen wie die, ob es den Latte macchiato auch mit Sojamilch gibt.«

Fall abgeschlossen, weiter im Text. Wir werden Meldungen wie diese nicht in unseren Tageszeitungen finden, schon gar nicht auf der Titelseite. Für Freunde der Statistik gilt allerdings auch zukünftig: Obacht, sehen Sie sich vor! Plaudern Sie nichts aus, was dem Patienten nützen könnte! Und falls Sie's doch versuchen: Ihnen wird sowieso niemand glauben, wenn Sie Leitlinien angreifen – nur Verschwörungstheoretiker behaupten, alle Leitlinien seien »der verlängerte Arm der Pharmaindustrie«[96] Denn diese Leitlinien denkt sich ja nicht die Pharmaindustrie aus, wo denken Sie hin? Leitlinien beruhen auf den Empfehlungen von echten Koryphäen. Einige von denen stehen zwar auf der Payroll der Pharmaindustrie[97/98], aber das ist nun beileibe erst recht kein Skandal, sondern nur klug und richtig. So kann man auch als Mitverantwortlicher für die neurologische Leitlinie, die MS zu einer so überaus populären Krankheit für die Pharmaindustrie macht, öffentlich erklären: »Klar hab ich schon mal Geld von der Industrie genommen, aber immer gegen adäquate Gegenleistung.«[99]

Sollte man nicht dennoch versuchen, Leitlinienkommissionen wenigstens zum Teil mit *unabhängigen* Medizinern zu besetzen, Leuten ohne Interessenskonflikte? Wohl nicht, denn es gilt als ausgemacht: »Ein Koordinator oder eine Koordinatorin, der keine Konflikte hat,[100] kann das im Allgemeinen auch fachlich nicht ausreichend souverän überblicken.«[101]

Der »Interessenskonflikt« scheint hier neu definiert zu sein, sinngemäß so: Wer in Sachen MS-Diagnose und -Behandlung überhaupt ernstgenommen werden und mitreden will, *muss* offenbar auf der Payroll von Big Pharma stehen. Alle Unabhängigen sind ja gar nicht qualifiziert, auf Augenhöhe mit Neurologen an der Leitlinie zu arbeiten, die von den Gewinnen der Pharmaindustrie selbst profitieren. Diese Argumentation ist, ohne Frage, ausgesprochen schlüssig.

Findet sich irgendwo ein wenig Trost? Ja, es gibt durchaus auch nützliche Leitlinien. Nicht alle 750 bestehenden betreffen lukrative, chronische (oft »dubiose«) Erkrankungen, bei denen der Handlungsspielraum des vernünftigen Allgemeinmediziners eingeschränkt werden muss, und wo eine Leitlinie nicht mangelhaft gearbeitet ist, sondern allen Ansprüchen entspricht, dient sie Arzt wie Patient als nützliche Checkliste, durchaus entsprechend jener, die Piloten vor dem Start vom Boden abhaken. Die Kehrseite ist, dass bei vielen einfacheren Erkrankungen, bei denen die Studien- und Evidenzlage so glasklar ist, dass man viele etablierte, lukrative Methoden sofort einstellen müsste, Leitlinien sicherheitshalber ganz fehlen. Hier genügt: »Das haben wir schon immer so gemacht« – vom Händeschütteln unter langärmligen Kollegen bis zum Kniespiegeln.

Forschung und Studien

Auf unserer Reise von einer falschen Prämisse zur nächsten wollen wir uns an der Haltestelle »Studien« nur kurz aufhalten, denn das Studienproblem ist derartig gravierend, dass es hier nicht annähernd gebührend gewürdigt werden kann, jedenfalls nicht im skandalösen Detail. Die größten Wahrnehmungsfehler unsererseits wollen wir aber in gebotener Kürze ausleuchten, denn wieder spielt unsere Gutgläubigkeit uns gefährliche Streiche.

Wir gehen beim Einsatz von Therapien und Medikamenten von deren nachgewiesener Wirksamkeit aus (das ist falsch, siehe oben) und davon, dass Leitlinien dies abbilden und überdies strengen Kriterien genügen (falsch, siehe oben). Wir gehen also davon aus, dass auch die Zulassung von Medikamenten evidenzbasiert ist (falsch), sprich auf soliden, kontrollierten Studien beruht (ebenfalls falsch).

Dass inzwischen mehr als 90 Prozent der klinischen Medikamentenstudien von der Pharmaindustrie bezahlt oder beeinflusst werden, sei hier nur am Rande erwähnt,[102] ebenso der Umstand, dass die Bestellung von gewünschten Ergebnissen bereits an den Universitäten beginnt.[103] Dass aufgrund dieser Praxis nachweislich ein nicht methodologisch begründetes Ergebnisungleichgewicht der Studien zugunsten der Produkte der Hersteller entsteht, also des Studienfinanziers,[104] wird niemand verwundern. Deshalb fordern die Herausgeber der weltweit einflussreichsten medizinischen Publikationsfläche, des *British Medical Journal* (BMJ), seit Langem, dass pharmafinanzierte Studien gar nicht mehr in Fachpublikationen erscheinen dürfen. Mit dieser logischen Forderung werden *BMJ*-Chefin Fiona Godlee und Co. sich auch umgehend durchsetzen können, sobald der Yeti an Weihnachten seine erste Praxis in Detmold eröffnet – oder anders gesagt, mit Prof. Dr. Wolf-Dieter Ludwig, Vorsitzender der Arzneimittelkommission der deutschen Ärzteschaft: »Die Vorschläge, von der Pharmaindustrie finanzierte Studien nicht mehr zu publizieren, sind unrealistisch.«[105]

Der Vollständigkeit halber sei aber festgehalten, dass nur die Hälfte aller Studien überhaupt veröffentlicht wird, dass etliche Studien im Ausland stattfinden – bevorzugt an »Drug Naives«, also vergleichsweise jungen Menschen, die möglichst noch nie Medikamente geschluckt haben, und bevorzugt in Ländern mit total stabilen Kontrollmechanismen wie Indien.[106] Außerdem gibt es gar keine Meldepflicht für begonnene Studien, worunter auch die Nennung von Gründen für den Abbruch einer Studie fiele. Erst recht existiert keine Vorschrift, die Studienbetreiber zur Offenlegung ihrer statistischen Rohdaten verpflichtete,[107] und gerade dieser in Laienaugen ganz unbedeutende Mangel des Systems erweist sich als überaus nützlich. Denn was die Studienbetreiber als Ergebnis ihrer Studien behaupten, kann schlicht und ergreifend nicht von unabhängigen Stellen überprüft werden – und zwar grundsätzlich nicht.[108]

Eine kurze Erinnerung an Roche Pharmas[109] vorbildlichen »Raubzugs des Jahrhunderts« (Peter Goetzsche) mag dies exemplarisch verdeutlichen: Von 2009 bis 2013 forderten die unabhängigen Forscher der *Cochrane Review* die Offenlegung der Rohdaten für Roches Grippemittel Tamiflu (Oseltamivir), also für jenes Mittel, mit dem das Unternehmen seit 1999 etwa 13 Milliarden Euro umgesetzt hatte. Tamiflu und Konsorten wurden bekanntlich von etlichen Regierungen milliardenschwer aus Steuergeldern bestellt, bezahlt und gehortet, um bei einer Schweine-Vogel-China-Grippen-Pandemie das Ärgste von den jeweiligen Bevölkerungen abwenden zu können. Die politischen Entscheider folgten beim Anlegen ihrer Grippemittelvorräte primär Empfehlungen der WHO und der US-Seuchenbehörde CDC (Center for Disease Control and Prevention). Doch auf welche validen Daten sich WHO und CDC in ihren Empfehlungen stützten, war für die *Cochrane*-Autoren nicht nachvollziehbar, weil diese schlicht nicht vorlagen.

Im Auftrag der britischen Regierung fragte daher Dr. Tom Jefferson 2009 noch einmal bei den Wissenschaftlern nach, auf deren Empfehlungen das ganze Horten und Lagern beruhte und die immerhin zehn Studien zur Tamiflu-Wirksamkeit ausgewertet hatten. Oder auch nicht, denn die Herren mussten einräumen, dass es eigentlich nur *zwei* Studien gewesen waren. Und die Daten werde man auch nur dann herausgeben, wenn der vom zahlenden Staatskunden beauftragte Dr. Jefferson eine Verschwiegenheitserklärung unterschreibe.[110] Das kann man natürlich so machen, wir sind ja hier im Krankensystem: Der Kunde, hier beauftragt von der Regierung, darf im Falle eines Falles anderen nicht mal sagen, dass er dezent in die Irre geführt worden ist.

Erst 2013 gelang es Tom Jefferson, die vollständigen Studiendaten in die Hände zu bekommen. Die *Cochrane*-Auswertung aller randomisierten Studien zeigte 2014, dass die Studiendaten, vorsichtig gesagt, selektiv publiziert worden waren, und dass tatsächlich das Blockbuster-Grippeimpfmittel Oseltamivir die Symptomdauer einer Influenza um nur 16,8 *Stunden* verkürzte, jedoch keinerlei nachweisbaren Effekt auf die Hospitalisierungsrate hatte. Ebenso wenig Wirkung zeigte sich bei verifizierten Lungenentzündungen, Nebenhöhlen- oder Mittelohrentzündungen oder Bronchitis, und auch für die behauptete »verringerte Mortalität durch die Einnahme antiviraler Mittel« konnten die *Cochrane*-Autoren keinerlei Belege finden. Ihr Fazit lautete daher: »Vorteile überschätzt, Schäden zu selten berichtet«, sowie präzisierend: »Tatsächlich traten insgesamt nur 13 Todesfälle bei den über 24 000 Patienten auf, die in den verschiedenen klinischen Studien untersucht wurden.« In Prosa: Das ganze Zeug nützt unter dem Strich nicht mal »so'n bisschen wenig oder kaum«, sondern eigentlich überhaupt nichts. Kostet aber ein Schweinegrippengeld, nämlich 13 Milliarden Euro. Vorwiegend Steuergelder.

Wäre es unabhängigen Forschern gestattet, sich Studienrohdaten anzusehen, gäbe es solche Raubzüge nicht. Wäre gewünscht, dass solche Raubzüge unterbleiben und Transparenz herrscht, gäbe es entsprechende Vorschriften. Das ist nichts Neues, sondern etwas sehr Altes. Alle Warnungen der Fachwelt liegen seit Jahrzehnten auf allen politischen Tischen. Aber ändern wird sich nichts, aus den bereits sattsam bekannten Gründen. Transparenz wäre ausgesprochen schlecht fürs Geschäft, und was schlecht fürs Geschäft ist, ist schlecht für BIP und Wachstum. Es wird also dabei bleiben, dass wir nicht beurteilen können, welche Medikamente und Therapien wirksam sind und welche nutzlos oder tödlich. Wir bleiben diesbezüglich blind. Und können eben nur hoffen oder beten, dass wir kein Vioxx[111] erwischen, sondern Glück haben.

Ist indes ein Medikament frisch zugelassen – ob nun aufgrund korrekt dargestellter, gefälschter oder bloß komplett intransparenter Datenlage –, wird auch bei der Weiterbeobachtung möglicher Nebenwirkungen oder Gegenanzeigen keine unabhängige Stelle eingeschaltet, sondern diese Qualitätskontrolle vom Hersteller selbst gern übernommen. Das nennt man dann »interventionelle Studie« (IVS) oder »Anwendungsbeobachtung«, weil das einfach seriöser und vertrauenerweckender klingt als die Einschätzung von Transparency International: »legalisierte Bestechung«[112]

Tatsächlich bedeutet die Anwendungsbeobachtung am Verwender eben gelegentlich auch: »Für das Umstellen der Medikation, oft ohne hinreichende Information der Patienten, und das Ausfüllen banaler Formulare erhielten die teilnehmenden Mediziner ›Kopfgelder‹ von bis zu 2500 Euro von der Pharmaindustrie.«[113] Während Experten seit einem Jahrzehnt interessiert debattieren, ob dies lediglich, schlimm genug, »in einigen Fällen« unter »eindeutiges Marketing«[114] fällt oder doch vielleicht unzweideutig unter »Korruption«,[115] fließen in Deutschland alljährlich bis zu 1,2 Milliarden Euro von den Herstellern an die Verschreiber. Die Ergebnisse solcher Beobachtungen werden »oftmals gar nicht veröffentlicht«, und »wer da im Einzelnen wie viel verdient, bleibt der Öffentlichkeit gemäß Transparenzkodex ebenfalls verborgen«[116] Fest steht nur, dass jeder zehnte niedergelassene deutsche Arzt auf diese elegante Weise sein Einkommen aufbessert[117] und dass der Patient in der Regel weder davon erfährt noch gefragt wird, ob er überhaupt mitmachen möchte als Live-Versuchskaninchen.

Exemplarisch lässt sich die Wirkweise interventionellen Studierens aufzeigen am »innovativsten Produkt 2017 der Neurologen«,[118] Biogens MS-Medikament Zinbryta. Wie sich nach der europaweiten Zulassung des Mittels zeigte, befindet sich Deutschland in Sachen Anwendungsbeobachtung auf einem interessanten Sonderweg – einem für die Pharmaindustrie besonders attraktiven. Das Bundesgesundheitsministerium, traditionell wachstumsorientiert, sieht gute Gründe für die Beibehaltung der gängigen Praxis,[119] die Zinbryta-Patienten sehen das möglicherweise anders, jedenfalls einige. Wie das ARD-Magazin *Kontraste* gründlich recherchiert darlegte,[120] wurde die Markteinführung des Biogen-Produkts von einer Anwendungsbeobachtung begleitet, die den verschreibenden Ärzten das vergleichsweise bescheidene Zusatzhonorar von 1320 Euro für die ersten 5 Jahre der »Beobachtung« zusicherte. Weltweit wurde Zinbryta etwa 8000 Patienten verabreicht, EU-weit 3390. Hiervon lebten 2890 in Deutschland, lediglich 400 im europäischen Ausland. 1,5 Jahre, 4 Tote, 25 Schwerverletzte und mehr als 100 Millionen Umsatz später wurde das Medikament wieder vom Markt genommen.[121]

Der Tod von Svenja Esser, 26, zeigt besonders deutlich die geschilderten Gesamtzusammenhänge auf. Die junge Frau war Ende 2016 zum Arzt gegangen, »MS« war »festgestellt« worden, und leitlinienkonform erfolgte die Behandlung mit dem auf dem vielversprechenden Neuling auf der Liste der zugelassenen Medikamente: Zinbryta. Ein halbes Jahr später war Svenja Esser tot, gestorben an akutem Leberversagen. Die behandelnden Ärzte stellten ausdrücklich klar, vorzulesen in der Abmoderation des *Kontraste*-Beitrages: Alles sei regelkonform, Svenja Essers Behandlung mit Zinbryta »medizinisch geboten gewesen«.

Das ist natürlich absolut richtig. Medizinisch geboten war die Behandlung der »MS« offenbar aufgrund der bestehenden Leitlinie, die wir oben kennengelernt haben. Der Rest sind Konjunktive. Hätte die verheerende Leitlinie nicht bestanden, hätte man der jungen Frau möglicherweise nicht schon beim ersten »Schub« die bekanntermaßen lebensgefährliche[122] Chemo verschrieben. Schon gar nicht hätte vermutlich ohne »Marketinganreize« irgendwer ihr ausgerechnet das neue, hippe Zinbryta verschrieben. Und hätte die Patientin nicht nur um »Risiken und Nebenwirkungen« gewusst, sondern auch um die Zusammenhänge und das Honorar für die Anwendungsbeobachtung – hätte sie dann Zinbryta eingenommen?

Kontraste: »Wussten Sie, dass die Ärzte bzw. die Klinik Geld für diese Studie bekommen?« Mutter Marion Esser: »Nein, nein, dann wird man ja vielleicht hellhörig geworden oder … hellhörig … aber dann hätte man vielleicht noch mal n bisschen anders nachgefragt oder warum.«[123]

Zinbryta, das »innovativste Produkt des Jahres 2017« der Neurologen, ist seit dem 27. März 2018 in der EU nicht mehr zugelassen.[124]

In Sachen »hätte man vielleicht noch mal nachgefragt« erinnern wir uns aber: für Gespräche mit Patienten, gar nachfragende, sind im Quartalshonorarrahmen lediglich 22,87 Euro vorgesehen. Daher ist es sicher ökonomischer, Patienten nicht mit der Erwähnung von Anwendungsbeobachtungen zu irritieren, denn mancher würde wohl tatsächlich fragen, ob er nur deshalb was kaum Erprobtes schlucken soll, weil sein Arzt dafür einen schicken Bonus bekommt. So ist wohl auch naheliegend, dass gerade spezialisierte Ärzte, die beispielsweise in zertifizierten MS-Zentren zweihundert Patienten aufmerksam betreuen, pflichtbewusst stillschweigend bei der industriellen Qualitätssicherung mitwirken. Denn selbst wenn das Ausfüllen der 200 Anwendungsbeobachtungsfragebögen netto zwei Arbeitstage per annum in Anspruch nimmt, ist der Stundenlohn für diese Tätigkeit doch geringfügig höher als der im Gespräch mit Patienten erzielbare. Genauere Daten liefert jeder herkömmliche Taschenrechner, bereits geliefert sollte aber die Erklärung sein, weshalb Akademiker diesbezüglich den Begriff »Korruption« interessiert diskutieren. Sollte sich die IVS-Praxis indes tatsächlich als »Korruption« im strafrechtlichen Sinn erweisen, wird der Gesetzgeber vermutlich unnachgiebig und rasch einschreiten und das Gesetz so ändern, dass es den Markterfordernissen Rechnung trägt.

Zwei weniger sichtbare Probleme betreffend das Wesen von Studienergebnissen an sich seien hier ergänzend erwähnt, beide wieder verkehrt in unserer Wahrnehmung verankert, aufgrund sympathisch-naiver Missverständnisse.

Wir gehen grundsätzlich davon aus, dass man in Studien prüft, ob Medikamente gesünder machen, also »helfen«. In unserer Vorstellung geht das exemplarisch so, ganz seriös: Man testet eine neue Substanz an Leuten mit akuten Kopfschmerzen, verabreicht einer ausreichend großen Gruppen von Teilnehmern (Probanden) Pillen – die Hälfte bekommt Zuckerpillen, die andere den echten Wirkstoff. Wobei die Pillen identisch aussehen, sodass die Teilnehmer nicht wissen, was sie bekommen haben, und auch die Verabreicher nicht wissen, welcher Proband was bekommen hat. Das nennt man dann »doppelt verblindet«. Eine halbe Stunde nach Verabreichung fragt man die Teilnehmer, wie es denn den Köpfen so geht, sammelt die Ergebnisse, zählt durch, zieht den Placeboeffekt ab – Zuckerpillenschlucker, deren Kopfweh trotzdem weg ist – und hat ein Ergebnis. Sofern es den echten Substanzschluckern deutlich besser geht als der Zuckerpillengruppe, nennt man das dann »signifikant«. Und sofern die getestete Substanz keine ernstzunehmenden Nebenwirkungen hat, schickt man den neuen Wirkstoff in die Welt, zum Helfen. So einfach sind Studien – solange die Frage so einfach ist wie diese: »Hilft die Substanz nach Einnahme binnen 30 Minuten nebenwirkungsfrei gegen Kopfweh?«

Will man hingegen wissen: »Hilft die Substanz bei Einnahme über sechs Monate gegen Krebs?«, oder: »Hilft die Substanz bei täglicher Einnahme über zwei Jahre gegen MS?«, wird alles deutlich komplizierter. Denn man begnügt sich nicht damit, den Krebs- oder MS-Kranken nach sechs Monaten oder zwei Jahren zu fragen: »Geht's Ihnen besser?«, sondern man will im Zweifel wissen, ob es dem Patienten mit dem Medikament besser geht, als es ihm ohne gegangen wäre. Über längere Zeiträume wirken allerdings etliche Faktoren auf das Befinden des Patienten ein, es könnte dem MS-Kranken ja auch *trotz* Medikament schlechter gehen, weil seine Frau ihn verlassen hat, oder dem Krebspatienten mit Medikament schlechter als dem ohne, weil er zum Beispiel gestorben ist. Hier kann man also nicht einfach wie bei der Kopfschmerzpille fragen: »Geht's Ihnen besser?« Man muss stattdessen einen unbestechlichen Indikator finden, einen Marker, den man objektiv messen und vergleichen kann. Beim Krebsmittel wäre das beispielsweise die Zellteilungsrate – sofern man sicher weiß, dass diese einen Einfluss auf den Krankheitsverlauf hat. In diesem Fall wäre die Zellteilungsrate, stellvertretend für »Geht es besser?« eine zulässige Ersatzfrage, ein sogenannter Surrogatendpunkt. Irgendwas muss man ja messen.

Um bei meinem Lieblingsbeispiel zu bleiben, der MS: Da man weder die Ursache der Krankheit mit den tausend Gesichtern kennt noch den Verlauf beim einzelnen Patienten vorhersagen kann, kann man natürlich auch nicht sagen, wie viel oder wie wenig Verbesserung nach ein oder zwei Jahren dem verabreichten Medikament zuzuschreiben ist und wie viel anderen Faktoren – oder eben schlicht dem günstigen normalen Verlauf im Einzelfall. Hier benötigt man also dringend einen Marker, um überhaupt Medikamente auf Wirksamkeit testen und studieren zu können. Ein denkbarer Marker wäre »Gehstrecke nach 20 Jahren«, da manche MS-Kranke im Rollstuhl landen. Oder »Verbesserung/Verschlechterung der Gehstrecke nach 5 oder 10 Jahren«. Aber auch hier spielen wieder viele weitere Faktoren hinein, vom Lebensalter zu Erkrankungsbeginn bis zum Lebensstil, unabhängig vom Alter und jenseits der Pillenschluckerei.

Zeichnet sich nun ab, siehe ARHQ, dass die eingesetzten Basistherapien nach 20 Jahren Einsatz gar nichts »bringen« in Sachen des Surrogatendpunkts »Gehstrecke«, sieht man sich wohlweislich nicht nach besseren Medikamenten um, sondern nach einem besseren Surrogatendpunkt. So fand, wie oben gezeigt, die MS-Industrie diesen, mit modernsten Methoden: die »Verringerung der Läsionslast im Patientenhirn«, ermittelt per MRT-Untersuchung. Wie bereits dargelegt, korrespondiert dieser Surrogatendpunkt indes nicht zwingend mit dem Wunsch des Patienten nach besserem eigenem Befinden, sprich: Die teuren Medikamente behandeln gegebenenfalls Läsionen, aber nicht die Krankheit. Die Frage »Geht's besser?« wird dabei sicherheitshalber gar nicht mehr gestellt. Moniert der Patient mit deutlich verringerter Läsionslast dennoch aus seinem ganz neuen Rollstuhl: »Im Gegenteil! Mir geht es schlechter!«, befindet er sich erstens im Irrtum und zweitens im Irrelevanten. Aber was soll der bedauernswerte Studienbetreiber denn auch machen? Ob BIP oder Krankheit: Subjektives »Gutfühlen« oder »Wohlbefinden« passen nicht auf eine objektive Skala, und so verdrängt eben manchmal oder immer öfter, um mit René Dubos zu sprechen, »das, was leichter messbar ist, das Wichtige.«

Beim Krebs dient als Studien-Surrogatendpunkt die »Tumorverkleinerung«. Das eigentliche Patienteninteresse »Lebensverlängerung« fällt hierbei unmerklich elegant unter den Tisch, ebenso, dass manche Therapien, die den Tumor schrumpfen lassen, die Sterblichkeit nicht verringern, sondern erhöhen – zum Beispiel durch die Bestrahlung bei Frauen, bei denen Brustkrebs diagnostiziert wurde, ob nun zutreffend oder falsch-positiv. [125]

So war auch in den Studien, die zur Zulassung des einst weltweit meistverkauften Krebsmittels Avastin führten, nicht etwa nach dem Endpunkt »erhöhte Lebenserwartung« gefragt worden, sondern nach »Progressionsfreiheit bei gleicher Lebenserwartung«. Das war gleich doppelt smart, denn nicht nur handelte es sich um einen für den Patienten höchst unerheblichen Surrogatendpunkt, obendrein war die »Progressionsfreiheit« auf dem mit oder ohne Medikament gleich kurzen Weg ins Grab schwerlich ermittelbar. [126] Die amerikanische Food and Drug Administration (FDA) ordnete daher weitere Studien an. Eine Metastudie aus sechzehn Einzelstudien mit über zehntausend Datensätzen ergab schließlich, »dass bei Ergänzung der Chemotherapie durch Avastin *mehr* Menschen starben als bei der Chemotherapie allein.« [127]

Drei Jahre nach der Spezialzulassung wurde die pro Patient und Jahr 40 000 bis 88 000 US-Dollar teure[128] Chemo-Ergänzung Avastin wieder vom Markt genommen. Doch so lange stand das

Präparat mit einem Umsatz von 6 Milliarden Dollar allein im Jahr 2010 weit oben in den Blockbuster-Charts.

Der Surrogatendpunkt »Tumorverkleinerung« erweist sich also einerseits als äußerst lukrativ, anderseits aber auch als äußerst irreführend – und gelegentlich als äußerst tödlich. Die Absurdität des Surrogats lässt sich wohl am besten hier zeigen, beim terminalen Krebs, denn es gilt ganz generell für »die meisten, wenn nicht alle Krebsmittel«, dass »höhere Dosen bessere Wirkung auf die Tumore zeigen« (gewünschter Endpunkt erreicht), »aber auch mehr Patienten umbringen«[129] – aber danach war ja zum Glück nicht gefragt. So lässt sich wohl vorsichtig festhalten: Medikamente, die aufgrund des Erreichens von Surrogatendpunkten zugelassen werden, sind eine exzellente Antwort – man weiß nur als Patient meist leider gar nicht, auf welche Frage.

Sind wir als Patienten hinsichtlich Studiendesign und Surrogate normalerweise unwissend, begehen wir nun einen weiteren Fehler die generelle Studienlage betreffend aus Naivität. Denn wir gehen unausgesprochen und selbstverständlich davon aus, dass »unsere« Forscher unabhängig arbeiten, gerade die Forscher an »unseren« Universitäten, Einrichtungen, die wir als Gemeinschaft finanzieren. Interessante und relevante Gesundheits- respektive Krankheitsthemen werden daher, so glauben wir, viel studiert, auch im Sinne von: Es werden viele Studien unternommen. Werden Themen von unseren (unabhängigen) Forschern nicht studiert – oder nur in sehr kleinem Rahmen –, gehen wir davon aus, dass diese eben nicht sonderlich relevant sind. Da sich also beispielsweise nur sehr wenige ernstzunehmende Forscher überhaupt mit dem Einfluss von Umweltgiften auf die Gesundheit beschäftigen,[130] besteht offenbar keine nennenswerte Korrelation. Sonst, logisch, würde ja geforscht und studiert. Bestünde ein Einfluss von Toxinen, Feinstäuben und Giften in Form von schädlichen chemischen Verbindungen in unserem Essen, unseren Möbeln, Wänden, Telefonen, Putzmitteln und Kosmetika[131] auf unsere Gesundheit, gäbe es große, kontrollierte, doppelt verblindete Studien. Die würde wohl schon jemand in Auftrag geben, gegeben haben, längst. Das Gesundheitsministerium oder das Verbraucherschutzministerium. Garantiert.

Man vergegenwärtige sich bitte am beliebigen Beispiel der völlig fiktiven Firma Meier, eines global operierenden Chemiekonzerns, wie die Dinge tatsächlich liegen – und was wir absurderweise unausgesprochen erwarten. Die Pharmasparte der börsennotierten Meier AG erzielt alljährlich Milliardengewinne mit Medikamenten. Gleichzeitig erzielt Meiers Abteilung »Landwirtschaftliche Chemikalien« Milliardengewinne mit Pestiziden. Meier produziert obendrein aber auch Lacke, Farben, Kosmetika, Lebensmittelzusätze und alles andere, was man als Chemiekonzern so herstellen kann.

Da wir als Gemeinschaft, als Staat, offenkundig längst kein Geld mehr übrig haben für unabhängige Studien, werden mehr als 90 Prozent aller Medikamentenstudien von der Pharmaindustrie bezahlt, also beispielsweise von Meier. Wollte man nun etwa wissen, ob ein Zusammenhang besteht zwischen MS-Erkrankungen – an deren Behandlung Meier pro Patienten alljährlich 12 000 Euro verdient, im Abonnement, solange der Patient lebt – und Toxinen in Hauswänden oder glyphosatbelasteten Nahrungsendprodukten, müsste man Meier bitten, diesbezüglich eine Studie zu unternehmen. Man forderte mithin Meier auf, 1, 2 oder 10 Millionen Euro für diese dreiphasige Meier-Studie in die Hand zu nehmen, bei der am Ende durchaus herauskommen könnte, dass ein Meier-Produkt als Mitverursacher etlicher MS-Erkrankungen erkannt wird. Damit wäre dann dank Meiers teurer Studie erstens Meiers Pestizid vom Markt genommen, was Meier eine Milliarde Gewinn kosten würde, zweitens die vom Produkt verursachte Krankheit entziffert und verschwunden, was Meier eine zweite Milliarde Gewinn kosten würde, weil ja nun niemand mehr Meiers »Therapie« benötigte.

Wir erwarten mithin von der Meier AG, dass sie sich mit Millionenkosten zwei Milliardenumsatzposten selbst kaputtmacht; gehen also nicht nur davon aus, dass der Bock ordentlich gärtnert, sondern vor unserem Haus gratis Versailles anlegt und sich danach erschießt. Auch ohne Meier-Produkt gegen nachlassende mentale Leistungsfähigkeit lässt sich diese Erwartungshaltung wohl als dezent wirklichkeitsfremd erkennen.

Ein Vorwurf gegen Meier lässt sich hieraus indes nicht konstruieren, denn Meier handelt rational und folgt den Gesetzen. So unterbleibt jede Forschungsanstrengung, jede Studie, die keinen Return on Investment verspricht – und je gefährlicher die potenzielle Forschung für den Absatz, desto gründlicher wird sie verhindert. Niemand braucht eine Studie an geheilten MS-Kranken oder eine, die den positiven Einfluss von Vitamin D auf die Krankheitsprogression nachweist.[132] Niemand braucht Forschung, die am Horizont mit Methoden zur Krebsheilung droht. Niemand braucht eine Analyse von tausend Spontanheilungen aus zehn Ländern, die »überwiegend psychische, emotionale Aspekte sowie Ernährungsumstellungen als positive Einflussfaktoren einer Selbstheilung« findet.[133]

Es bleibt stehen: Forschung und Erkenntnisgewinn finden nur statt, sofern sie keine Gefahren für relevantere Gewinnaussichten heraufbeschwören. Und relevanter Gewinn ist ausdrücklich *nicht* definiert als »Mehrung von Gesundheit«. Im Gegenteil, denn echte Forschung droht ja durchaus wirksame Medikamente hervorzubringen. Ganz zurecht fragte Goldman-Sachs-Analyst Salveen Richter 2018 in einem internen Papier: »Ist das Heilen von Patienten ein nachhaltiges Geschäftsprinzip?«. Die Antwort lieferte er gleich mit: »Heilung könnte langfristig geschäftsschädigend sein.«[134] Wir kommen noch ausführlicher auf diese kluge Mahnung zurück.

So aber muss man indes auch Professor Jon Ioannides aus Stanford dringend richtig im richtigen Prämissenlicht lesen, wenn dieser konstatiert: »Leider sind nicht nur die meisten Forschungsergebnisse falsch, sondern die meisten der richtigen Ergebnisse bringen auch keinen Nutzen.«[135] Das ist insofern höchstens halb richtig, als lediglich der Volks*gesundheit* kein Nutzen entsteht, wohl aber der Volks*wirtschaft*. Und der Surrogatendpunkt unserer groß angelegten Wirksamkeitsstudie lautet eben nicht »mehr

Wohlbefinden«, sondern »mehr BIP«. Zur Erreichung dieses Primärziels leistet die gängige Forschungs- und Studienpraxis, wie gewünscht, einen wichtigen Beitrag.

Gemeinnützige

Gut, dass es die gibt: All die NGOs, nichtstaatliche Organisationen, frei und unabhängig, Stiftungen und eingetragene, gemeinnützige Vereine, die dem Erkrankten, dem Patienten ohne jede Gewinnerzielungsabsicht helfen. Vernachlässigen wir an dieser Stelle die Frage, wieso es diese NGOs eigentlich gibt oder geben muss und wieso nicht das üppig staatsfinanzierte System selbst in der Lage ist, für Aufklärung und gescheite Therapieempfehlungen zu sorgen, und überprüfen wir abermals unseren Wahrnehmungsstand: Anerkannt gemeinnützige Vereinigungen und Stiftungen arbeiten natürlich im Interesse des Gemeinwohls. Sonst hießen sie ja nicht gemeinnützig, das versteht sich doch von selbst?

Getragen werden diese gemeinnützigen Vereine von Gutmenschen, also Spendern – zum Beispiel der eingetragene Verein Kompetenznetz Multiple Sklerose e. V. (KKMS), der regelmäßig ein *Qualitätshandbuch* herausgibt, eine überaus nützliche Informationsbroschüre für alle Behandler. Das KKMS finanziert sich dabei tatsächlich ausschließlich aus Spenden, 2015 kamen von philanthropischen Privatpersonen sagenhafte 4302,50 Euro zusammen. Der kleine Rest des gemeinnützigen Budgets, weitere 144302,50 Euro, kam von der Pharmaindustrie – so der Jahresbericht der KKMS.[136] Natürlich ist damit nicht gesagt, *alle* industriefinanzierten Vereinigungen dienten per se und ausschließlich Industrieinteressen. Hinter manchen dieser Vereine und Stiftungen stehen selbstredend auch vermögende, lupenreine Altruisten, die gern etwas von ihrem Reichtum zurückgeben möchten an die Armen und weniger Glücklichen, besonders an die Kranken. Und natürlich sind solche Stiftungen besonders daran interessiert, Studien zu finanzieren, die Hinweise erbringen könnten auf echte Heilungswege.

Sie merken, ich arbeite gerade an meinem Outing als hirnverbrannter Vollidiot. Normalerweise vermeide ich zwar nach Kräften, dass das jemand merkt, aber hier komme ich um das Outing wohl nicht herum. Also, ja, ich war ungeheuer doof, zu Beginn meiner Reise durch die MS-Kulissen. Denn für mich lagen die Dinge ganz einfach: Eine bekannte Stiftung, finanziell üppig ausgestattet, engagiert sich öffentlichkeitswirksam für MS-Kranke. Diese Stiftung finanziert Studien. Viele MS-Kranke sind fehldiagnostiziert, viele MS-Kranke haben kaum Beschwerden und sind offenbar sehr heil, also sollten die Stiftung und ich doch dringend mal allen anderen MS-Kranken verraten, was diese »Heilen« richtig gemacht haben oder richtig machen. Also brauchten wir eine Studie an heilen MS-Diagnostizierten.

Genau das trug ich der Stiftung vor. Worauf man mir sehr freundlich erklärte, erstens könne ich sowieso keine Studie machen, weil ich weder Mediziner noch Forscher sei. Das verwunderte mich nun allerdings nicht, denn das wusste ich ja schon, aber so ein Mediziner oder Forscher müsste ja sicher zu finden sein. Zweitens, wichtiger, erklärte man mir, immer noch sehr freundlich, sei eine Studie an »heilen« MS-Diagnostizierten unsinnig, da es keine heilen MS-Kranken gebe – MS sei nämlich unheilbar.

Mein Hinweis auf die amtlich erhobenen Daten fiel ins Leere, erst recht mein Hinweis, mir seien etliche MS-Diagnostizierte persönlich bekannt, die seit Jahrzehnten beschwerdelos unheilbar durch die Gegend liefen. Ebenso meine Hinweise auf die beeindruckenden Arbeiten von Dr. George Jelinek,[137] der ja längst bewiesen hatte, dass sich etliche Multiple Sklerosen durch Änderungen des Lebensstils stark beeinflussen ließen, von den Betroffenen selbst. Ob wir, die Stiftung und ich, nicht zumindest gemeinsam versuchen wollten, diese Zahlen und diese hochinteressanten Zusammenhänge Neudiagnostizierten zu vermitteln? Möglichst evidenzbasiert, gestützt mit Zahlen, Fakten, Studien?

Vielleicht unter dem Oberbegriff »Lebensstil und Multiple Sklerose«? Nein, die Stiftung hielt das nicht für einen verfolgenswerten Ansatz.

Also machte ich das Ganze selbst,[138] mit zusätzlicher Spendenhilfe nicht von Institutionen, sondern von Betroffenen sowie der Unterstützung von Professor Jörg Spitz, der eben nicht Teil des nationalen MS-Netzwerks war, sondern »out of the box« dachte. Millionenteure eigene Studien konnten wir zwar nicht liefern, wohl aber einen Überblick über das, was an validen Informationen vorlag. Immerhin.

Die Stiftung richtete kurz nach dem erfolgreichen Launch unserer Info-Seiten einen neuen medizinischen Lehrstuhl ein, der sich dem von uns ins Feld geworfenen Thema beschäftigen sollte, also eine Professur für »Lebensstil und MS«, dotiert mit 1,4 Millionen Euro.[139] Das ist nachvollziehbar, denn das Geld war im System natürlich besser aufgehoben als bei uns, da wir ja primär fürs Weglassen und fürs Stärken der Selbstheilungskräfte plädierten und Heilungen dokumentierten. Wir hätten also gar nicht gewusst, wofür wir die 1,4 Millionen ausgeben sollten. Zwar hätten wir für 140 000 Euro garantiert Verwendung gehabt, aber damit hätten wir natürlich nur diversen CIS-Fällen geholfen, schnell wieder gesund zu werden. Und so was, gesund, gab es ja gar nicht, wie die Stiftung wusste, denn MS ist ganz grundsätzlich unheilbar.

Ausgelacht wurde ich aber erst etwas später für meine Naivität. Erst als ich mich »geoutet« hatte, öffentlich, und Kenner der Materie mir kopfschüttelnd und dennoch tröstend auf die Schulter klopften, mit der Frage, wie ich denn diese Zusammenhänge hatte übersehen können? Was ich denn geglaubt hatte, wer bei den Expertenvereinigungen die Entscheidungen treffe, was gefördert werde und was nicht? Ob ich denn wirklich nicht verstanden hatte, dass ein sehr grundsätzlicher Unterschied bestehe zwischen »Forschung an neuen lukrativen Therapien« und »Forschung an Ursachen mit dem Ziel der möglichst kostenlosen Heilung«? Nö, hatte ich nicht.

Aber damit sind wir beim letzten Teil dieser Anekdote, die mich endgültig als Knallkopf entlarvt. Denn als ich meinen Freunden und Verwandten 2014 mitteilte, ich würde lsms.info selbst aufbauen und obendrein noch ein Gratis-E-Book für MS-Anfänger und ein echtes dickes Buch dazulegen – Letzteres, um meinen Verlagsautorenvorschuss in den Aufbau der Webseite investieren zu können –, lautete die Prognose meiner Aufpasser schlicht: »Das ist eine Lose-lose-Situation: Entweder, das bekommt niemand mit, dann war's ein Jahr rausgeschmissene Lebenszeit – oder es merkt jemand, und dann zeigen die dich an.«

Rausgeschmissene Lebenszeit war es nicht, denn Webseite und Bücher machten sich durchaus bemerkbar, lsms.info und deren »Schwesterseite« life-sms.org erreichten schon im ersten Jahr 1,5 Millionen Seitenaufrufe. Ignorieren konnten die MS-Profis uns von MS betroffene Betreiber und Sympathisanten also nicht. Und mich anzeigen? Auch nicht – aber nur, weil ich bereits beim ersten Warnschuss der MS-Seilschaften den Kopf einzog, ich Feigling. (Stimmt nicht, sah nur so aus. Bleiben Sie noch mal ein paar Absätze dran).

Die MS-Community schickte bereits Anfang 2014 ihren Wachhund raus. Obwohl ich die Deutsche Multiple Sklerose Gesellschaft (DSMSG) zu diesem Zeitpunkt noch gar nicht öffentlich kritisiert hatte, baute sich der Verein plötzlich drohend in meinem Postfach auf. Und zwar, weil ein mir persönlich unbekannter MS-Betroffener den Fehler gemacht hatte, anderswo, nicht bei der DMSG, lobend auf unsere Aufzählung der zahlreichen »Patienten-Webseiten« hinzuweisen, die tatsächlich von der Pharmaindustrie finanziert wurden. Der gute Mann entschuldigte sich etwas später bei mir, als ich die ganze Geschichte auf meinem Blog festhielt. Er schrieb: »für diese ›Aufmerksamkeit‹ bin wohl ich verantwortlich. Ich stellte die Pharma-Links mit Verweis auf Deine Seite als Quelle am 11.3. in meinen AMSEL-Blog.[140] Dann kriegte ich gleich (12. 3.) Post (...), mit einer ähnlichen Mahnung (...). Später (17.3.) schrieb (...) mir noch, dass sie Dich bei der DMSG gemeldet hätte, so als ob das ihre ›Pflicht‹ gewesen sei.«

Die Pflichterfüllung der Amsel führte dann also zunächst einmal zu elektronischer Post in meinem Postfach. Die DMSG-Abteilung Öffentlichkeitsarbeit teilte mir mit: »Sehr geehrter Herr Böttcher, [...] tatsächlich ist die MSIF eine unabhängige internationale Patientenorganisation, unter deren Dach weltweit 43 nationale MS-Gesellschaften zusammengeschlossen sind. Wir fordern Sie daher auf, die Erklärung zur Seite der MSIF richtigzustellen und diesen Link nicht unter den Links zu den Seiten der Pharmafirmen zu platzieren.«

Dass nicht die MSIF mich ermahnte, sondern die DMSG, alarmiert von der AMSEL, fand ich zwar eigenartig, entfernte aber den Hinweis sicherheitshalber sofort von unserer Webseite – in meinem Buch zur MS blieb er indes stehen, nachdem die Verlagsanwälte geprüft hatten und absolut nichts Unrichtiges feststellen konnten. In Richtung DMSG erwiderte ich artig: »Danke für Ihren Hinweis. Den von Ihnen monierten Link haben wir rückstandslos entfernt, die MSiF wird bei lsms.info nicht mehr aufgeführt«, fragte aber sicherheitshalber nach: »Ist es Ihres Wissens unrichtig, dass die MSiF umfänglich von Genzyme/Sanofi, Merck Serono, Pfizer, Novartis, Biogen, Teva und Bayer Schering mitgetragen wird?« Die DMSG antwortete: »Die MSIF wird *nicht* umfänglich von den genannten Firmen mitgetragen, sondern aus Mitgliedsbeiträgen, Eigenmitteln, Stiftungsförderungen und z. T. aus zweckgebundenen Pharmamitteln für spezifische Projekte finanziert.«

Deutlicher kann man das nicht sagen. Also schaute ich erneut, diesmal mit Brille, in den 2013er-Geschäftsbericht[141] der MSIF und vergewisserte mich, dass ich mich nicht verlesen hatte. Die freiwilligen Zuwendungen an die MSIF hatten 2013 insgesamt 1 196 427 britische Pfund (£) betragen, davon waren 2 895 £ unter »andere« deklariert und 503 687 £ als Zuwendungen von MS-Medikamentenherstellern.[142]

Weshalb die DMSG mich abmahnte, blieb mir schleierhaft. Inwieweit hatte ich denn überhaupt Blödsinn verzapft? Wie war das ausdrückliche »*nicht* umfänglich [...] mitgetragen« der DMSG zu verstehen – da doch ausweislich der veröffentlichten MSIF-Zahlen die Pharmaindustrie 2013 tatsächlich knapp die Hälfte der freiwilligen Spenden beigesteuert hatte?[143] Galt das als »nicht umfänglich«? Und was war eigentlich mit dem überwiegenden Rest, vor allem den 625 000 £, die der *Vannaeu Trust* zweckgebunden gespendet hatte – eine Stiftung, die ich als nur mit Google und ein bisschen Archive.org ausgestatteter Journalist schlicht nirgendwo finden konnte.

Aber das musste die DMSG ja genauer wissen, wenn sie sich schon so energisch vor die MSIF stellte. Also fragte ich neuerlich nach: »Danke für Ihre schnelle Rückmeldung. Sind Sie so nett und verraten mir noch, was oder wer der »Vanneau Trust« ist? (Ich entnehme der Bilanz der MSiF, dass diese Stiftung fast 50 Prozent des Spendenbudgets aufbringt, und finde das so großartig, dass ich die dahinter stehenden Spender tatsächlich gern öffentlich loben würde – und zwar ausdrücklich *nicht* unter ›Pharma-Links‹ :))« Die DMSG beendete daraufhin die Korrespondenz mit den Worten: »hier kann ich Ihnen leider nicht weiterhelfen, bitte kontaktieren Sie die MSIF direkt.«

Das das tat ich natürlich gern. Und die MSiF erteilte postwendend Auskunft: Der Vanneau Trust »wurde gegründet von einer MS-betroffenen Person, die anonym zu bleiben wünscht«. Der unbekannte Großspender habe dem MSIF indes kein Erbe hinterlassen, sondern Entscheidungen den namentlich nicht genannten Stiftungsverwaltern übertragen. Mit 625 870 britischen Pfund Zuwendungen im Jahr 2013 war die MSIF nur einer von *mehreren* Begünstigten gewesen. Und bei den Treuhändern handelte es sich um ein eingetragenes Unternehmen – ansässig auf Jersey, einer der schönsten Steueroasen der Welt[144]

Fantastisch. Danach fragte ich mich natürlich unwillkürlich, wer genau die internationalen MS-Gesellschaften eigentlich finanzierte? Und zu welchem Zweck? Aber wieso fragte ich das eigentlich *mich*? War das nicht auch für andere Leute interessant, für die Öffentlichkeit? Und konnte sich darum, bitte, mal jemand vom Fach kümmern?

Mein Anwalt war so nett, die Frage unter dem Radar der DMSG weiterzugeben, an Journalisten, die sich tatsächlich investigativ betätigen, und einer von diesen meldete sich umgehend bei mir, aus dem Bauch eines publizistischen Dickschiffs. Seinen Klarnamen lasse ich aus gutem Grund unter den Tisch fallen, nennen wir ihn einfach Gregor. Gregor war tatsächlich sehr interessiert, und nach unserem ersten Telefonat schrieb er mir, es jucke ihn schon sehr in den Fingern, den Trust auf Jersey zu besuchen. Trotz Archiv und Netzrecherche war aber nicht einmal eine Adresse herauszufinden, also erkundigte Gregor sich bei Wissenschaftlern, deren Studien vom Trust gesponsort worden waren. Die Antwort kam. Aber nicht von den angeschriebenen Wissenschaftlern, sondern vom MSIF: »I was forwarded your email by [Name], who has asked me to explain the situation regarding the Vanneau Trust. The Vanneau Trust was established by an individual with MS who wished to remain anonymous. The Trust supports selected organisations by invitation only and does not accept unsolicited proposals. MSIF is very fortunate to benefit from the Trust.«

Das fanden nun Gregor und ich doch etwas skurril. Keiner der diversen von Gregor befragten Medizinjournalisten und Stiftungsexperten hatte je vom Vanneau Trust gehört, und nun antwortete nicht der von Vanneau unterstützte MS-Forscher auf Gregors Frage, sondern die MSIF, wohl per »copy-paste«, denn die Antwort an Gregor bestand ja fast exakt aus den Worten, die man auch mir auf Anfrage geschickt hatte. Neugierig blieben wir beide, aber klar war auch, dass weder er noch ich die erforderlichen Mittel würden mobilisieren können, die man zur Beauftragung einer internationalen Wirtschaftsdetektei brauchen würde, um wenigstens die genaue Adresse der Vanneaus und/oder die Namen der Verantwortlichen herauszufinden. Gregor buddelte noch ein bisschen weiter, so gut es ging, und wies mich schließlich darauf hin, die MSiF veröffentliche erst seit 2007 Ihre ›Report and financial statements‹, damals sei der Regenpfeifer Trust als Geldgeber erwähnt gewesen. Ob ich bei meinen eigenen Recherchen einen Hinweis auf eine Verbindung gefunden hatte? Hatte ich nicht. Und so konnte ich Gregor also zum Abschluss unseres schönen, wenn auch gescheiterten kurzen Rechercheversuchs nur als polyglotter Ornithologe erfreuen, denn zur Familie der Regenpfeifer gehört der Kiebitz. Und der heißt auf Französisch Vanneau.

Case closed, hier endete unser Aufklärungsversuch. Denn auch künftig werden keine Zeitung und kein Magazin 50 000 oder 100 000 Euro in die Hand nehmen, nur um herauszufinden, wer die in einer Steueroase nistenden Vögel sind, die so großzügig die internationale MS-Dachorganisation unterstützen. Aber das muss ja auch keiner so genau wissen. Es genügt doch, dass ein MS-betroffener Multimillionär anonym so nett ist, anderen zu helfen. Man sollte nicht versuchen, diesen Wohltäter zu outen. Nehmen wir uns diesen bescheidenen großen Mann einfach zum Vorbild und wünschen wir ihm, seine eigene MS möge still und stabil Ruhe geben, dank der zahlreichen guten Pharmatherapien, die MSIF, DMSG und andere MS-Gesellschaften so oft und nachdrücklich empfehlen.

Allenfalls Skeptiker, die das Deep-Throat-Motto »follow the money« für einen passablen Wegweiser halten in Richtung verborgener Motive, erinnern sich vielleicht an die Kiebitz-Anekdote, sollten sie je selbst an Verbände und tatsächliche oder scheinbare Patientenorganisationen geraten. Es hindert einen ja keiner, das Kleingedruckte zu lesen. Wobei wir natürlich und ausdrücklich nicht ausgeschlossen haben wollen, dass die Regenpfeifer dieser Erde tatsächlich nur eines im Sinn haben mit ihren Millioneninvestitionen: uns ganz gratis wieder ganz gesund zu machen.

Mitpatienten

Hoch lebe das Netz, hoch lebe Dr. Google, hoch lebe der Schwarm: all die wunderbaren Amateure, die freiwilligen Helfer, die ihre Freizeit opfern, großherzig, ohne jede Gewinnerzielungsabsicht, um anderen Betroffenen online mit Rat und Trost zur Seite zu stehen – in Patientenforen.

Nicht gemeint sind hier die getürkten Foren, also jene, die nur aussehen wie von Patienten betriebene Seiten, tatsächlich aber von der Pharmaindustrie finanziert werden. Denn deren »Grassroots« sind eben keine, weshalb man diese Praxis ja im heiteren Marketingspiel mit verzweifelten Menschen auch augenzwinkernd als »Astroturfing« bezeichnet: Was nach Rasen aussieht, ist hier de facto Plastik.[145] Dies zu durchschauen, ist indes nicht sonderlich schwer, sofern der interessierte Patient nicht direkt mit Einschalten seines Computers sein Gehirn ausschaltet, denn der ganz unten auf diesen besonderen »Patientenseiten« verborgene Link zum Impressum verrät ja meist zweifelsfrei, welcher Medikamentenhersteller hier was zu verkaufen sucht. An dieser Stelle soll indes der zusätzliche Hinweis nicht fehlen, dass man auch beim Genuss mutmachender »Info«-DVDs wie *ExtraCare* bis ganz zum Schluss dranbleiben sollte, denn das auf der DVD präsentierte, so authentisch wirkende Gespräch zwischen dem sympathischen Neurologen Dr. Hoffmann und seiner dank Präparat nun fast beschwerdefreien MS-Patientin wird erst im Abspann als reine Prosa entlarvt, mit dem zarten Hinweis »Alle auf der DVD vorkommenden Personen sind frei erfunden und werden von Schauspielern dargestellt. Die Biografien dieser Personen sind fiktiv.« Sprich: Den Münchener Arzt und MS-Spezialisten »Dr. Hoffmann« und seine Patientin gibt es nicht. Und der Produzent der DVD ist nicht Arte, sondern Pharmariese Novartis.[146]

Aber mit diesen wunderbar kreativen und allen nützenden, weil wachstumsfördernden Ideen unserer Werbeagenturen wollen wir uns hier nicht aufhalten, sondern nur einen kurzen Blick auf die echten Foren werfen. Denn jenen, die sich dort zu Wort melden, lässt sich schwerlich unterstellen, sie wären an der Erweiterung des Krankheitsmarkts interessiert – schließlich verdienen sie nichts an ihren Erkrankungen.

Es fragt sich nur, ob die regelmäßig postenden Erkrankten automatisch ein Interesse daran haben, dass andere gesund sind. In Foren für Allerweltserkrankungen wie Husten, Rückenschmerzen oder »Muss ich mit Windpocken zum Arzt (und sofort alle anderen anstecken)?« mag das zutreffen, aber in jenen Foren, die sich schweren chronischen Erkrankungen widmen, ist Vorsicht geboten beziehungsweise abermals Klarheit. Denn was der frisch diagnostizierte Rheuma-, Krebs-, MS- oder sonst wie autoimmunkranke Neuling sich hier erhofft, wollen und können die bereits seit Jahren im Forum lebenden Alten Hasen gar nicht liefern.

Ich hatte schon in *MS für Anfänger* allen neu Diagnostizierten geraten, MS-Foren zu meiden, weil sich dort vorwiegend ein harter Kern von austherapierten Fällen rund um die Uhr aufhält – Routiniers, die aus eigener Erfahrung wissen: Es nützt je eh alles nichts. Diese individuelle Erfahrung übertragen viele dann allerdings ohne jede nähere Kenntnis der tatsächlichen Sachlage auf *alle* MS-Diagnosen, und wer sich als Frischling in eine dieser Runden verirrt, kann im Grunde gleich alle Hoffnung fahren lassen.[147] Mag sein, dass dies in (deutschen) MS-Foren besonders ausgeprägt ist, der Ton im (unmoderierten) Forum der DMSG war diesbezüglich auffällig ruppig, aber ganz generell kam es mir vor, als nehme man sich in MS-Foren bevorzugt gegenseitig allen Mut und alle Hoffnung, statt einander Mut zu machen. Die damalige Prognose meiner Vertrauten, als ich mich öffentlich »outete«, war jedenfalls nicht sonderlich kühn: »Man wird dich in den einschlägigen Foren voller unheilbarer Ich-hab-das-schon-seit-30-Jahren-Fälle niedermachen und diffamieren.«

Haken dran. Obwohl meine Arbeitshypothese ja lediglich gelautet hatte: »Dem Kranken, der anderen Kranken hilft, dem helfen alle anderen – Kranke wie Gesunde.« Dabei war mir ein Detail besonders wichtig gewesen, denn das Experiment fand ja in Deutschland statt – in jedem anderen Land hätte das Publikum wohl zumindest ein »Nullsummenspiel« für selbstverständlich erachtet, also dass der Betreiber des Projekts sich nicht ruinierte, erst recht, wenn das Projekt anderen nützte. Hierzulande aber ertönt reflexartig sofort: »Abzocke!«, wenn jemand Gutes tut und im Unterverzeichnis 48 seiner Webpräsenz einen Entsafter verlinkt, der ihn wirklich und ehrlich überzeugt. Mir scheint, diese Grundeinstellung hängt eng zusammen mit unseren durchschnittlich 18 Arztbesuchen pro Jahr, für die wir nie eine Rechnung sehen, und mit unserer reibungslos, von unsichtbaren Händen gesteuerten Versorgung im Krankheitsfall. Wir werden nicht umhinkommen, diese unsichtbare Hürde auf dem Weg zu Eigenverantwortung und Selbstbestimmung im Krankheitsfall im abschließenden Teil dieser Betrachtung zu würdigen.

Da mir nun dieser Punkt bewusst war, gestaltete ich mein Projekt möglichst unangreifbar. Ich würde Geld verlieren, erkennbar, offengelegt, klar und nachvollziehbar kommuniziert. So würde niemand behaupten können, ich würde mir »nur die Taschen vollmachen«. Natürlich taten die Trolle das trotzdem, durchaus erfolgreich, denn das ist wirklich nicht schwer.

Zum Vorwurf, ich sei ein »Lohnschreiber« des »umtriebigen Professor Dr. med. Jörg Spitz« nahm ich lediglich einmal in einem Forum Stellung und konnte die aufgestellten Behauptungen mittels schlichter Dokumentation der Fakten als unwahr widerlegen, aber meine dortige entrüstete Opponentin fand am Ende einen doch sehr eleganten Ausweg aus der für sie entstehenden Klemme. Zwar musste sie einräumen, dass absolut nichts von dem zutraf, was sie behauptet hatte, konstatierte aber daraufhin abschließend, wenn einer so was mache wie ich, also tatsächlich hohe Verluste einfuhr mit einer für andere hilfreichen Aktion, sei er nicht etwa ein netter Kerl oder altruistisch motiviert, sondern: geistesgestört, denn er leide ja offenkundig an einer narzisstischen Persönlichkeitsstörung.

Das war doch schlüssig, besonders insofern, als diese Argumentation die gute Frau und ihre Claqueure der Verantwortung enthob, je eigenes altruistisches Verhalten auch nur zu erwägen.

Denn so was machten ja nur psychisch Kranke. Verdenken konnte ich der Analytikerin und ihren Anhängern diese Haltung indes nicht, denn wir neigen ja alle dazu, von uns selbst auf andere zu schließen. So bleibt stehen: Wer hilft, ohne dafür Geld zu nehmen, muss verrückt sein. Wer hilft und dafür Geld nimmt, ist ein Betrüger und bereichert sich an Kranken. [148]

Aber es sind eben nicht nur die Trolle und mental Deformierten, die den Besuch von Foren zu einer unerfreulichen und krankheitsfördernden Angelegenheit machen – Trolle treffen wir ja in sämtlichen Foren an und können inzwischen mit ihnen umgehen (oder besser noch ihnen ganz aus dem Weg gehen). In Foren aber, die sich mit chronischen oder als unheilbar geltenden Krankheitsbildern beschäftigen, stehen dem Neuerkrankten auch die ganz unverdächtigen, »normal« Miterkrankten bei der Suche nach Rückwegen zu Stabilität und Gesundheit im Weg. Was wieder einmal daran liegt, dass wir selbst uns nicht klar sind über unsere eigenen unausgesprochenen Grundannahmen, mit denen wir diese Foren betreten. Das beginnt mit der scheinbaren Selbstverständlichkeit: »Da sind Menschen, die im gleichen Boot sitzen wie ich. Menschen, die wie ich nach Wegen suchen, wieder gesund zu werden.« Das ist falsch.

Als generelle, erklärende Faustregel darf gelten: 1000 Menschen erkranken, 999 werden wieder gesund, einer nicht – und der gründet ein Forum oder schließt sich einem an. Und findet sich binnen kurzem in bester Gesellschaft mit den wenigen anderen, die ebenfalls nicht wieder gesund werden konnten. Die Naturbeobachtung lehrt daher: In Foren nisten nur Pechvögel.

Das aber bedeutet: Während der Neuankömmling das Forum mit seiner unausgesprochenen Nachfrage in Sachen Hilfe betritt, haben die Arrivierten Hilfe gar nicht im Angebot. Genauso gut könnte unser Hilfebegehrender auf der Suche nach einem guten Buch eine Bäckerei betreten. Die Arrivierten aber haben genau das nicht zu bieten. Denn sie sind schon lange hier, in diesem Forum, und das bestimmt nicht, weil sie Wege zurück zur Gesundheit kennen. Manche waren vielleicht einst genauso naiv und hoffnungsvoll wie der Frischling jetzt, andere haben ihre Hoffnungen anderswo verloren und sind jetzt nur noch hier, mit Gleichgesinnten, um mit ebenfalls Unheilbaren über Musik zu plaudern oder sich die Zeit mit Ratespielen zu vertreiben. Die »Nachfrage« des Neulings nach Hilfe geht mithin ins Leere. Schlimmer noch: Die Arrivierten fragen hier selbst etwas nach, aber nicht Hilfe, sondern Austausch und, im besten Sinn, Unterhaltung (unter Leidensgenossen), manchmal auch Trost nach 10 oder 20 Jahren mit der Krankheit oder eine Möglichkeit zum gemeinsamem Wehklagen im Wissen, dass nichts etwas nützt gegen die Krankheit. Dieser Wunsch, sich mitzuteilen, ist verständlich und zulässig.

Der Neuling muss sich indes bewusst sein, dass er mit seinen Fragen, mit seinem Optimismus, an der völlig falschen Adresse ist. Denn die Arrivierten haben das, was er vor sich hat, bereits hinter sich – alle Experimente, alle Illusionen. Sie werden dem naiven Neuling daher – aus persönlicher, nicht empirischer Erfahrung – nicht nur alle Hoffnung nehmen, die er auf Maßnahmen wie Ernährungsumstellungen, Yoga, Meditation oder esoterischen Unsinn setzt, sie werden auch unausgesprochen empört sein, dass hier jemand, ein Unerfahrener, der noch gar nicht verzweifelt ist, den Raum betritt, und ausgerechnet sie um *Hilfe* bittet. Sie, die vom Schicksal geschlagenen, oft selbst auf Hilfe angewiesen, und zwar *wirklich*; sie, die nun wahrhaftig nicht auch noch *helfen* können und nicht wollen, auch nicht in Form von freundlichen Antworten auf alberne Anfängerfragen, die sie schon mindestens hundertmal gehört haben (und vermutlich anfangs zehn- bis zwanzigmal beantwortet, vor vielen Jahren).

Nichts an der Haltung dieser Arrivierten ist falsch. Und nichts daran ist fies – selbst wenn manche sich, jedenfalls in den MS-Foren, gehörig im Ton vergreifen. Es liegt schlicht und ergreifend ein Missverständnis auf Seiten des Neulings vor, der naiv glaubt, hier etwas über Gesundungsmöglichkeiten erfahren zu können. Denn hier sind nur Unheilbare – keine Gesunden, keine Gesundeten. Auch dies ist dem Neuerkrankten nicht unbedingt klar: Wer eine Krankheit überwunden hat, beschäftigt sich nicht mehr mit ihr. Wer wieder gesund ist, kehrt nicht in ein Krankheitsforum zurück – es sei denn, er ist wirklich geisteskrank oder, gleichbedeutend, gnadenlos altruistisch. Sowie gehörig masochistisch, denn solche Gestalten gehen den Arrivierten erst recht quer runter,[149] und das wissen sie auch geeignet zu vermitteln.

Kurz: Wer Hoffnung auf Gesundung sucht, meide Kranke ohne Hoffnung. Das gilt im wahren wie im virtuellen Leben – und ich hatte immer großen Respekt vor der Weisheit frisch Betroffener, die Foren und Selbsthilfegruppen konsequent mieden. (Angehörigen und anderen Gesunden kommt solches gelegentlich sehr merkwürdig vor, denn: »Man muss sich doch informieren!« Aber mir scheint, dass die selbstverordnete Abstinenz in diesem Fall eher gesundheitsförderlich ist – wenn man nicht an Foristen oder an leibhaftige Berater gerät, die nicht mit ihrer Krankheit »verheiratet« sind,[150] sondern diese lindern oder dringend loswerden wollen oder bereits losgeworden sind.

Die gefährlichste Nebenwirkung von Forenbesuchen aber ist schlicht und ergreifend, dass sie den Placeboeffekt torpedieren – und den Noceboeffekt fördern. Latein gesprochen »placebo« für »ich werde gefallen« und »nocebo« für »ich werde schaden«: Effekte, die aus weitgehend nicht ausreichend erforschtem Grund[151] auftreten, wenn Patienten lediglich *glauben*, etwas Gesundheitsförderndes (oder Gesundheitsschädliches) einzunehmen. Der Vorgang ist rätselhaft, aber offenkundig, messbar, stark und wirkmächtig – und lässt sich beim Placebo übersetzen in: »Der Glaube versetzt Berge.« Nocebo hingegen verdoppelt Bergmassive, und wer von den im Forum versammelten Experten hört: »Bei *mir* hat das alles nichts gebracht!«, sollte eben wissen, dass hier nur die wenigen Unheilbaren unter so vielen Geheilten sprechen – die Geheilten sind nämlich gar nicht da.

Von Betroffenen kann man nun wirklich nicht verlangen, dass sie in Foren die Selbstheilungskräfte von frischen Mitpatienten behutsam stärken. Ein professioneller Behandler hingegen weiß um die Kraft seiner Patienten und die Kraft ihrer Gedanken –

nicht zuletzt, weil sich dies sogar streng wissenschaftlich belegen lässt: Denn Zuversicht löst wie Mitgefühl und Freundlichkeit eine höhere Oxytocin-Ausschüttung aus, und Oxytocin blockiert die Sorgen- und Angstzentrale im Gehirn, die Amygdala.[152] Was also würde ein guter Behandler sagen, wenn er einen Patienten vor sich hätte, dessen Überlebenschance bei 1 Prozent liegt? Die Ärzte, die ich kenne, würden dem Patienten genau das mitteilen – und ihm vielleicht raten, noch mal schön ans Meer zu fahren oder in die Berge.

Dr. Einhorn würde sagen: »Ja, Mensch. Das ist natürlich furchtbar für die anderen 99 – aber ihr Glück.« Und natürlich sagt Dr. Einhorn genau das auch zu den anderen 99. Die kommen ja einzeln in seine Sprechstunde, nicht zusammen. Erweckt er damit falsche Hoffnungen? Das sagen wohl acht von zehn seiner Kollegen, irren sich aber komplett, denn Hoffnungen sind nie falsch. Unrealistische Erwartungen? Ach was, denn »wer nicht an Wunder glaubt, ist kein Realist« (David Ben Gurion) und »es gibt keine unheilbaren Krankheiten, nur unheilbare Menschen.« (Bernie Siegel). Der unbekannte Philosoph steuert hier noch die Wahrheit bei: »Cancer is not a sentence, it is just a word«, Lukes Lehrmeister Yoda meldet sich abschließend vom Rand der Waldlichtung zu Wort mit »Do or not do, there is no try.« – und, nein, das sind keine Heilungs*versprechen.* All das beschreibt nur Chancen – die sich aus Zuversicht ergeben. Zuversicht ist keine Garantie auf Heilung. Aber Zuversicht vergrößert die Chancen und macht, ganz am Rande, alles leichter – von Leben bis Gesunden bis Sterben.

Grundlage jedes Placeboeffekts ist mithin genau das, was Ärzte – jedenfalls 80 Prozent von ihnen – torpedieren. Denn der Arzt drängt den Patienten »vernünftig«, zu sein, seine Diagnose (»Unheilbar!«) anzuerkennen[153] und obendrein auf seinen stärksten Verbündeten zu verzichten (»Autoimmun! Ihr Körper hat sie verraten und verkauft, der bekämpft sie!«). So trennt der Arzt den Patienten von sich selbst und reklamiert für sich und seine Mittel das exklusive Recht, die Krankheit behandeln zu dürfen. Echte Heilungsgeschichten beginnen aber oft damit, dass der Patient genau diesen faulen Zauber durchschaut und eben nicht sofort akzeptiert, dass sein Weg vorgeschrieben und sein Schicksal besiegelt sind – sondern dass er glaubt, selbst Einfluss nehmen zu können.[154] Das ist natürlich verrückt. In den Augen von Ärzten.

Eine meiner Neurologinnen brachte das sehr energisch auf den Punkt, nachdem sie mir (und Dr. House) zuliebe 2009 auch noch Lupus ausgeschlossen hatte: »Jetzt hören Sie doch mal auf, auf dem Schlauch zu stehen, und nehmen Sie endlich ihre Medikamente: Sie haben MS, Sie sind unheilbar krank!« Gut. Das kann man natürlich so machen, im Rahmen der Kundenbindung, und ich unterstelle gar nicht, dass Ärzten bewusst ist, was sie da tun. Aber unschön ist es trotzdem.

Spätestens hier wird der durchschnittliche Halbgott in Weiß[155] sich natürlich entrüsten und festhalten, der Autor sei eine ahnungslose Null, verantwortungslos und sowieso nicht vom Fach. Letzteres lässt sich nicht bestreiten. Ich kenne höchstens 250 MS-Patienten und deren Geschichten und Erfahrungen, es setzt sich ja nicht jeder meiner Leser und schon gar nicht jeder Nutzer des Angebots von lsms.info mit mir in Verbindung. Und natürlich sind die 250 nicht repräsentativ, denn die meisten sind skeptisch, haben sich eigene Gedanken gemacht und schon vor dem Austausch mit mir oder anderen Leidensgenossen viel gelesen, viel überlegt und sich entschlossen, auf dem einen oder anderen Weg sich selbst und ihren Körpern etwas zuzutrauen. Als Nichtarzt bin ich also fein raus, denn solange jemand nur beschlossen hat, seine Ernährung umzustellen, ab jetzt täglich spazieren zu gehen oder zu meditieren und auf diese Weise wieder gesund zu werden, brauche ich ihm oder ihr lediglich den Rücken zu stärken. Und, ja, das ist meines Wissens auch im ursprünglichen Sinne des »Homöopathie-Erfinders« Dr. Samuel Hahnemann. Denn dessen Idee war ja immer (positiv) Placebo: Kraft eines mit *Bedeutung* aufgeladenen Mittels alles zu unterstützen, was der Patient selbst für nützlich hält, solange es de facto unschädlich ist.[156]

Dies kann und sollte der Behandler, ob Profi oder Laie, Mitbetroffener oder bloß Mitmensch, unterstützen.[157] Sofern ein Ratsuchender allerdings auf die grandiose Idee kommt, seine Hoffnungen auf tatsächlich riskante oder teure Maßnahmen zu setzen (Schlangengift, Gehirn versuchsweise entfernen lassen, Kugelfische selbst zubereiten), muss der Zuhörer ihn bremsen – wahlweise mit Appellen an den Verstand oder mit nackten Zahlen. Beides ist unproblematisch, beides hilft dem Erkrankten.

Aber natürlich sind unter den paar hundert MS-Kranken, die ich mehr oder weniger nicht leibhaftig kenne, auch einige, die ihre Hoffnungen ganz entschieden an die Angebote der Pharmaindustrie knüpfen – also fest daran glauben, dass ihnen die empfohlenen Präparate helfen. Als jemand, der daran nicht glaubt – aufgrund von Zahlen und Studien –, sitzt man hier indes in einer weit blöderen Klemme als der Arzt, der Placeboeffekte grundlos zertrümmert, nur weil er selbst nicht daran glaubt, dass Gemüse hilft, und stattdessen bedenkenlos nebenwirkungsreiche Alternativen empfiehlt. Der Arzt könnte und sollte schweigen, wenn einer glaubt, er werde durch Milchverzicht oder regelmäßiges Kauen auf einer keimfreien Biohasenpfote wieder gesund. Aber kann ein informierter Patient schweigen, wenn ein Mitpatient ihm mitteilt, sein Körper werde mittels eines monoklonalen Antikörpers wieder gesund, auch wenn dieser offenbar manchen Verwender schwer erkranken lässt oder gar tötet?

Offen gestanden, ja. Der Mitpatient muss hier sogar schweigen, aus gleich zwei guten Gründen: Zum einen, weil er dem das Medikament verschreibenden Arzt nicht zu widersprechen hat, denn das wäre amtsanmaßend und gänzlich illegal. Klärt der zuständige und autorisierte Arzt seinen Patienten *nicht* auf, dass er ihn mit seiner Therapieempfehlung in Lebensgefahr bringt, handelt der Arzt nach eigenem Ermessen und Gewissen und ist sich bewusst, was er tut. Der Laie hat aber auch deshalb zu schweigen, weil er ja um den Placeboeffekt weiß. Und daher hat er zu hoffen, dass dieser auch dann wirkt, wenn er auf eine Pille gelegt wird, die substanziell weit gefährlicher ist als eine aus Zucker. Es gilt:

Einem autoritätsgläubigen, rational veranlagten Menschen, der fest an Ärzte und Chemie glaubt, sollte man den Glauben nicht nehmen – selbst wenn einem dabei mulmig zumute ist. Deshalb habe ich in meinen Veröffentlichungen nie von der MS-Basistherapie und auch nicht von den vielen hippen neuen Drogen abgeraten. Nur vorsichtig dazu, bei eigener Unsicherheit doch mal ein bisschen was zu lesen, Studien am besten oder noch besser: Einschätzungen der Metastudien-Studierer der Cochrane Collaboration.

Wichtig ist aber: Natürlich spielt der Placeboeffekt auch und gerade bei den von Ärzten empfohlenen Medikamenten und Therapien eine Rolle. Der Nachweis ist ja überdies längst erbracht, in echten Studien, dass dieser Effekt umso stärker wirkt, wenn nicht nur der Patient an die Wirksamkeit des verschriebenen Mittels glaubt, sondern auch der Arzt oder Behandler selbst; hier ist also doppelt verblindetes Nichtwissen durchaus gelegentlich nützlich. Allerdings wissen die meisten Ärzte nicht, dass sie mit Placebokräften arbeiten, sondern wähnen sich im Rationalen, vertrauen sie doch auf Informationen der Medikamentenhersteller, auf »harte Fakten« – auch wenn sie diese Fakten mangels Zeit und mangels Fachwissen nicht überprüfen können.

Dass sie selbst mit dem Placeboeffekt arbeiten, ist ihnen zumeist nicht klar – und so ist »Placebo« für sie eher ist ein Schimpfwort, eine Diskreditierung aller anderen, meist potenziell weniger schädlichen Heilungswege, schlimmstenfalls eigener Ideen des Patienten – weil die Evidenz solcher Maßnahmen nicht durch Studien belegt ist. Ärzte legen hier mit ihrem ganz entschieden verächtlichen »Das ist doch nur der Placeboeffekt!« zweierlei Maß an, und das aus gutem Grund: Denn tatsächlich wäre die Anerkennung der gewaltigen Kraft dieses Effekts – losgelöst vom gewählten Mittel – für sie förmlich existenzgefährdend. Wir wollen daher umso deutlicher festhalten: Der Placeboeffekt ist alles andere als »nur«, der Placeboeffekt ist eine wirksame Waffe des Patienten auf dem Weg zur Heilung. Der Placeboeffekt ist groß, sein Nutzen kann es ebenfalls sein.

Dass Ärzte diesen Effekt nicht verstehen, ist indes besonders erschütternd, weil sie sich qua abgeschlossenem Hochschulstudium, qua Doktortitel und Beschäftigung in einem von Wissenschaft zumindest berührtem Berufsumfeld betätigen. Kenntnisse der Physik oder gar der Quantenphysik gehören allerdings offenkundig nicht zu ihrem Repertoire, und zumindest die von mir nichtrepräsentativ befragten Gruppe von etwa 100 Ärzten hatte von »dark matter« und »dark energy« bis zu unserem Gespräch nichts gehört und kannte von Heisenberg allenfalls den Namen. Und, bitte, das waren alles Leute, die so tun, als lebten sie im Dunstkreis von Verstand und Ratio. Die gute Nachricht ist: Diese Bildungslücke kommt nur den Patienten teuer zu stehen, den Arzt nicht.

Ohne hier allzu weit ins quantenphysikalische Halbdunkel eindringen zu wollen, sei nur in gebotener Kürze daran erinnert, dass die von mir beschriebene »Aufmerksamkeitsrelation«[158] nicht auf esoterischen Füßen steht, sondern auf wissenschaftlich höchst fundierten: Richten wir unsere Aufmerksamkeit auf einen Menschen oder einen Gegenstand, fließt Energie. Egozentriker und Nervensägen leben genau davon, deren Umfeld zahlt in der gleichen Energiewährung die Zeche. Aber Aufmerksamkeit entscheidet eben zum Beispiel auch, ob die dubiose und fulminante kosmische Energieform Licht sich mit Wellen- oder Teilchencharakter manifestiert. Diese Feststellung beschreibt keine Kleinigkeit. Besser gesagt, das verdient ein ausdrückliches: Wow! Unsere bloße Aufmerksamkeit verändert sogar den Energiezustand von Licht? Vulgo: Elektronen sind auch nur Menschen, sie verändern ihr Wesen, wenn man sie beachtet. Woraus bestehen *Sie* eigentlich, molekular, quantentechnisch?

Vermutlich lässt sich so besser verstehen, warum es den Placeboeffekt überhaupt gibt. Weil nämlich, wenn Sie Ihre Aufmerksamkeit einem Menschen oder einem Ding zuwenden und diesem sogar einen positiven Sinn zuschreiben, sich die Eigenschaften des Dinges an sich verändern. Und geeignet sind, tatsächlich jenen Sinn und jene Wirkung zu entfalten, die Sie dem Ding zuschreiben.[159]

Der Placeboeffekt ist mithin keine Fantasy, sondern reine quantenphysikalische Realität. Und er lässt sich bestärken, problemlos.

Aber der Nocebo auch. Und wie. Alte Hasen in Foren tun das. Aber man kann es ihnen nicht vorwerfen. Ärzte tun das auch. Aber vermutlich kann man auch ihnen keinen Vorwurf machen, denn ihre Hybris ist so groß, dass sie von ihrem schändlichen Tun selbst gar nichts wissen. Und wieder haben wir alle freigesprochen – und sind ganz entspannt etwas vorsichtiger geworden, beim Forenbesuch.

Big Pharma

Endlich, zuletzt, wenden wir uns in gebotener Kürze jener Industrie zu, die längst von Dutzenden Aufklärern entlarvt worden ist als vielleicht größtes Gesundheitsrisiko für den naiv Erkrankten: Big Pharma ist gefährlich. Big Pharma will sich nur die Taschen vollmachen und kennt dabei keine Moral und kein Erbarmen, Big Pharma ist an allem schuld. Diese »Mafia« (Peter Goetzsche) oder »weiße Mafia« (Frank Wittig) müssen wir nur endlich bremsen! Dann wären ja all die in den letzten Jahren erschienenen fantastischen Whistleblower-Bücher nützlich, potenziell. Dann bestünde ja Hoffnung, auf Besserung.

Ja.

Schön wär's.

Die Pharmaindustrie ist inzwischen längst »too big to fail«. Der weltweite Umsatz der Branche hat 2015 erstmals die 1-Billion-Dollar-Grenze überschritten, nach überaus rasantem Anstieg seit 2001 (390 Milliarden). In Deutschland zahlten allein die gesetzlichen Krankenkassen 2014 35,4 Milliarden an die Medikamentenhersteller, zum zweiten Mal in Folge 10 Prozent mehr als noch in den Vorjahren 2013 und 2012 – obwohl die Deutschen weniger Medikamente schluckten.[160] Längst sind für uns Heilmittel Waren wie alle anderen Güter und werden mit harten Bandagen nach den Regeln des Marktes gehandelt und beworben. Dabei betragen die reinen Wirkstoffkosten oft deutlich unter 1 Prozent des Verkaufspreises, die Medikamentenentwicklungskosten wohl insgesamt meist zwischen 10[161] und 20 Prozent[162], und gehen mindestens 40 bis 50 Prozent der Budgets der großen Medikamentenhersteller in Marketing und Vertrieb.

Die Innovationskraft der Branche ist indes bescheiden[163], sie entwickelt kaum mehr neue Medikamente[164], und von den fast 100 000 im Markt befindlichen Arzneimitteln, basierend auf etwa 3 000 Wirkstoffen, betrachtet die Weltgesundheitsorganisation (WHO) lediglich 0,4 Prozent als essenziell.[165] Tatsächlich gesundheitsfördernde Forschungsarbeiten mussten schon in der Vergangenheit allzu oft von öffentlichen Einrichtungen angestoßen werden,[166] da die Branche ökonomisch uninteressante Forschungsanstrengungen scheut[167] und oft nicht einmal mehr auf öffentliche Anfrage die statistischen Rohdaten ihrer selbstbezahlten Studienergebnisse vorlegt – oder erst mit jahrelanger Verzögerung.[168]

Die Pharmaindustrie erweist sich hierbei in jedem noch so schwierigen wirtschaftlichen Umfeld als kerngesund, krisenunempfindlich und vital – mit expandierendem Absatzmarkt und stetig steigender Nachfrage – sowie als unangreifbar. Nicht nur, weil sie Arbeitsplätze schafft, wenn auch in Deutschland lediglich etwa 130 000[169], sondern vor allem wegen ihrer größten Marketingleistung. Ihr ist es doch tatsächlich als einziger Branche gelungen, den Anschein zu erwecken, Manipulation und gnadenlose Profitmaximierung dienten einem edlen Zweck. Und so »wissen« wir alle: Kaufen wir, als Gemeinschaft, der Pharmaindustrie ihre Produkte nicht zu jedem von ihr selbst festgesetzten Preis ab, sind wir die gottlosen Bösen, verweigern *wir* doch Schwerkranken unsere Hilfe! Niemand wird da ernstlich protestieren.

Oder doch. Allerdings nur »unterentwickelte« Systeme. Die nämlich zeigen sich diesbezüglich gelegentlich (noch) unempfänglich für die moralischen Marketingverwirrungen der Industrie – und kontern mit eigenartig klaren Vorstellungen von Menschenwürde. Als beispielsweise 2014 von US-Forschern tatsächlich ausnahmsweise etwas Nützliches entwickelt wurde, nämlich ein wirksames Hepatitis-C-Medikament, auf dem Markt unter dem Handelsnamen Harvoni[170], stellte die indische Regierung sich auf den Standpunkt, der enthaltene Wirkstoff sei nicht originell genug, um einen Patentschutz zu rechtfertigen, was zur Folge hatte, dass Generikahersteller das lebensrettende Mittel für umgerechnet 300 US-Dollar an kranke Inder verkaufen konnten[171]. In den USA lag der Preis, festgesetzt vom Anbieter, anfangs marginal höher, nämlich bei 94 500 Dollar[172] für die 8- bis 12wöchige Therapie[173]. Kluge Kopfrechner bemerkten daraufhin, die Kosten für die Behandlung aller amerikanischen Hepatitis-C-Kranken würden sich somit auf 227 Milliarden Dollar belaufen, allerdings hätten die Ausgaben für *alle* im Lauf eines Jahres in den USA verkauften Medikamente bislang »nur« 260 Milliarden Dollar betragen. [174] Nach »intensiven Verhandlungen« lag der US-Preis in den USA dann 2016 bei nur noch 50 400 Dollar [175], in Europa (5 ausgewählte Länder) bei 52 279 US-Dollar[176].

Das empörend marktfeindliche Verhalten der Generika-Inder[177] ist aber beileibe nicht das größte Problem des Herstellers, denn mit Harvoni und Sovaldi ist Pharmaproduzent Gilead auf gefährliche Weise über jedes Ziel hinausgeschossen, ins Sperrgebiet: Der verabreichte Wirkstoff *heilt* nämlich Erkrankte. Verständlicherweise mahnen hier Unternehmensberater und Banken zu mehr Zurückhaltung, denn ein Medikament, das wirklich heilt, entspricht einer unkaputtbaren Glühbirne: toll für den Verbraucher, tödlich für den Hersteller. Die berechtigte Frage von Goldman Sachs zu diesem Vorfall lautete daher, ob die Heilung von Patienten ein nachhaltiges Geschäftsmodell sein könne (»Is curing patients a sustainable business model?«), die Antwort lautete, selbstredend: Langfristig sei so etwas schlicht geschäftsschädigend (»Cures could be bad for business in the long run«)[178] – und die Gilead-Zahlen sprachen hierbei alarmierend Bände, denn der erfreuliche US-Umsatz des Jahres 2015 (12,5 Milliarden Dollar) war im Folgejahr regelrecht kollabiert auf lächerliche 4 Milliarden. Goldman-Analyst Salveen Richter konstatierte daher mahnend: Bei ansteckenden Krankheiten wie Hepatitis C reduziere sich mit der Zahl der Infizierten natürlich auch die Zahl der Neuerkrankten, also die Gesamtnachfrage. Tragfähiger sei daher die Entwicklung von Produkten für stabile, nachhaltige Erkrankungen wie Krebs, wo selbst ein gewisses Heilungspotenzial des Produkts die Stabilität des Absatzmarkts nicht gefährde (»Where an incident pool remains stable (eg, in cancer) the potential for a cure poses less risk to the sustainability of a franchise.«)[179]

Das ist natürlich richtig. Und verantwortungsvoll. Und glücklicherweise überhaupt nicht kriminell. Aber auch im erfreulich gesunden und stabilen Krebsmarkt ist es nicht einfach, solide Wachstumsraten zu erzielen und so die Shareholder mit schönen Dividenden zu beglücken, weshalb man als Anbieter gelegentlich schon etwas origineller agieren muss als die nur etwas unvorsichtigen Hepatitis-C-Genies von Gilead.

Fast vorbildlich verhielt sich in dieser Hinsicht jüngst die Firma Aspen Pharmacare mit Sitz in Südafrika und Dublin, die 2017 GlaxoSmithKline für 273 Millionen Euro fünf Chemotherapie-Firmen abkaufte, deren Produktpatente gerade ausgelaufen waren – und anschließend eine winzige Gesetzeslücke nutzte, um die Preise für diese Produkte marginal zu erhöhen, um etwa 4000 Prozent. Da kann natürlich keiner Nein sagen. Jedenfalls kein staatsfinanziertes Gesundheitssystem, denn das meint es ja gut mit seinen Schwerkranken und rettet die, koste es, was es wolle – auch zum Vierzigfachen des Preises von eben gerade noch. Ein bisschen unschön war allenfalls, dass in diesem Zusammenhang einige E-Mails geleakt wurden und so herauskam, dass Aspen die bockigen Spanier und Italiener wohl ein kleines Bisschen genötigt hatte. Beziehungsweise ihnen offen avisiert hatte, sie im Protestfall einfach nicht mehr zu beliefern – und notfalls die ganzen Chemo-Vorräte zu vernichten[180] Sprich: Alle Patienten einfach im Wortsinn hängenzulassen, die auf genau diese Medikamente angewiesen waren.

Geschmacklos? Ja. Schutzgelderpressung? Auch. Nein. Herr Richter, übernehmen Sie! Tut der, denn unser guter Richter ist ja nicht der Herr Richter von Goldman Sachs, aber das Fehlverhalten kostet eben nur 5 Millionen Strafe, und diese Zahlung ist ein von Aspen offenbar bereits neu eingepreister Klacks. Auch wenn die EU-Mühlen sich danach gravitätisch in Bewegung setzten[181] und Aspen bis 2022 vielleicht noch mal weitere 5 Millionen aus den bis dahin generierten Gewinnen wird zurücklegen müssen für den außergerichtlichen Vergleich, hat sich am Ende das Ganze doch gehörig gelohnt. Der zweite Wermutstropfen fällt da im Gesamtchampagnerfass kaum auf, nur für sich genommen schmeckt die Mitarbeiter-Mail, aus der die Londoner *Times* zitierte, ein bisschen bitter: »We've signed new reimbursement and price agreement successfully: price increases are basically on line with European target prices (Leukeran, a bit higher!) ... Let's celebrate!« Das also muss Aspen wohl noch von den ganz Großen lernen: triumphale Raubzüge hinter dem Vorhang zu feiern und stillschweigend zu genießen. Alles andere klappt ja schon vorbildlich[182] – und ganz legal.

Gleich wie, gleich wo: Es bleibt einem doch gar nichts anderes übrig, als vor der Pharmaindustrie sämtliche Hüte zu ziehen. Medikamente, deren langfristiger Nutzen unbewiesen ist – dafür mit absehbaren hohen Risiken versehen – schlicht per Neuetikettierung aufzuwerten und statt vorher 20 Euro pro Gramm fast 900 pro Gramm zu kassieren,[183] und zwar von Patienten, die nicht ausweichen können: Was bleibt einem da außer sprachloser Bewunderung? Was bleibt außer anerkennendem Achselzucken (Smart! Unternehmertum!), wenn Viagra Botox schluckt[184] und danach als größter Pharmakonzern des Planeten von den USA nach Irland umzieht, wo die Steuerlast nicht ganz so hoch ist? Die Ersparnis für den Konzern beträgt immerhin um die 75 Milliarden Steuergelder,[185] also muss man doch wohl kein Schotte sein, wie Pfizer-CEO Ian Reed, um diese Umzugsoption als sinnvoll zu erkennen und zu nutzen.

Na schön, manchmal übertreibt Big Pharma. Wenn die smarte Firma Roche den Jahresdosispreis für ein neues MS-Medikament, das einem vorhandenen, vorsichtig gesagt, zumindest nicht unähnlich ist, von 3000 auf 33000 Euro anhebt und erreicht, dass deutsche Ärzte das »alte« Mittel nicht mehr verschreiben dürfen, dümpelt der Vorgang sogar kurz hoch bis zu in die Online-Ausgabe der *Tagesschau*[186] – für eine Sondersendung reichte es indes nicht, denn es ging ja auch hier nur um ein paar Milliarden Euro. Anderswo liest der aufgeklärte Zivilisierte gelegentlich sogar – kopfschüttelnd und doch beruhigt, dass »jemand sich kümmert« –, dass wackere amerikanische Abgeordnete sich wehren, zum Beispiel gegen die Verfünffachung der Preise für MS-Medikamente binnen 12 Jahren[187] Aber wenn man etwas genauer hinsieht, erschließt sich auch dem naivsten Beobachter rasch, dass die Industrie in der Regel gar nicht gegen Gesetze verstößt, und falls doch, versehentlich, im Fall des »Erwischtwerdens« kleinere Straf- und Vergleichszahlungen in Milliardenhöhe mit links leistet. Denn mancher Hersteller ahnt ja zumindest von den Nebenwirkungen seiner Blockbuster, zieht es aber vor, diese Ahnungen für sich zu behalten. Wird das versehentliche Ableben von etlichen Patienten dann am Ende doch aufgeklärt, kommen zwar immer wieder mal ein paar hundert Millionen oder gar auf einen Schlag einige Milliarden[188] an Vergleichszahlungen zusammen. Doch selbst durch solche kleineren Missgeschicke geraten Hersteller kaum einmal existenziell ins Wanken.

Aber ob es sich nun um nur wenige schwarze Schafe handelt oder um eine ganze Herde Wölfe im Schafspelz: unstrittig ist ja, dass »die weiße Mafia« vor unser aller Augen operiert, in »plain sight«. Und niemand unterbindet ihr Treiben – obwohl alles bekannt ist, obwohl alles sofortiges Handeln der Politik zur Folge haben müsste, längst gehabt haben müsste. Circa 500000 iatrogene Todesfälle allein in Europa und den USA? Pro Jahr? Da müsste, muss man doch was tun! Denn wir haben ja nicht nur unbestechliche Volksvertreter, wir haben auch unbestechliche Journalisten. Die müssten rund um die Uhr laut von den Dächern schrei(b)en, was die Pharmaindustrie treibt. Wäre dazu nicht tagtäglich etwas zu vermelden? Und etwas zu ändern, vom Gesetzgeber?

Sicher, das ist nicht einfach, gerade auf dem politischen Parkett. Sollte doch mal ein Jungpolitiker auf die Idee kommen, diesen Skandal adressieren zu wollen, sieht er sich sofort von Lobbyisten umstellt – und von denen daran erinnert, was sein Job ist: »Oppositionspolitiker lassen sich von Lobbyisten aus dem Pharmabereich Parlamentsanfragen diktieren.«[189] Das wüssten Sie aber? Wohl kaum, denn Transparenz wird diesbezüglich kleingeschrieben – Deutschland hat immer noch kein Lobbyregister. Auf der entsprechenden Korruptionsgefahrliste von Transparency International stehen wir auf Platz 16 von 22, und in Berlin gibt es mehr Lobbyisten als Politiker, mit gutem Zugang zum Hohen Haus.[190] Die Bundestagsverwaltung rückte die genauen Zahlen aber erst nach richterlicher Anordnung heraus: In der Legislaturperiode 2013 bis 2017 hatten 1 111 Lobbyisten von 407 Firmen, Verbänden und Organisationen Zugang zum Bundestag. Ungehindert.

Patienten haben übrigens keine Lobby. Aber das ist gar nicht der Punkt. Der Punkt ist schon wieder ein Elefant im Zimmer, den keiner sieht. Dieser Dumbo hört zwar mit Nachnamen wie so vieles in diesem System auf »Wachstum!« – das ist ja nichts Neues –, aber dieser, mit den Pharmalogos auf den Flanken, unterscheidet sich in einem ganz wesentlichen Punkt von allen anderen phänomenalen Kreaturen und Institutionen, die wir auf den zurückliegenden Seiten betrachtet haben – und freigesprochen von jeder Schuld. Denn dieser Elefant ist unsere eigene Schuld.

Die Pharmaindustrie ist freizusprechen. Vielleicht ist sie sogar noch schuldloser als alle Ärzte, Experten, Behandler, Vereinigungen und Steueroasenprofiteure. Denn von einigen Ausnahmen abgesehen bewegt sich die Pharmabranche im Rahmen der Gesetze und des Erlaubten. Im Rahmen von Regeln und Gesetzen, die wir – wir, das Volk, wir, der Souverän – aufgestellt und erlassen haben. Dass die Marktteilnehmer im Rahmen dieses von uns erlassenen Regelwerks nun alles tun, was wir gesetzlich erlauben, eben sogar viertausendprozentige Preiserhöhungen und milliardengewinnschwere Globalumzüge, können wir niemand vorwerfen. Wir haben doch die Regeln gemacht – nicht die Pharmaindustrie. Und diese Regeln sind moralisch verdorben – nicht die Pharmaindustrie. Wir sind's.

Kognitive Dissonanz gefällig? Ganz kurz? Keine Sorge, den kurzen Schwindel bekommt jedermann und -frau binnen Minuten wieder wegsortiert unter: »So ein Schwachsinn!« Das ganz grundsätzliche alternative Überzeugungsangebot lautet:

Erstens: Sich am Leid Kranker und Hilfloser persönlich zu bereichern, ist ein absolutes No-go und zutiefst verwerflich. Zweitens: Die Würde des Menschen ist unantastbar; sie zu achten und zu schützen ist Verpflichtung aller staatlichen Gewalt. Woraus sich ergibt: Der Staat hat alles zu unterlassen, was die Menschenwürde beeinträchtigen könnte. Und für den Einzelnen gilt: »Die Schwachen und Kranken zu schützen ist die Würde der Gesunden.«[191]

Wären dies unsere Überzeugungen, gäbe es die Pharmaindustrie nicht. Nicht nur »die Auswüchse« nicht; es gäbe überhaupt keine gewinnorientierte Pharmaindustrie. Sie wäre uns zutiefst zuwider – und von uns (als kollektiver Souverän und Gesetzgeber) verboten. Ist sie aber nicht. Denn die überwältigende Mehrheit von uns unterschreibt stillschweigend eben diese Aussage: »Doch, es ist in schon Ordnung, sich am Leid anderer zu bereichern. Unter Umständen. Diesen Umständen.« Welchen?

Marktumständen. Natürlich dürfen unter diesen Umständen »Daseinsfürsorge« und »Gesundheit« Marktgüter sein wie Smartphones oder innerstädtische Geländewagen, natürlich sollen sich hier die besten Anbieter im Konkurrenzkampf um die Konsumentengunst durchsetzen. Das ist doch das Gesetz – des Marktes.

Nur sehr wenige von uns empfinden noch kategorisch: »Das macht man einfach nicht!« Das für jeden Menschen mit einem Rest Anstand ganz selbstverständliche strikte Verbot von Big Pharma und der Gewinnmaximierungskrankheitsmaschine kommt den meisten von uns nicht einmal als Möglichkeit in den Sinn. Stattdessen fällt uns, ob nun vertreten durch »Christen« oder »Soziale«, immer nur als elegantes Verdrängungsargument ein, dass doch Pharmaindustrie und Klinikketten Arbeitsplätze schaffen und nützliche Medikamente entwickeln. Ob das tatsächlich stimmt (siehe oben), wollen wir an dieser Stelle nicht diskutieren, denn die Frage stellt sich gar nicht. Wenn wir so argumentieren, müssten wir doch konsequenterweise auch »Serienkiller« zum Lehrberuf machen und auf diese Weise viele Arbeitsplätze schaffen – und einen schönen BIP-Zuwachs.

Wir können das hier abkürzen:[192] Es handelt sich nicht um den einen oder anderen Skandal, sondern um einen Deal. Wir alle, verbunden im Göttlerlosen, Grundgesetzlosen, Amoralischen, haben uns einverstanden erklärt und unterschreiben: »Es ist okay, sich am Leid Kranker zu bereichern.« Wir können nun nicht jene verurteilen, die eben dies mit unserer kollektiven Erlaubnis tun. Fraglos lässt sich an vielen Einzelbereichen ablesen, dass wir alles dem Marktgott geopfert haben – unsere Menschlichkeit, unsere Moral, unsere Seele. Aber nirgendwo zeigt sich deutlicher und eklatanter als beim Betrachten der Pharmaindustrie, dass wir tatsächlich vollständig und rettungslos geistesgestört sind. Ob uns das am Ende bekommen wird? Zweifel sind erlaubt. Spätere Klagen des Einzelnen hingegen nicht, wenn er am Ende, wie jeder, in der selbstgebauten Maschine landet. Und verfrüht stirbt. Oder eben lange als Gemüse liegen bleibt, umsatzsteigernd.

So wollen wir die Dissonanz auflösen: Wir schämen uns. Ganz kurz. Aber ehe wir das zugeben – und alles mühevoll ändern, bleiben wir doch lieber dabei: Die Pharmaindustrie schafft Arbeitsplätze. Das ist gut.

Die zwei Gebote

Unsere Götter sind weitgehend arbeitslos, aus gutem Grund, denn sie haben viel zu viel von uns verlangt. Unser einziger verbliebener Gott tut das nicht. Er trägt den schönen und leicht zu merkenden Namen »Markt«, und seine einzigen in Stein gemeißelten Gebote, leicht zu verinnerlichen selbst für den Dümmsten, lauten »Kaufe!« und »Produziere!«. Bei aller Bewunderung für diesen smoothen Gott müssen wir ihm allerdings mit Wirtschaftsnobelpreisträger Paul Samuelson attestieren: »Der Markt hat kein Herz, der Markt hat kein Hirn.«[193] Aber da hat unser Gott ja einiges mit uns gemeinsam, wir passen gut zusammen, es scheint sich förmlich zu handeln um ein *match made in heaven*, und das soll niemand scheiden.

Nachdem die große Mehrheit von uns also einvernehmlich all unsere »Werte« (kompliziertes Zeug) und unsere ganze »Moral« (zu viel Information) diesem letzten uns verbliebenden Gott geopfert haben, geht es aber nun endlich auch den letzten Schafen an den Kragen, uns selbst – auch und gerade jenen, die bevorzugt schweigen, sich selbst fleißig optimieren auf Laufbändern und Yogamatten, Netflix »bingen« und meinen, Politik und das, was »die da oben« machen, ginge sie nichts an.

Aus unserer kollektiven schweren Verhaltens-, Werte- und Moralstörung resultierend ist nämlich nun die weitere Entwicklung vorgezeichnet, mit Lackstift: Das System muss (und soll, so sei es, unser Wille) zwingend weiterwachsen, braucht also immer mehr Kranke und immer mehr Behandlungen. Was Umwelteinflüsse und Gifte an tatsächlichem Krankennachschub nicht erzeugen können, wird als Nachfrage hinzuerfunden, sprich: Wenn die Leute nicht von selbst schnell genug erkranken und auch die behandelnden Ärzte nicht schnell genug Schaden anrichten können, erklären wir eben normales, gesundes Verhalten oder normale Werte für krank. Neben gewinnbringenden Unterlassungen setzt das Krankensystem hierbei auf die gleichen Absatzförderungsmethoden wie die Anbieter auf allen anderen gesättigten Märkten von Joghurt bis Smartphone: Man schafft neue Bedürfnisse.

Bedürfnisse nach Chemie und Therapie entwickelt nun allerdings nicht der Gesunde oder der sich Gesundfühlende. Neue Kranke fallen nicht von den Bäumen, die muss man schon erzeugen, und zwar künstlich. Die Senkung gesunder Grenzwerte (Cholesterin, Blutdruck) schafft hier wunderbare neue Bedürfnisse in Massen, parallel aber sucht man per »Vorsorge« und »Früherkennung« vermehrt nach ersten Anzeichen für bevorstehende Krankheit und vereinfacht obendrein eifrig Diagnosen, um die Kunden früher zu binden – und damit insgesamt länger die eigenen Produkte im Abonnement absetzen zu können. Mit der Kundenbindung beginnt man hierbei am besten schon im Kindesalter – höchst beliebt bleibt die absatzfördernde Diagnose ADHS. Das sattsam bekannte »disease mongering«,[194] das »Krankheitserfinden«, ist auf diesem gewaltigen Kundenbeschaffungsprogramm tatsächlich nur das kreative I-Tüpfelchen. Hierbei, beim Erfinden, hat die Branche höchst dankbar den 2002er-Halbscherz von Richard Smith aufgegriffen, eine unter Medizinern ermittelte Liste der »Nichtkrankheiten« von Altern bis Sommersprossen, von Kater bis Cellulitis,[195] und sich für das ganze Nichts sowie noch einen Haufen mehr Nichts die tollsten Namen und Medikamente ausgedacht. Gemeinsam nämlich ist den ungeheuren Mengen an frischen, hippen und neuen »Erkrankungen« vor allem eines: die Abweichung von der Norm. Wer von der abweicht, ist krank. Und dass den exakten Normalwert, also den genau in der Mitte, nur einer von 100 Untersuchten erreicht, lassen wir doch gleich mal unter den Tisch fallen, und halten lieber fest: Die 99 anderen sind abnorm, also krank.

Das Resultat sind interessante neue Absatzchancen. Denn man benötigt plötzlich Therapien und Chemie gegen nun nachweislich existierende neue Erkrankungen von »Weichteilrheumatismus« bis »klimakterisches Syndrom«, von »weiblicher Libidostörung«[196] bis »Reizdarmsyndrom« von »prämenstrueller Dysphorie« bis »HSDD« (»Hypoactive Sexual Desire Disorder«) [197] Die Liste wird fortlaufend kreativ erweitert.

Hat man dann erst einmal so was Schönes wie die ganz normale Normabweichung »Laktoseintoleranz« als Krankheit etabliert, fällt einem natürlich auch was Tolles dagegen ein. Natürlich nicht einfaches Weglassen, sondern zum Beispiel, Xolair (Omalizumab) – ein aus genetisch modifizierten Nagetierzellen gewonnener monoklonaler Antikörper (MoAb), eine *Frankendrug*, die Kritiker schon bei normaler Verwendung als Immunsuppressivum (gegen schweres Asthma) durchaus kritisch sehen.[198] Xolairs Zulassungsvorgeschichte ist einen Hauch dubios, die Marketingtricks des Herstellers sind gründlich dokumentiert,[199] und bereits 2014 stand das Mittel unter Verdacht der Food and Drug Administration (FDA) – als potenzieller Auslöser von Infarkten und lebensbedrohlichen allergischen Reaktionen. Der Zwischenstand in Sachen Todesfälle lag Anfang 2018 bei 2,38 Prozent (aus der Gruppe derer, die Nebenwirkungen erlebten, 663 von 27 896).[200]

2014 aber trug Asthma-Koryphäe Hugh Sampson auf dem Jahrestreffen seiner Expertenvereinigung vor, es gebe starke Hinweise, dass Xolair auch gegen Milchallergien helfe[201] und eröffnete damit den Weg zu einer ganz neuen und aufregenden Win-win-Antwort auf Martha Rosenbergs im Raum stehende Frage: »How do you sell a drug too dangerous for children and too dangerous for seasonal allergic rhinitis symptoms that costs up to $ 24,000 a year?«[202] Na, genau so: Indem man Xolair Milchallergikern verschreibt, damit die endlich Milch trinken können.

Den Kranken freut's, endlich ist er wieder ganz gesund, und kann wie alle Normalen am Leben teilhaben. Milchtrinkend und käseessend, dank der 24 000-Dollar-Wunderwaffe Xolair. Es wäre ja tatsächlich unmenschlich, diesen armen Betroffenen zu bitten, gleich beides einfach wegzulassen, Milch wie Medikament. Schließlich kann kein Erwachsener ohne Milch leben, jedenfalls nicht würdevoll.[203] Man fragt sich manchmal nur, wieso eigentlich die Pharmaindustrie nicht generell ein bisschen forscher solche naheliegenden Ideen entwickelt. Wo bleiben die rezeptpflichtigen, 12 000 Euro teuren, glutenfreien Kleiderschränke?

Und doch, im Grunde sind all diese Einfälle der modernen Krankheitshöker tatsächlich bloß Kinkerlitzchen, verglichen mit dem historisch größten Coup des Krankensystems. Denn etliche der neuen »Krankheiten« – sowie etliche andere, bereits vorhandene – setzen auf einer entscheidenden Umdeutung an, die schon eine Weile zurückliegt und längst zu einer Selbstverständlichkeit geworden ist: der Erfindung der Autoimmunerkrankungen – die es tatsächlich nur gibt, »weil Medikamente, die das Immunsystem beeinträchtigen, einen Absatz brauchen.«[204] Und weil es wirklich wichtig ist, das zu durchschauen, gestatten wir uns hier einen letzten etwas längeren Ausflug in die wunderbare Welt der Ursachen- und Wirkungsumdeutung zum Schaden des Patienten.[205]

Immunsystem (diskreditiert)

Das Wort »Immunsystem« spielte bis in die 1970er Jahre des letzten Jahrtausends keine große Rolle in Biologie-Lehrbüchern.[206] Nicht, weil es das Immunsystem vorher nicht gegeben hätte oder weil seine Existenz den Autoren nicht bekannt gewesen wäre – es war nur vorher als Freund und wichtigster Verbündeter des Menschen so selbstverständlich unsichtbar nützlich und überlebenswichtig für unseren Körper, dass man es kaum für der längeren Rede wert befunden hatte. Schon gar nichts verloren aber hatte das Immunsystem im Krankensystem, jedenfalls nicht als Erklärung für *Krankheit*, sondern, wenn schon, als Erklärung für *Gesundheit*. Aber während das Krankensystem dies damals vornehm verschwieg, weil doch jeder wusste, dass das Immunsystem die meisten Fehler von selbst wieder behebt, rund um die Uhr – dieses Eingeständnis macht ja den Arzt tatsächlich weitgehend überflüssig –, erkannte man das funktionierende Immunsystem spätestens in den Achtziger- und Neunzigerjahren als echtes Hindernis beim Versuch, den Krankheitsmarkt gehörig zu erweitern: als Gefahr. Das Immunsystem und sein selbstverständlich guter Ruf standen dem Expansionsdrang des Systems im Weg. Deshalb musste es zerstört werden – zuerst sein Ruf, dann das System selbst.

Tatsächlich war das missionskritisch für den Eroberungsfeldzug des Krankensystems. Denn das menschliche Immunsystem hat grundsätzlich, seit Millionen Jahren, nur ein Ziel: den Menschen gesund zu erhalten, indem es seinen Körper vor schädlichen Eindringlingen schützt – sowie vor »Fehlprogrammierungen« im Inneren. Es neutralisiert gründlich, pausenlos und ohne Schlechtwetterzuschlag von Haut bis Speichel, von Darm bis Lymphsystem körperfremde Substanzen (Viren, Bakterien, Pilze), killt per Apoptose, also programmiertem Zelltod, rigoros alle Zellen, die eine Macke haben, und kümmert sich darüber hinaus um die Bestattung der bereits Abgenippelten.

Sprich: Das Immunsystem will seinem Besitzer, dem Menschenkörper, nicht schaden, sondern nützen. Es kennt keine andere Motivation. Ihr Wohlergehen ist sein einziges Ziel, sein einziger Job, seine Berufung. Ihr Immunsystem hat nichts gegen Sie, es kann nichts gegen Sie haben. Aber fraglos, offensichtlich, kann es durcheinandergeraten. In dem Fall gilt indes dringend: Helfen Sie ihrem besten Freund, wieder klarzusehen, aber bekämpfen sie ihn nicht – und unterdrücken Sie ihn nicht, mit Immunsuppressiva. Ihr Immunsystem liebt Sie, vom Tag ihrer Geburt an bis zu Ihrem letzten Atemzug.

Es ist ein wahrer Geniestreich des Krankensystems, genau dies umzudeuten. Dem Menschen das Gehirn porentief zu waschen und dort zu hinterlegen, der »Feind«, den es zu bekämpfen oder zu fesseln, zu knebeln und zu regulieren gilt, sei sein Körper selbst. Denn wer glaubt, er hätte etwas »Autoimmunes«, für den fällt der eigene Körper als Helfer aus – mithin kann Hilfe nur noch von außen kommen. Von Medizinern und Medizinmännern. Wer das glaubt, ist tatsächlich schon fast verloren.

Aber wie bereits häufiger konstatiert, ist natürlich niemand schuld. Denn der gemeine Schulmediziner handelt ja nicht arglistig, sondern nur ignorant. Er weiß nicht, welchen gefährlichen Unfug er von sich gibt, denn er plappert ja nur gedankenlos nach, was die Pharmaindustrie ihm serviert – zu seinem eigenen Nutzen. Der gemeine Schulmediziner weiß daher nur, was alle Autoimmunerkrankungen verbindet: »Ihr Körper greift sich selbst an, autoaggressiv, aus (mehr oder weniger) unbekannten Gründen.«[207]

Natürlich hatte ich selbst, als ich »autoimmun« erkrankte, schwer, chronisch und »unheilbar«, keine Ahnung, weder von Autoimmunerkrankungen noch von Schulmedizinern, weil ich mit beiden bis dahin nichts oder kaum zu tun gehabt hatte. Aber die Vorstellung, dass Körper sich mutwillig und ohne äußeren Einfluss selbst zerstören, kollidierte mit allem, was ich über das Leben, das Universum und den ganzen Rest wusste. Mittendrin stand nämlich von Anfang an meine Überzeugung, dass Körper heil sein *wollen*. Andernfalls wären sie einfach im falschen Job, denn wenn ein Körper das nicht will, muss er ja im Grunde binnen Wochen untergehen. Schließlich wird er ständig attackiert, von innen wie von außen, und in Richtung Erde und Staub gezogen, weil eine so komplexe Organisationsform wie der menschliche Körper den ganzen kosmischen Entropie-Laden einfach fürchterlich aufhält. Deshalb verfügt dieses widerspenstige Wunderwerk über unzählige wirksame Abwehr- und Rettungssysteme – allein zu dem Zweck, den Gesamtorganismus am Leben zu halten, und zwar möglichst heil.

Was für mich sonnenklar zweierlei bedeutete: Entweder wandte mein Körper sich überhaupt nicht gegen sich selbst, sondern reparierte Schäden notgedrungen so, dass es auch zu »Kollateralschäden« kam, also unschuldige Zellen oder unschuldiges Gewebe mit geopfert werden mussten, um den Gesamtorganismus zu retten. Oder, sofern mein Körper sich tatsächlich gegen sich selbst wandte, dies auf einem Missverständnis meines Körpers mit sich selbst beruhte, weil er ja nicht wollen konnte, dass er selbst untergeht.

Dass meine Schulmediziner eben Letzteres ausnahmslos annahmen und meinen Körper in seinem autoaggressiven Drang obendrein für unbelehrbar hielten, irritierte mich kolossal, denn hinter einer solchen Überzeugung verbarg sich offenkundig ein alles andere als optimistisches Menschen- und Weltbild – also eines, das mit Hippokrates wenig zu tun hat – sowie ein seltsames Verständnis von neuerer Naturwissenschaft. Wer ernsthaft davon ausgeht, Körper zerstörten sich grundlos, ohne Ursache selbst, braucht dringend Hilfe – oder einen guten Arzt.

Verwirrung? Kann allerdings vorkommen. Denn das Immunsystem ist tatsächlich nicht ganz unfehlbar, und zwar aus einem simplen Grund: Das Trainingszentrum des Immunsystems wird im Alter von 16 Jahren geschlossen: die Thymusdrüse. Die hier ausgebildeten Berufskillerzellen sind jetzt nämlich fertig, und zwar zahlreich. Jene Lehrlinge, die Eindringlinge von außen zuverlässig erkennen und erledigen, werden befördert – und die fiesen Zellen werden »gemerkt«, kriegen einen Stempel in den Pass: »Wanted! Terrorist!« Jene Killer-Lehrlinge aber, die versehentlich körpereigene Zellen angreifen, kriegen keinen Job mehr und nicht mal Bewährung, sondern werden sofort rückstandslos ausgestoßen. Und das Ausbildungszentrum ist jetzt zu, ab sechzehn. Was bleibt, ist eine verkümmerte Ruine, ein bisschen Fettgewebe.

Diese Maßnahme des Körpers war unheimlich schlau. Gewesen. Früher, als das Immunsystem aus jahrhunderttausendlanger Erfahrung wusste: Ab dem sechzehnten Körpergeburtstag kommen garantiert keine neuen »Fremden« mehr dazu, zu diesem Zeitpunkt sind alle vergangenen wie zukünftigen Einflüsse bekannt, äußere wie innere. Hinter der Körperentscheidung, die Thymusdrüse zu diesem Zeitpunkt verkümmern zu lassen, steckt mithin eine sehr logische Schlussfolgerung, denn Überleben hat immer viel mit Ökonomie zu tun, Ballast kann man da nicht brauchen. Vier Arme wären bestimmt praktisch, aber sofern wir dafür auf Beine verzichten müssen, begnügen wir uns doch lieber mit zwei plus zwei. Und verschwenden, der gleichen ökonomischen Logik folgend, unsere Kräfte ab sechzehn nicht mehr auf die nutzlose Thymusdrüse, sondern investieren lieber in die Abteilung Fortpflanzung.

Mit dieser Immuntaktik ist der Menschenkörper dann auch Hunderttausende von Jahren vortrefflich gefahren. Sein Training begann direkt nach dem Ende des Nestschutzes durch Mutters Blutzellen, danach stand die harte Zellenausbildung: Masern, Windpocken, Mumps, dazu Tausende von körperfremden Stoffen, aufgenommen durch die nicht immer saubere Nahrung und ebenso fragwürdiges Wasser, dazu ein paar Hände voll Erde.

Jeder körperfremde Eindringling wurde auf Herz und Nieren geprüft, auf seine Nützlichkeit hin, und gegen jeden Nichtsnutz wurde das gesamte Arsenal an Abwehrzellen produziert und auf Abruf bereitgestellt. So und nur so entsteht Immunisierung – die Fähigkeit des Körpers, gefährliche Eindringlinge zu identifizieren und zu vernichten sowie ungefährliche zu tolerieren, insbesondere solche Zellen, die zu ihm selbst gehören. Das System ist auch im Detail absolut faszinierend – und je weiter man eindringt, desto größer wird das Staunen.

Seit spätestens 1950 ist genau dieses schlaue Verhalten unseres Körpers nicht mehr schlau, denn er hat die Rechnung ohne den Wirt gemacht. Beziehungsweise ohne sein überaus findiges Gehirn, das ungebremst weiter die tollsten Sachen erfindet, von Laminat bis Mikroplastik in Körpercremes, von Süßstoff bis zu (demnächst) Cheeseburgern aus dem 3D-Drucker.

Was ewig galt, darf also spätestens seit ein paar Jahrzehnten als überholt gelten – mit Vollgas. Anders als in der guten alten Zeit (von »mal aufrecht gehen« bis »mal Auto fahren«) wird der menschliche Körper nämlich seit ein paar Sekunden seiner Zeitrechnung auch nach Schließung des Thymus-Trainingslagers weiterhin mit neuen verwirrenden Eindringlingen konfrontiert. Darauf allerdings kann er nun nicht immer angemessen reagieren, schließlich er kann nicht binnen weniger Sekunden, sprich Generationen, den gesamten evolutionären Bauplan ändern und seine Thymusdrüse über das sechzehnte Lebensjahr hinaus funktionstüchtig halten. Unser Körper muss also notgedrungen auf das Steckbriefarchiv zurückgreifen, das er bis zum Ende seiner Immunausbildung angelegt hat. Und das kann durchaus Tücken haben, denn wenn der Körper ein exaktes »Match« für den gerade eingedrungenen frischen Erreger nicht findet, muss er den Eindringling notgedrungen nach dem Ähnlichkeitsprinzip behandeln. Und damit fangen die Probleme an.

Ihren ersten Schokoriegel haben Sie vermutlich mit sechs Jahren gegessen, das fällt also noch in die Ausbildungsphase. Aber die Schokovariante, die Sie heute in Form eines zartschmelzenden

Magnum-Milch-Surrogat-Karamel-Crunchy-Frog-Aspartam-2.0-Designerprodukts in Richtung Ihrer abwehrbereiten Killerzellen schieben, löst unter Umständen einige Verwirrung aus, schlimmstenfalls heillose. Stellen Sie sich den ganzen Apparat als beste Antiterrorbehörde der Welt vor, der zu jedem Terroristen auf diesem Planeten Foto und Profil vorliegen. Und jetzt kommt einer, der ein bisschen so aussieht wie Osama bin Laden (nach einer Rasur), aber auch ein bisschen wie Angelina Jolie (nach einer miesen Nacht). Für die Behörde beginnt in diesem Augenblick ein stressiges Lotteriespiel. Drückt sie ein Auge zu? Mit etwas Glück ist die einreisende Gestalt dann Angelina Jolie und bringt ein bisschen Glanz in die Körperhütte. Mit Pech ist sie nicht Jolie, sondern bin Laden, und sprengt lebenswichtige Organe.

Meist hat das Immunsystem dennoch recht – es ist ja nicht auf den Kopf gefallen und verfügt über hervorragende Analytiker und Profiler. Gewisse Fehler passieren trotzdem und sind dann mit Müh und Not korrigierbar, Magenkrämpfe, Durchfälle sowie fiese Hautausschläge inklusive, die auf ein temporär irregeführtes Immunsystem schließen lassen. Aber der Stress des Systems, die Unsicherheit, ist permanent, und die Datenbanken der Abwehr werden weiter ständig per »trial and error« angepasst – allerdings ohne die Hilfe der einzigen Instanz, die das wirklich zuverlässig könnte, nämlich der Thymusdrüse, denn die ist und bleibt pensioniert.

Es gibt Körper, die diesen permanenten Stress bis zuletzt aushalten. Aber viele schaffen das eben nicht. Und was aus dieser Verwirrung, dieser heftigen Überreaktion, am Ende entsteht, das nennen wir »Autoimmunerkrankung«: eine Verwechslung von körpereigenen Zellen mit fremden. Eine Verwechslung von gut und böse. Die Erschießung von Angelina Jolie direkt nach der Einreise. Und ihre ähnlich aussehenden Freundinnen im Inland werden sicherheitshalber gleich mit erschossen, denn so viel Konsequenz muss sein.

Mancher Körper erschießt folglich fortan seine eigenen Bauchspeicheldrüsen-Beta-Inselzellen, das nennt man dann Diabetes 1.

Andere Körper erschießen das Collagen ihrer Gelenkinnenhaut (rheumatoide Arthritis), wieder andere ihre fetthaltigen Myelinscheiden (MS), noch andere ballern mit Schrot auf Eiweiße (Heuschnupfen). Die Liste der »Autoimmunerkrankungen« ist ellenlang, Sie werden die meisten zumindest vom Hörensagen oder aus dem Bekanntenkreis kennen – die Ziele stehen in Klammern: Hashimoto-Thyreoiditis/Morbus Basedow (Schilddrüse), Morbus Crohn/Colitis ulcerosa (Dünndarm, Dickdarm, Mastdarm), chronische Gastritis (Magen), Morbus Bechterew (Wirbelsäule, Augen), Schuppenflechte/Lichen/Dermatomyositis sclerosus (Haut), Glomerulonephritis (Nieren), Lupus erythematodes (Haut, Niere, ZNS, Gelenke), rheumatisches Fieber, Autoimmunhepatitis (Leber), Churg-Strauss-Syndrom (Gefäße), Sarkoidose (Lymphknoten, Lunge, Bindegewebe), Stiff-Man-Syndrom (Rückenmuskulatur), Sklerodermie (Bindegewebe unter der Haut), Wegenersche Granulomatose, Vitiligo, Melanozyten, autoimmune Enteropathie, Goodpasture-Syndrom, Polymyositis ... Sowie alle Allergien.

Was hier auf unterschiedlichste Art aus dem Ruder läuft, nennt der Forscher »molekulare Mimikry«, mit für uns dramatisch relevanten Folgen: Denn eine sogenannte »Autoimmunerkrankung« ist nichts anderes als eine von oben angeordnete Säuberungsaktion gegen staatsfeindliche Terrorzellen, die in Wirklichkeit gar keine sind, sondern den Staat lieben und sich nur zum Basteln von Blumengestecken treffen wollten, nicht zum Basteln von Bomben. Die Aufgabe des »Autoimmunerkrankten« besteht nun aber nicht darin, seinen örtlichen Dealer im Weißkittel um Chemiewaffen anzuflehen, sondern darin, der nach bestem Wissen und Gewissen handelnden Staatsmacht klarzumachen, dass sie die Falschen verfolgt. Das ist, im Leben wie im Körper, eine echte Herausforderung.

Machen wir uns also an die Arbeit, als Strafverteidiger. Denn es gilt: Irgendein ernster Vorfall hat unseren Immungeheimdienst zum vernichtenden Gegenschlag gegen Unschuldige animiert, und offenkundig hat unser Mandant (Liste siehe oben) verblüffende Ähnlichkeit mit dem Aggressor, den Immunabwehrinformanten vor Ort gesehen hatten. Ein Alibi hat unser Mandant nicht. Schlimmer noch: Da er die ganze Zeit in unseren Körpern herumhing, wurden ihm nach der Tat auch gleich noch ein paar nie aufgeklärte Anschläge der Vergangenheit zur Last gelegt. Feuer frei: Damit ist körpereigenes Gewebe zum Genozid freigegeben. Durch unsere eigenen Leute.[208]

Vergegenwärtigen Sie sich bitte nochmals, was »Autoimmunerkrankung« bedeutet: Ihr Immunsystem, das Sie ja dringend brauchen (auch weiterhin) und das bisher einen prima Job gemacht hat (denn es muss ununterbrochen Zellen beseitigen, die entarten oder schlicht nichts in Ihrem Körper zu suchen haben), ist offensichtlich temporär verrückt geworden und zerstört versehentlich körpereigenes Gewebe. Ihr Immunsystem ist aber nicht Ihr Feind, auch wenn es Ihnen derzeit schadet. Ihr Immunsystem versteht nur offensichtlich etwas falsch und zerstört versehentlich Zellen, die es nicht zerstören soll – weil es diese Zellen für fremd und gefährlich hält.

Ihr Ziel kann deshalb nicht sein, Ihr eigenes Immunsystem zu »bekämpfen«, zu unterdrücken. Ihr wichtigstes Ziel muss es sein, die Verwirrung zu beenden und Ihrem Immunsystem beizubringen, was zerstört werden darf – und was nicht. Und Sie sind der Einzige, der ihm dabei assistieren kann.

Am Beispiel der MS sei dies exemplarisch verdeutlicht – ohne verschweigen zu wollen, dass bei der »Autoimmunerkrankung« MS alles andere als klar ist, ob der Körper überhaupt verwirrt ist oder ob *zuerst* die Nervenummantelungen (das Myelin) des Betroffenen durchschmort, *dann* die Nervenzellen und *anschließend* das Immunsystem Killerzellen durch die Blut-Hirn-Schranke schickt, um richtigerweise den verschmorten Müll wegzuräumen.[209] In dem Fall müsste der Betroffene Maßnahmen gegen die dauernden Mikroinfarkte und den Kabelbrand ergreifen, benötigt aber garantiert keine Unterdrückung des Immunsystems.

Sofern nun aber MS tatsächlich auf einer »Immunverwirrung« beruht und sich als fehlgeleiteter Entzündungsschub manifestiert, sollte der Betroffene zumindest versuchen, seinem Körper zu erklären, dass dieser etwas falsch macht. Dass das, was er da gerade zerstört (Myelin) kein körperfremder Feind ist, sondern dass es sich um wichtige körpereigene Stoffe handelt. Und dass er das lassen soll.

»Erklären« mag in den Ohren der meisten absurd oder esoterisch klingen, aber selbst wer sich geniert, seinem Körper das zu *sagen* (also es auszusprechen), und sich lieber nicht in den Körper hineinversetzen möchte (qua visualisieren), sollte ihm eine Chance geben, sich möglichst unbeeinträchtigt zu beruhigen und ihm hierbei alles Verwirrende, Störende (psychisch wie physisch) wenigstens temporär ersparen. Zum Beispiel den Crunchy-Frog-Schokoriegel sowie Milchprodukte, wenigstens vorübergehend.[210] Sowie vielleicht die PCH/PCP-Stoffe aus der günstigen neuen Schrankwand oder den Plastikdampf aus dem frischen, günstigen Sieht-ja-aus-wie-Holz-PVC-Belag direkt auf der Fußbodenheizung. (Und wenn das bedeutet, dass man wie ich ein halbes Jahr in ein Zelt umziehen muss, dann zieht man eben für ein halbes Jahr in ein Zelt.)[211]

Denn entscheidend ist: Beseitigen Sie diese Ursache für die Immunverwirrung nicht, ist ihr Körper tatsächlich auch im schlechten Sinn lernfähig: Bringen Sie ihm nicht direkt nach den ersten Anzeichen der Immunverwirrung schleunigst bei, dass er gerade etwas fundamental falsch macht, hält er seinen eigenen Angriff gegen körpereigenes Gewebe sehr schnell für gerechtfertigt. Und in diesem Fall wird Ihr Immunsystem die gerade erstmals auf Verdacht als »feindlich« eingestuften Zellen rasch und endgültig auf die Liste der unerwünschten Eindringlinge setzen. Das wäre allerdings fatal, denn in diesem Fall landeten ihre essenziellen Zellen (von Hirn bis Darm, von Haut bis Gefäß) als »Terrorzellen, sofort zu zerschlagen« mitten im System, und jede Ihrer künftig neu entstehenden Immunzellen wächst mit diesem »Wissen« auf. Geschieht das, klären Sie diesen Irrtum also nicht sofort auf, werden Sie den Prozess vermutlich nie wieder ganz umkehren können. Gut fürs System – nicht fürs Immunsystem, für das andere. Denn bei dem sind Sie hernach Stammkunde, lebenslang.

Die Zukunft

Natürlich hat das Krankensystem diesen Sachverhalt verstanden. Und natürlich zeigt es sich begeistert adaptionsfähig, denn nichts ist besser für das Geschäft als eine »Autoimmunerkrankung«. Das längst sattsam bekannte Krankheitshökern der Industrie zielt also bevorzugt darauf, den Erkrankten und seinen Körper zu trennen – und die neu erfundenen »autoimmunen« Krankheiten möglichst so zu gestalten, dass sie nicht nur viel Diagnose und viel Medikation erfordern, sondern gleich das Komplettprogramm: von Ultraschall bis MRT/CT, OP bis von Klinik- oder Reha-Aufenthalt, von Dauermedikationsabo 1 (gegen Problem A) zu Dauermedikationsabo 2 bis 16 (gegen die Nebenwirkungen von Präparat 1 bis 15), und das bis ans Lebensende, Runde um Runde, Stufe um Stufe, immer ein bisschen weiter hinaus in ewige Abhängigkeit. Dies ist und war immer das Ziel, das dringendste Bedürfnis des Krankheitssystems: die Gesellschaft, zunehmend bestehend aus Menschen, die es gewohnt sind, Dinge serviert zu bekommen, statt sie zu selbst tun, und zunehmend geführt und behandelt werden will, endlich so zu gestalten, dass es nicht mehr nur schwierig ist, für die eigene Gesundheit zu sorgen, sondern am Ende unmöglich wird.[212]

Dieses Ziel hat das System, nicht intrinsisch bösartig, sondern nur inhuman logisch, fest im Blick und arbeitet effektiv und konsequent. Erreicht ist das Systemziel, wenn 50 Prozent von uns in Behandlung sind und die anderen 50 Prozent davon leben. Jörg Blech konstatierte bereits vor 15 Jahren: »Schreitet der Umbau ungestört voran, dann arbeitet jeder Deutsche künftig im Gesundheitssystem [...] oder er ist krank – oder beides zusammen.«[213] Wie die Entwicklung seit 1950 zeigt, sind wir auf dem besten Weg, dieses Ziel zeitnah zu erreichen, dank exponentiellen Wachstums sogar fast ohne bremsenden »abnehmenden Grenznutzen«.

Den größten Teil des Wegs haben wir bereits zurückgelegt, es ist nicht mehr weit. Der ungeduldige Patient geht längst dauernd zum Arzt, obwohl ihm nichts fehlt, und findet das ganz normal. Parallel ist sicherheitshalber auch die Selbstbestimmung gesetzlich untersagt, ganz konkret das gesunde Leben auf eigenes Risiko. Seit 2009 verbietet Paragraf 193, Absatz 3, des Versicherungsvertragsgesetzes (VVG) den »versicherungsfreien Selbstzahler«.

Was fehlt noch? Die Offenlegung aller Patientendaten? Das wäre doch was, nämlich überaus hilfreich, daher fordert der wichtigste BIP-Treiber, der Bund der Deutschen Industrie (BDI), diese Transparenz neuerdings mit Nachdruck – sogar öffentlich,[214] nicht nur im vertraulichen Gedankenaustausch mit Politikern. So viel Offenheit ist regelrecht anständig, verrät aber auch, dass der BDI das Mindset des Durchschnittskunden wohl noch immer nicht richtig verstanden hat. Denn der muss gar nicht mehr vom Gesetzgeber gezwungen werden, alles von sich preiszugeben, sondern macht es freiwillig. Nicht nur bei Facebook, indem er rund um die Uhr seine Fotos und Stimmungen postet, nein, als Kranker begibt er sich schnurstracks zu *PatientsLikeMe*[215] und macht sich auch dort nackig, minutiös: vom Aufstehen bis »heute nach Einnahme von Präparat XY etwas traurig (Stimmungspunkte 4 von 10)«. Bereits mehr als 600 000 Gesundheitskunden mit mehr als 2 800 Erkrankungen spenden dank des Claims »give data, share data« persönlichste Daten ohne Ende, obwohl die Firma PLM kein Hehl aus ihrem kommerziellen Ziel macht: »Wir teilen die Patientenerfahrungen mit der Industrie, damit diese bessere Medikamente, bessere Dienstleistungen und bessere Pflegeangebote entwickeln kann.«[216] Amazon ergänzt das Angebot (»Gesundheitskunden wie Sie kauften …«) mit einer 2017 ins Leben gerufenen eigenen Krankenversicherung. (Behalten Sie das im Auge, als Prime-Kunde, zunächst gilt das Angebot nur für Mitarbeiter, aber es wird sicherlich zeitnah erweitert).[217]

Nun fehlt also nur noch eines zum Endsieg, zum Systemnirwana – neue, wieder nicht evidenzbasierte Leitlinien sowie der nun endlich zum Gesetz verabschiedete, vernünftige Zusatz: Wer an der mysteriösen (möglichst autoimmunen) Erkrankung N. N. leidet und sich den studien- und leitliniengestützten Empfehlungen des Experten, also Facharztes entzieht, mithin »nicht selbst aktiv seine Genesungschancen verbessert, verliert, da er die Solidargemeinschaft zu schädigen sucht«[218], seinen Anspruch auf Lohnfortzahlung, Krankengeld und/oder wenig später Hartz IV. Dieser Schritt ist überfällig und nur vernünftig, denn was bleibt dem dringend krankheitsbedürftigen System am Ende übrig, um auch die Renitenten, die Nichterfassten, die Verweigerer gefügig zu machen? Man wird sie zu ihrem Glück zwingen müssen. Und, ja, natürlich werden fürsorgliche Ärzte, Kassen und Behörden die Folgsamkeit, die Compliance aller »Kranken« rund um die Uhr überwachen, ganz ohne Hausbesuche. Das ist die Zukunft.

Wie, ich leide an Paranoia? Zu viel Science-Fiction geschrieben, der Mann? Na, garantiert! Aber von dieser atemberaubenden Zukunft sind wir dennoch nur mehr einen halben Schritt entfernt. Wer das ohnehin schon weiß, kann den folgenden Absatz getrost überspringen, wer mir hingegen galoppierende Verschwörungstheoritis attestieren möchte, gönne sich exemplarisch den kurzen Blick auf das schöne Präparat Abilify, dessen Hersteller ich schon 2014 wegen seiner mörderisch gelungenen Lobbyarbeit öffentlich über den grünen Klee lobte.[219] Denn damals war Abilify an die Spitze der weltweiten Blockbuster-Charts gestürmt und hatte mit 7 Milliarden US-Dollar Jahresumsatz sogar Viagra verdrängt – bemerkenswert, weil Abilify, grob gesagt, ein radikaler Hirnabschalter ist, mit dem man allenfalls Anstaltsinsassen behandeln sollte. Und vielleicht nicht mal die, denn Abilify, ein Thorazin-Klon, hat haufenweise gefährliche Nebenwirkungen und allerhöchstes Suchtpotenzial. Seit 2014 ist das Zeug aber freigelassen und wird in den USA nicht mehr nur Schwerstbipolaren und Schizophrenen verabreicht, sondern auch ganz normal Bekümmerten, vulgo »Depressiven«, sprich nach Lage der Verschreibungspraxis in Sachen Psychopharmaka (»Finden Sie den November nicht dieses Jahr auch besonders grau? Ich hab da was für Sie«)[220], jedem, der's möchte oder der nicht schnell genug Nein ruft. Fragen Sie einfach Ihren Arzt oder Apotheker, wenn Sie die Gegenwart nicht mehr ertragen, mit Abilify ist Totenstille im Hirn, das Pflegepersonal kann shoppen gehen – und Sie können nicht mal mehr die Packungsbeilage lesen.

2017 haben die Abilify-Genies allerdings noch mal einen draufgesetzt und endlich dafür gesorgt, dass die massive Verschwendung durch »Non-Compliance« endet (Medikamente im Wert von etwa 100 Milliarden Dollar landen alljährlich im Müll), denn nicht jeder, der Abilify verschrieben bekommt, nimmt das Zeug tatsächlich ein. Deshalb enthält das neue Produkt »Abilify MyCite« einen Sensor beziehungsweise einen Sender. Wie die US-Nahrungs- und Arzneimittelbehörde FDA erläutert, sendet dieser Sensor »ein Signal aus, wenn die Tablette mit der Magenflüssigkeit in Kontakt gelangt. Aufgefangen wird das Signal von einem Empfänger, der mit einem Pflaster auf dem Brustkorb des Patienten angebracht ist. Der Empfänger sendet wiederum eine Botschaft an eine App. Diese ermöglicht es dem Arzt, Pflegern, Angehörigen oder Freunden, auf ihren Mobilgeräten zu kontrollieren, ob der Patient das Medikament den Anweisungen entsprechend einnimmt.«[221]

Wie schön, wie bequem. Da kann der Patient also auf seinem Smartphone nachschauen, ob er seine Pille heute schon genommen hat. Und seine Frau kann auch nachschauen. Oder *ihr* Mann kann auf *seinem* Smartphone nachschauen, ob sie ihre Pille schon genommen hat, auch und gerade, wenn es *die* Pille ist und er keinen Kinderwunsch hat, im Gegensatz zu ihr. Es kann aber auch sein oder ihr Arzt nachschauen. Oder seine beziehungsweise ihre Kasse. Und natürlich wird es zeitnah eben jene Leitlinie geben, die gerade bei temporär arbeitsunfähigen »Depressiven« zwingend vorschreibt, dass die Arbeitsunfähigen sich an die ärztlichen Verordnungen halten, andernfalls entfällt deren Leistungsanspruch gegen Arbeitgeber und Krankenkasse – und das wollen Sie doch nicht, oder? Unter welche Brücke, sagten Sie, wohnen Sie danach? Und funktioniert da überhaupt der Nachsendeauftrag?

Denken Sie's gern in Ruhe zu Ende, bei einem (noch) sensorlosen Kaffee oder Rotwein oder im Bad, auf ihrer (noch nicht) smarten Toilette, mit ihrem (noch nicht) ihre täglich absolvierten Schritte und anderen Bewegungen an die Behörden meldenden Fitnessarmband. Mit abschließendem Blick auf Ihr Smartphone, das (bereits heute), selbst wenn sie die Karte herausnehmen und auf »Flugmodus« schalten, jede Ihrer Bewegungen an Dr. Google übermittelt.[222] Der Pillensensor, finales Überwachungstool, ist jedenfalls nicht schwer einzubauen, ganz gleich, in welches Präparat – solange es nur im Magen landet. Hersteller Otsuka Pharmaceutical hält den entsprechenden Anteil der Pille für problemlos verdaulich, garantiert auch mental. Alle weiteren Details, auch zu den denkbaren naheliegenden Szenarien, finden Sie weiterhin in der kritischen Verschwörungstheoretiker-Fachpresse,[223] aber inzwischen auch im Mainstream.[224]

Aber wir wollen nicht pessimistisch sein. Wir wollten uns an dieser Stelle nur froh und dankbar klar machen, dass die Zukunft erst vor der Tür steht, aber noch nicht mitten in unserem Medikamentenschrank. Denn auch wenn bei den uns verschriebenen Medikamenten die Evidenzbasis in der Regel fehlt und Leitlinienautoren in der Regel zu 90 Prozent mit der Pharmaindustrie verbandelt sind: *Noch* kann uns keiner zwingen, uns gesundheitlich zu schaden oder uns selbst umzubringen.

Treten wir einen Schritt zurück und betrachten das Wirken der Maschine, müssen wir indes anerkennen, dass sie auf faszinierende Weise effektiv arbeitet. Künstliche Intelligenz kann seit Jüngstem sogar unseren Todeszeitpunkt verblüffend korrekt vorhersagen,[225] während die KI-Programmierer selbst gar nicht mehr nachzuvollziehen in der Lage sind, *wieso* die Prognosen ihrer Schöpfung so überaus zutreffend sind. Die gern bemühte *Matrix*-Horrorvision der Geschwister Wachowski ist im Krankensystem längst Realität, ganz ohne plakative Menschenkörpertanks – die Maschine ernährt sich von uns. Wir sind Objekt, nicht Subjekt,

Nahrung, nicht Kunde, Benzin, nicht Passagiere, denn nicht unsere Gesundheit ist essenziell, sondern unsere Krankheit.

Diese faszinierende Maschine ist ehrfurchtgebietend groß, mächtig und unzerstörbar – weil zu viele von ihr profitieren, manche als CEO-Vorarbeiter, die meisten als Schaffner, Mechaniker und Kellner, billig eingekauft. Und steckten wir selbst nicht als Brennstoff mittendrin in diesem Wunderwerk, wäre es wohl schlicht spannend, weiter zu beobachten, wohin das alles führen wird – ob die Maschine am Ende alles selbst konsumiert oder uns qua autoaggressiver Explosion anderweitig mitreißt oder eben vorher Wege findet, nur 70 Prozent[226] von uns loszuwerden und den Rest unter sich und ihresgleichen auszumachen. Sicher zur Freude unseres Planeten, aber ebenso sicher nicht zu unserer.

Wer kann es uns verdenken, dass wir, statt den Kopf zu wenden und diese Wirklichkeit anzuerkennen, doch den Blick lieber weiterhin fest auf die Höhlenwand gerichtet halten beziehungsweise, mit gesenktem Kopf, auf die Höhlenwand 2.0, unser Smartphone. Was dort geboten wird, ist, ohne Frage, amüsanter. Der kleinen Gruppe von Spaßbremsen aber, die weiterhin stur die Realität anerkennt und umso sturer frei denken und leben will, verbleibt ein Hoffnungsschimmer, ein kleiner Rest Souveränität, ihr Leben selbst lebenswert zu gestalten. Denn noch sieht die Maschine nicht alles, noch werden wir nicht zur uns selbst schadenden Compliance gezwungen. Noch können wir gesund bleiben – oder es wieder werden. Noch.

Wie lange? Zwei Jahre? Fünf?

Beeilen wir uns, die letzten Prämissen zu korrigieren – intern – und so gesund zu sein und zu bleiben (oder wieder zu werden), dass uns das System nicht findet.

Heil

You got to learn how to cry
Before you learn how to fall.
You got to go turn from the darkness
And go through it all.
Just remember that it's alright
It's alright to be true.
And the sun will shine on you.
(Jeff Lynne, Electric Light Orchestra)

Operation gelungen …

Wer sich im Lauf seines Lebens länger als einen Nachmittag mit der Frage beschäftigt hat, weshalb das Krankensystem so rabiat Gesundheit vernichtet, wird den mit »Unheil« überschriebenen Abschnitt vermutlich gelangweilt überblättert haben, denn viele der dort geschilderten Erkenntnisse sind ja nicht neu oder originell, sondern Wissen (und Prognosen) von vorvorgestern. So notierte Victor von Weizsäcker schon 1944 rückblickend: »Da entstand immer krasser das Bild des Kassenarztes mit seiner 100-Patienten-Sprechstunde, seine Abhängigkeit von der Bürokratie der Ortskrankenkassen einerseits, der Ärztlichen Vereinigung andererseits, die Senkung des ärztlichen Niveaus, das Verschwinden des Hausarztes, das Unwesen der alles und jeden operierenden Spezialisten, der Unfug der Spritzen- und Tablettenmedizin; in den Klinken die Gleichgültigkeit gegen die sozialen Fragen, gegen die zur Volksseuche gewordene Neurose, das Gutachten-Unwesen, der Missbrauch der wissenschaftlichen Arbeit zur Fabrikation einer Karriere, die zur sinnlosen Überproduktion von pseudoexakten Untersuchungen und zur Aufblähung des völlig unübersehbaren Schrifttums führt.«[1]

Spätestens 1975, mit Ivan Illichs *Die Nemesis der Medizin*[2] war alles Entscheidende zu den Zielen und Methoden der modernen Medizin gesagt: »In Wahrheit ist das Wunder der modernen Medizin Teufelstrug. Es besteht darin, dass nicht nur Individuen, sondern ganze Bevölkerungen dazu gebracht werden, auf einer inhuman niedrigen Stufe der persönlichen Gesundheit zu überleben. Die medizinische Nemesis ist die negative Rückwirkung einer Gesellschaftsordnung, die ursprünglich jedem Menschen gleiche und bessere Chancen der Lebensbewältigung bieten wollte und schließlich dahin gekommen ist, diese zu zerstören.«[3]

Illich selbst konstatierte 1994, was 1975 noch skandalös gewesen sei, sei inzwischen banal – und sicher ist es seither nur noch banaler geworden. Dennoch wollen wir den »originalen« Illich hier gebührend würdigen und ihm noch einen Augenblick zuhören, denn seine Zustandsbeschreibungen sind für das Folgende ebenso bedeutend wie seine damaligen Prognosen – die in ihrer ganzen Dramatik wahr geworden sind, sofern sie nicht von der Wirklichkeit noch übertroffen werden. Schon 1975 war absehbar, dass der »*homo oeconomicus* in seinem Streben nach dem Grenznutzen zum *homo religiosus wird*; er opfert sich für die industrielle Ideologie«[4] Der sozialen Iatrogenesis folgte die kulturelle, also »die Paralysierung jeglicher gesunden Reaktion auf Leiden, Schwäche und Tod«,[5] die eintritt, »sobald die Menschen ein Gesundheitsmanagement akzeptieren, das nach industriellen Modell aufgebaut ist (und) sich zu dem Unterfangen verschwören, etwas, das man »bessere Gesundheit« nennen könnte, als Ware zu produzieren«[6] Die berufliche Autonomie der Ärzte ist dabei längst zum von Illich beschworenen »radikalen Monopol« degeneriert, das den Menschen unfähig macht, selbst zu handeln. Damals noch Prognose, ist heute eingetreten, dass »die soziale Kontrolle der Bevölkerung durch das medizinische System eine der wichtigsten ökonomischen Aktivitäten ist«[7] Und daraus folgt »eine neue Art Leiden [...]: anästhesiertes, ohnmächtiges und einsames Überleben in einer Welt, die sich in eine Krankenstation verwandelt«[8]

Wir sind also angekommen: Gesundheit (wie Sterben) sind heute reine Ärztesache, nicht Patientensache. Der Kranke ist seines autonomen Rechts auf Gesundung enteignet und leidet, ohne es selbst zu wissen, an totalem Realitätsverlust, an der Illusion, Krankheit sei jederzeit von außen heilbar. Erst mit dem Exitus fällt der »Gesundheitskunde« als Konsument endgültig aus. Konsequenterweise findet also auch der Tod unter Aufsicht statt, im Krankenhaus, in der finalen Phase meist noch einmal ein veritabler BIP-Booster.

Begünstigt hat den Abschluss dieses Prozesses die seit etlichen Jahrzehnten streng anerzogene Unmündigkeit des bestehenden Kunden. Denn der von Geburt an industriell deformierte Mensch will nicht frei sein, sondern »belehrt, bewegt, behandelt oder geführt werden, statt zu gesunden und (seinen) eigenen Weg zu finden«[9] Illich sah die Konsequenzen wohl ebenso klar und deutlich kommen wie alles andere, dennoch ließ er 1975 noch einen winzigen Hoffnungsschimmer stehen: »Die medizinische Nemesis ist gegen medizinische Heilmittel gefeit. Sie kann nur revidiert werden, wenn die Laien den Willen zur Selbstbehandlung wiederfinden.«[10]

Zu dieser Revision aber wird es nicht kommen. Und wenn, dann zuletzt hierzulande, denn es unterscheiden sich »zwei Arten, wie der Einzelne sich zu seiner Umwelt verhält und ihr anpasst: autonome (d. h. selbstbestimmte) Lebensbewältigung und heteronome (von außen zugeteilte) Wartung und Verwaltung«.[11] Wartung und Verwaltung stellen indes nun durch alle Kriegs- und Krisenzeiten das einzige historische Kontinuum von »Deutschland« dar, diesem sympathischen und hochinteressanten Bund von Republiken mit über die Jahrhunderte höchst volatilen Grenzen, weshalb der verwaltungsstarke, bürokratie- und kontrollaffine Menschenbund aber nun, in der Gegenwart, Vorreiter ist in Sachen organisierter Gesundheitszerstörung – und in besonderem Maße bedrohlich für die wenigen, die sich dem Krankenapparat entziehen und gesund bleiben wollen.

Es ist kein Zufall, dass wir Arztbesuchsweltmeister sind. Unsere leise Neigung zur Hybris und die gewachsene starke Neigung, sich auf Autoritäten, Beamte und Verwaltung zu verlassen, schützt den Einzelnen höchst wirksam vor selbstbestimmtem Handeln. Schon die Feinde von einst, die Napoleons und Stalins, wussten zuversichtlich: Ganz gleich, wie tief die Bomben fliegen, hierzulande findet sich immer einer, der Flüchtende daran hindert, den Rasen zu betreten. Denn über den eigenen Weg kann eben nicht jeder *selbst* entscheiden, das würde nur direkt ins Chaos führen. Das Selbst an sich ist uns daher suspekt, dubios, dunkel, bedrohlich. Alles Selbst: das Selbstbestimmte wie das Selbstbewusste, das Selbstverständliche wie das Selbstständige (nicht umsonst bevorzugt der Deutsche es, fest angestellt zu werden, andernfalls fällt er um), und konsequent wird auch die abgrenzende Silbe »eigen« bevorzugt mit negativem Beigeschmack geliefert, ob für sich stehend (»der ist eigen«) oder in jedem vorher positiven Wortpartner bei Kontakt kontaminierendem Verbund: So werden auch -sinniges und -artiges an ihren Platz verwiesen und müssen sich was schämen, weil sie dem Schmuddelkind die Hand gereicht haben. Wir sprechen nicht versehentlich so – wir meinen genau das, was wir sagen.

Die Krankheitsindustrie hat daher mit uns besonders leichtes Spiel. Denn wesentlich für ihren Erfolg ist, dass der Einzelne den Glauben daran verliert, etwas selbst zu können (oder diesen Glauben gar nicht erst entwickelt). Der Einzelne muss also dringend alle Selbstverständlichkeiten vergessen, angefangen mit »gesunden kann man nur selbst«, endend mit »sterben kann man nur selbst.« Auf dem Weg dazwischen erinnert man ihn am besten gebetsmühlenartig daran, dass er auch nicht *eigenmächtig* entscheiden kann, nicht von *selbst* wissen, ob er ein Medikament benötigt oder wie er es einnehmen soll, und ermahnt ihn von morgens bis abends, diese Entscheidung stets Autoritäten zu überlassen: »Fragen Sie ihren Arzt oder Apotheker!« Das hält er durch, der Unselbstständige. Und kämpft am Ende, im Irrglauben, er stürbe im Krankenhaus langsamer als zu Hause, noch um »das Recht, durch den Experten fachmännisch getötet zu werden« [12]

Darauf kommen wir gleich zurück. Am Ende, wie es sich gehört.

Vorher betreten wir abermals Sperrgebiet. Denn in Abgrenzung zu den zahllosen (hilfreichen) Bestsellern betreffend Ärzte und Gesundheit geht es hier nicht um die eigentliche Selbstverständlichkeit, dass man mit einer Erkältung oder mit Rückenschmerzen nicht zum Arzt gehen sollte. Das wissen zwar, siehe oben, offenkundig viele Menschen nicht, aber die finden reichlich Ratgeber, in denen ihnen erklärt wird, wie Antibiotika funktionieren und dass man sich bei gesundheitlichen Bagatellen geduldig auf seinen Körper verlassen kann. Diesen Leichterkrankten sollte, sofern sie überhaupt mitlesen, nach dem oben Gesagten klar sein, dass sie weder sich noch sonst wem nützen, wenn sie wegen Bagatellen zum Arzt gehen. Nur dem System.

Aber wir alle stehen ja durchaus auch ernsteren Erkrankungen und Beschwerden offen als grippalen Infekten, Kopf-, Fuß- oder

Rückenweh oder vorsorglich entdeckten scheinbaren oder tatsächlichen Auffälligkeiten. Und an diese ernsteren Erkrankungen traut sich auch der bestsellernde Facharzt nicht so gern heran, weil hier tatsächlich Gefahr in Sicht ist. Aber da ich, wie gelegentlich erwähnt, kein Arzt bin, sondern bloß ein aus eigener Erfahrung sprechender waghalsiger Laie, trete ich jetzt mal vor: Kommen Sie gern mit, aber wahren Sie Ihre kritische Distanz. Bitte vergessen Sie nicht, mit wem Sie es zu tun haben.

Heilung

Was bedeutet »geheilt«? Betrachten wir den anonymisierten Patienten N. N., 54 Jahre alt: Klinisch gesicherte Diagnose Multiple Sklerose mit 42 Jahren (2006), chronisch/unheilbar, hochvirulenter Verlauf. Diverse Schübe, diverse Klinikaufenthalte, diverse Kortison-Hochdosis-Therapien. 2006 bis 2008 mehrmals Doppeltsehen, permanent starke Fatigue, Lhermitte-Syndrom, kognitive Ausfälle, Lähmungen der Extremitäten und partielle Lähmung innerer Organe (Darm, Zwerchfell), EDSS[13] 5,5 (2008), amtlich bescheinigter Behinderungsgrad 30 Prozent. Patient infolge der Erkrankung weitgehend arbeits- und berufsunfähig, 2008/2009 ruiniert, hat keinerlei Anspruch auf Unterstützung durch gemeinschaftliche soziale Sicherungssysteme.[14] Patient gibt zu Protokoll, das Ganze entspreche nicht so ganz dem Schicksal eines Fußgängers, der von einem 18-Tonner erfasst wird und zwei Jahre im Koma liegt, denn im Koma bekommt man ja wenigstens was zu Essen geschenkt, per Kanüle.

Seit 2009 liegt der EDSS-Score des Patienten bei 0 bis 1 (leichtes Taubheitsgefühl im rechten Fuß). N. N. arbeitet circa 300 Tage jährlich Vollzeit, selbstständig, keine Wochenenden, fehlt circa 60 Tage per annum wegen Schwäche und/oder Wochenende[15] Patient klagt über leichte Erschöpfbarkeit nach 2 Stunden Motorsägen oder 4 Stunden Rasenmähen, muss sich danach immer 10 Minuten setzen und etwas trinken. Fällt manchmal ganz aus, wenn er monatelang die Arbeit übertreibt und/oder seine »Work-Life-Balance« gravierend vernachlässigt. 2016 zweimonatige AU, vermutete Ursache Formaldehyd-Exposition, nach Umzug. Problem durch neuerlichen Umzug behoben[16] Patient ist leicht wetterfühlig, verträgt Kälte und Dunkelheit nicht so gut wie Wärme/Licht. Hat Tennis wegen Zeitmangels eingestellt, bewirtschaftet ersatzweise einen Hektar Land, ist von März bis November jedes Jahres etwa 3 Stunden an der frischen Luft, mittelschwere bis schwere körperliche Arbeit sowie Kultivierung eines Nutzgartens. Patient gibt an, wäre er Noah gewesen, hätte er die Nacktschnecken nicht an Bord gelassen.

Fragt sich: Ist der jetzt geheilt? Der Ex-Überfahrene? Oder nicht? Natürlich nicht. Denn der fällt ja wegen seiner MS in Lauf eines Jahrzehntes immer noch manchmal, sogar mehrmals, wochenlang aus. Und seine 7,5 Dioptrien gehen auch nicht wieder weg. Außerdem ist er amtlich behindert, und MS ist sowieso unheilbar. Also kann N. N. nicht geheilt sein.

Ein Krebskranker ist ja auch nicht geheilt, nur weil Chemotherapie, Bestrahlung oder selbstgewählte Therapieoptionen angeschlagen haben und alle Tumore und Metastasen verschwunden sind. Oder doch? Der Onkologe wird seinem Patienten wohl nicht sagen, er befinde sich jetzt »zwischen Krebsschüben«, und vermutlich wird er seinem Patienten auch nicht sagen, dieser sei »unheilbar« erkrankt. Vermutlich *ahnt* der Krebsarzt, dass er den Gesundheitszustand seinen Patienten gefährdet, wenn er dem sagt: »Ja, jetzt ist das weg, aber das kann jeden Tag wiederkommen.« Also wird er diese Ansicht für sich behalten – selbst wenn er weiß, dass er erst nach Ablauf von fünf »krebsschubfreien« Jahren davon ausgehen kann, dass der spezielle, von ihm behandelte, Krebs nicht zurückkehrt. Der kurierte Krebspatient darf sich geheilt fühlen.

Dem MS- oder anderweitig »autoimmunkranken« Patienten, für den keine akute Lebensgefahr besteht, sondern allenfalls die Gefahr, dass er sich zu gesund fühlt, sagt man hingegen sehr deutlich, dass er unheilbar erkrankt ist. Das hierin enthaltene eklatante Missverständnis klären Ärzte nicht auf, sondern lassen es im Raum stehen. Denn der Patient versteht unter »unheilbar«: »Das geht in Zukunft nie wieder weg.« Während der Mediziner doch eher meint: »Das wird nie wieder wie in der Vergangenheit.« So reden Mediziner und Patient aneinander vorbei, und dieses Missverständnis ist verheerend: Denn wer selbst glaubt, er bleibe für immer krank, verschenkt den Löwenanteil seiner Gesundungschancen. Die vom Arzt provozierte Fixierung auf das »Vorher« ist also frustrierend – und schädlich.

Die Stiftungs-Medizinerin, mit der ich zu Beginn meiner Reise durch die MS-Welt sprach, räumte am Ende unseres Telefonats ein, man könne durchaus MS haben und 30 oder 40 Jahre keine MS-Beschwerden. Dennoch sei MS unheilbar.

Das kann man so sehen, ohne Frage. Aber eben dieser Zusatz, spräche der Mediziner ihn aus, nähme der Beschreibung von MS als »unheilbar« allen Schrecken, denn bei Aussicht auf »30 oder 40 Jahre unheilbar ohne Beschwerden« bliebe ja nur stehen: Jeder MS-Diagnostizierte hat die Chance, eine perfekt geklebte Vase zu werden, mit bloßem Auge nicht von einer heilen Vase unterscheidbar und ohne jede funktionale Einschränkung. Für den Rest seines Lebens.

Es ist ein bisschen fies, wenn Ärzte dieses Missverständnis nicht aufklären. Ein erfahrener Neurologe, mit dem ich darüber sprach, räumte sogar ein, das »Wissen«, unheilbar erkrankt zu sein, sei für MS-Betroffene »wohl das größte Hindernis auf dem Rückweg zur Gesundheit«. Leider korreliert nach meiner Erfahrung diese ausgesprochene Erkenntnis mit des Sprechers zeitlicher Entfernung beziehungsweise Nähe zum Renteneintrittsalter sowie seinem Kontostand. Kürzer gesagt: Das verraten einem nur alte Neurologen, die das Geld nicht mehr brauchen.

Dennoch, es trifft ja zu: Keine Wiederherstellung ist vollständig, weder nach einem Fingerbruch noch nach einem MS-Schub wird man wieder genau so wie vorher. Die geflickte Vase kann zwar alles, was sie auch vorher konnte, und man sieht ihr die Klebestellen auch nur an, wenn man mit der Lupe hinsieht. Aber sie strahlt nicht mehr ganz so farbenfroh, vielleicht, weil sie kaputt war, vielleicht aber auch nur, weil sie bereits seit 54 Jahren in der Sonne steht. Nennen wir sie also »unheilbar«. Wir wissen ja jetzt, was wir damit meinen.

»Heilung« entpuppt sich bei näherer Betrachtung als äußerst relativ. Und man muss offenbar selbst entscheiden, was man darunter versteht. Die richtige Erwartung erscheint dabei essenziell, und nicht jeder wird sich mit der Haltung von Georges Canguilhem anfreunden können, denn hier lassen Fitzgerald[17] und Camus grüßen: »Heilung zu erlernen heißt, den Widerspruch zu erkennen zwischen der Hoffnung eines Tages und dem Scheitern, am Ende. Ohne Nein zu sagen zur Hoffnung des Tages. Intelligenz oder Einfalt?«[18]

Patient N. N. ist meist weitgehend beschwerdefrei und insgesamt wiederhergestellt, fällt aber dennoch, wegen der in der Vergangenheit entstandenen Schäden sowie seines Lebensalters, gelegentlich aus. Überdies kann er jederzeit wieder erkranken. Sogar wieder an MS. Sowie an allen möglichen anderen Erkrankungen. N. N. äußert die Vermutung, am Ende könnte sein Leben selbst, das Leben an sich unheilbar sein. Sowie dauernd lebensgefährlich.

Aktennotiz: Trotz mehrfacher ärztlicher Empfehlung verweigert N. N. höchst uneinsichtig die Einnahme von Psychopharmaka.

Gesundheit

Stehen bleibt: Die Gesundheit nach der Krankheit ist nicht die Gesundheit von vor der Krankheit. Kann man denn nun, vielleicht sogar trotz »Unheilbarkeit«, gesund sein? Natürlich nicht. Oder doch?

Patientin N. N., 53 Jahre, wurde als fröhlich spielende Sechsjährige von einem Kleinlasterbesitzer, der sich die Bremsenwartung nicht leisten konnte, mit hohem Tempo gegen eine Mauer gefahren. Das Kind starb nicht, sondern blieb am Leben, aber nicht ganz vollständig. Ein Unterschenkel fehlte N. N. hernach, für immer. »Heilbar« war das nicht, N. N. ist keine Eidechse, also ist und bleibt sie unheilbar – sowie amtlich behindert. Ihr Lebensweg war aufgrund des Schicksalsschlags vorgezeichnet, all ihre Ärzte wussten hundertprozentig: Sie würde nie im Leben Kinder haben können – da sie diese nicht austragen könne, das Gewicht der Passagiere wäre zu groß. Beruflich würde sie es wegen der körperlichen Einschränkung nicht weit bringen, sondern solle sich möglichst rasch verbeamten lassen in der Verwaltung.

N. N. hat heute drei wunderbare erwachsene Kinder und ist selbstständig, als Ergotherapeutin mit eigener Praxis und mehreren Angestellten. Ihr Ehemann fertigt kunstvoll Prothesen. Die beiden sind großartige Menschen, nicht nur, aber auch, weil sie zahlreichen Patienten helfen.[19] Und beide sind sehr gesund. Moment mal, nein: N. N. kann gar nicht gesund sein.

Die Definition der Weltgesundheitsorganisation (WHO) steht ja laut und energisch im öffentlichen Raum: »Gesundheit ist ein Zustand des vollständigen körperlichen, geistigen und sozialen Wohlergehens und nicht nur das Fehlen von Krankheit oder Gebrechen.« Des vollständigen Wohlergehens. Danach ist Patientin 2 absolut nicht gesund und Patient 1 erst recht nicht. Fragt sich nur, ob eingedenk der herrschenden Entropie (unheilbar) nach dieser Definition überhaupt jemand über 25 gesund ist. Und auch die ganz Jungen sind es wohl nur, sofern sie topfit sind, frisch verliebt, umgeben von tollen Freunden und Angehörigen und gerade in ihrem Traumjob gelandet. Wie viele Menschen sind also weltweit nach WHO-Definition gesund: 2 Prozent, 5 Prozent?

Nach »amtlicher« Definition ist das, wonach wir alle uns sehnen, Gesundheit, gleichbedeutend mit Leidensfreiheit plus Wohlstand plus Glück und Zufriedenheit. Derart gesegnete Gesunde kennt der Ü30-Normalsterbliche primär wohl nicht persönlich, sondern nur aus dem Fernsehwerbeblock. Aber das ist natürlich Zufall und hat nichts damit zu tun, dass das Jahresbudget der

Weltgesundheitsorganisation, etwa 2 Milliarden Dollar,[20] bereits seit Längerem nicht mehr aus frei verfügbaren Pflichtbeiträgen der Mitgliedsländer abgedeckt wird, sondern zu etwa 75 Prozent aus Spenden sowie »zweckgebunden« von »Stiftungen und anderen Organisationen« wie der Bill-und-Melinda-Gates-Stiftung[21] oder der internationalen Impfallianz (GAVI).[22] Aber auch wenn hier bestimmt kein Zusammenhang besteht, könnte die Gesundheitsdefinition der WHO, rein zufällig, einen Hauch irreführend sein – und durchaus gefährlich. Denn wenn Canguilhem fragt: »Warum schließlich sollte man alle Kräfte aufbieten, um den Leuten zu verheimlichen, dass es, von dem Moment an, da man lebt, normal ist, krank zu werden, dass es normal ist, sich mit oder ohne Beistand der Medizin davon zu erholen, dass Gesundheit und Heilung in die Grenzen und das Vermögen biologischer Regulationen eingeschrieben sind?«,[23] dürfte die Antwort lauten, wie stets: »Weil man nur so Geld verdient.«

Und alle Autoritäten stimmen ein in diesen Chor, dieses groteske Lied. Wenn das renommierte *New England Journal of Medicine* konstatiert, 800 von 1000 im Westen lebenden Menschen hätten »Leiden«, litten also an »Beschwerden«, scheint unsichtbar die absurde Erwartung durch, Leidensfreiheit sei ein erstrebenswertes, gar ein erreichbares Ziel. Dass Leid und Schmerz »unseres Fleisches Erbteil« sind, will das Krankensystem offenbar am besten gar nicht mehr kommuniziert wissen und überhaupt: Wer ist schon dieser Hamlet, der ist doch eindeutig depressiv und hat ja nicht mal ein abgeschlossenes Medizinstudium.

Aller Gehirnwäsche durch die Medizinindustrie zum Trotz ist es weiterhin gar nicht so schwer, gesund zu sein oder wieder gesund zu werden. Wir müssen uns lediglich an ein paar Selbstverständlichkeiten erinnern – und an die Worte einiger Texter, die eben nicht auf dem Gehaltszettel von Werbeagenturen standen oder stehen. Nietzsche wäre da natürlich sofort hochkant rausgeflogen: »Gesundheit ist dasjenige Maß an Krankheit, das es mir noch erlaubt, meinen wesentlichen Beschäftigungen nachzugehen.« Canguilhem hätte höchstens in der Poststelle arbeiten dürfen:

Gesundheit ist »die Erlaubnis, nach Gutdünken des Körpers zu leben und zu handeln«[24] Und Illich hätte man vermutlich direkt in den nächsten Fluss entsorgt, damit er auf keinen Fall weitersagt: »Gesunde Menschen sind Menschen, die in gesunden Wohnungen leben und sich gesund ernähren; in einem Milieu, das Geburt, Wachstum, Heilen und Sterben gleichermaßen begünstigt.«[25]

Da die WHO aber in diesen Text nicht hineinredigieren kann, wollen wir frei und nach Belieben definieren: Gesundheit bedeutet nicht, generell und durchgehend leid- oder schmerzfrei zu sein. Gesundheit bedeutet nicht »wie gestern«, sondern: heute. Gesundheit bedeutet, in einem körperlichen und seelischen Zustand zu sein, der es einem ermöglicht, Leben und Alltag selbstbestimmt zu bewältigen. Einem altersgerechten körperlichen wie mentalen Zustand, in dem man ohne fremde Hilfe in der Lage ist, den grundsätzlichen Lebenserfordernissen zu genügen.

Oder auch: klarkommen können, das Leben meistern können (»coping« auf gut Englisch). Und dies im steten Wissen: Wir sind Seiltänzer. Wir sind fragil. Wir alle. Wir schweben rund um die Uhr in Sterbensgefahr – und ich weiß, wie »Lebensgefahr« gemeint ist, aber in diesem von uns bevorzugt gewählten Begriff steckt nach meinem Empfinden auf zu vielen Ebenen zu viel verräterische Wahrheit.

Und dem fortgesetzten Genuss von Gesundheit wohnt eben, wie der oben gefeuerte Möchtegernwerbetexter Georges Canguilhem sagte, die Gefahr der Erkrankung inne, jederzeit.

Sind die oben beschriebenen Patienten N. N. und N. N. gesund? Und Sie?

Vorsorge

In der heutzutage quasi amtlichen Schwarmdefinition des »Patienten« (Wikipedia) findet sich ausdrücklich ergänzend: »Zur Personengruppe der Patienten gehören aber auch gesunde Personen.« Was dem altmodischen Leser höchst sonderbar erscheint, ist nur konsequent, denn man geht ja längst nicht mehr nur zum Arzt, wenn man krank ist oder sich krank fühlt, sondern auch wenn man gesund ist (zum Beispiel als Schwangere oder als Neugeborenes) oder nur zukünftig nicht erkranken will. Wer Letzteres tut, erklärt dann gern: »Ich gehe zur Vorsorge«, was dem altmodischen Zuhörer vollends absurd vorkommt, fragt er sich doch hier verwundert, was da im Kopf des Sprechenden alles durcheinandergeraten ist. Denn Vorsorge ist weder eine Ware, die man sich beim Arzt kaufen könnte, und schon gar nicht kann man »zur Vorsorge *gehen*«. Vorsorge kann man lediglich *treffen*, und zwar nur selbst. Meinen nun die Sprecher, sie »gingen zur Vorsorge«, also zu Fuß, vorsorglich gesundheitsfördernd, statt mit dem Auto zum Arzt zu fahren? Nein, sie präzisieren auf Befragen: »Ich gehe zur Vorsorge*untersuchung*«? Das ist allerdings noch absurder, denn der Arzt untersucht ja nicht, ob sein gesunder Besucher Vorsorge getroffen hat. Außer, er fragt im Rahmen dieser Untersuchung nur ab, wie oft der »Patient« spazieren geht und grünes Gemüse isst. Hier präzisiert dann der Gesunde, der glaubt, Krankheit ganz generell durch den Arztbesuch abwenden zu können: »Ich gehe zur *Früherkennung*.«

Oha. Die Rückfragen müssten lauten: »Und bewirkt diese Früherkennung dann, dass Sie länger leben?« Oder »Würden Sie auch extraviel länger leben, wenn man *alles* ganz früh erkennen könnte? Insbesondere richtig gemeine Sachen wie Krebs oder MS? Oder ganz frühe Vorwarnzeichen für zukünftig verstopfte Arterien?« Genau das glauben wohl immerhin 95 Prozent der Vorsorge-Früherkennungs-Geher und sind sich sicher: »Wenn ich zur Krebsfrüherkennung gehe, bekomme ich keinen Krebs.« Wer so denkt, der mag wohl auch glauben, dank seiner Lebensversicherung bekomme er im Todesfall sein Leben zurück.

Das Krankensystem unterstützt den herrschenden Irrglauben des Gesundheitskunden nach Kräften. Ärzte und Behandler bieten einen inzwischen üppigen Strauß an Untersuchungen an, die Kassen organisieren und zahlen bereitwillig. Zum Leistungskatalog der gesetzlichen Kassen gehört neben verschiedenen Krebsfrüherkennungsuntersuchungen (zum Beispiel auf Darm-, Brust- und Gebärmutterhalskrebs)[26] auch der sogenannte »Check-up 35«[27] (jetzt auch schon ab 25)[28] – eine »Präventivmaßnahme«, die jeder Patient alle zwei Jahre in Anspruch nehmen kann. Und nehmen sollte, nach Ansicht des Systems. Fragt sich nur: Warum? Weil der »Check-up« Erkrankungen verhindert, genauer: vermeidbare Tode? Die Cochrane Collaboration hat 2012 einmal genauer hingesehen bei den »General Health Checks« und 14 Studien mit 182 880 Probanden ausgewertet, mit Blick auf den patientenrelevanten Endpunkt Sterblichkeit, also auf die Frage: Verlängern diese Check-ups das Leben? »No effect.« Das Fazit der Cochrane-Checker lautet daher: »Nutzen unwahrscheinlich.«[29] Aber, nicht vergessen, hier ist nur vom Nutzen für den Untersuchten die Rede.

Tatsächlich erscheint einem dies merkwürdig, denn unwillkürlich gehen wir ja davon aus, dass eine frühe Diagnose unser Leben verlängert. Das ist, wie die Cochrane-Auswertung zeigt, falsch. Was tatsächlich verlängert wird, ist der Zeitraum zwischen Diagnosestellung und Tod. Dieser »Überlebenszeitraum« wird tatsächlich größer, weil der Patient dank Früherkennung etwas früher wusste, was er »hat«. Das klingt gut, und die PR-Abteilung tönt dankbar: »Überlebenszeitraum jetzt länger!«. Dem Patienten aber nützt das nicht das Geringste, denn der stirbt ja genauso früh oder spät wie vorher. Der Unterschied ist nur, dass er darüber dank Früherkennung länger traurig sein darf. Was wiederum gut ist, für Antidepressiva-Verkäufer.

Wir tun uns indes ungeheuer schwer, das alles einzusehen. Es widerspricht unserem Gefühl, unserem ganzen Weltbild. Und wenn nur eine sich im Wartezimmer vom Titel der *Bunte* meldet und sagt: »Mich hat die Früherkennung gerettet!«, dann ist der Nutzen dieser Maßnahme doch belegt[30]. So jedenfalls kommt es uns vor. Dabei übersehen wir aber nicht nur, dass 99,9 Prozent der Untersuchten die Früherkennung eben nichts genützt hat, wir übersehen noch etwas anderes, weit Wichtigeres. Denn wären alle Vorsorge- und Früherkennungsmaßnahmen lediglich nutzlos, wie die Cochrane-Autoren konstatieren, bedeutete das ja nur rausgeschmissenes Geld – zur Freude von BIP und Wirtschaft. Das entspräche unserem Besuch in einer gut gehenden Lottoannahmepraxis: Gewinnchance winzig, kostet aber nichts, nicht mal unser eigenes Geld, denn das kommt von der Kasse.

Vorsorge und Früherkennung sind aber eben kein Lotto, denn bei beiden kann man auch verlieren. Und zwar nicht zu knapp, denn die Zahl der »falsch-positiven« Befunde ist beträchtlich. Sprich: Der vorsorglich Untersuchte wird krank erklärt, obwohl er es nicht ist – und entsprechend behandelt, mit allen Nebenwirkungen. Das Glücksspiel, bei dem man Kopf und Kragen riskiert, heißt aber nicht Lotto, sondern Russisch Roulette. Und das wird nicht ungefährlicher, nur weil die Kugel gratis ist.

Jenseits dieser Erwägungen fragt man sich indes beim Betrachten der ständigen »Vorsorge«-Untersucherei ohnehin, was eigentlich die Wunschvorstellung ist, das Ziel von Gesundheitsdienstleistern wie Gesundheitskunden. Wie sähe deren Wunschfrüherkennung aus? Müsste man nicht, sicherheitshalber, rund um die Uhr alles überwachen, nicht nur den Puls und die absolvierten Schritte mittels Smartwatch oder Fitnessarmband, sondern auch das Geschehen im Körperinneren noch besser erfassen? Mittels intelligenter Toiletten, die Urin- und Stuhlproben täglich analysieren, möglichst auch gleich Blutwerte; mittels MRT im Wandschrank, EEG- und EKG-Werten aus dem internetvernetzten Hometrainer sowie scharfen Bildern aus dem Minisonografiegerät, das neben jede Mikrowelle passt – alles zweimal täglich, und der dauernd mobile Darm sowieso per Wandersonde und vom Hausarzt ansteuerbarer App rund um die Uhr »live on air«? Uns entginge nichts mehr. Wir wüssten immer sofort Bescheid, sobald in unserem Körper etwas aus dem Gleichgewicht gerät oder zu geraten droht. Wäre das nicht großartig?

Vielleicht – für einige, aber nicht für uns. Denn wir wären alle krank, und zwar permanent. Wir hätten nicht nur reichlich frisch Erfundenes, sondern auch reichlich Traditionelles, Handfestes. Ließe sich ein »Daily MRT« um unsere Köpfe konstruieren, hätten wohl mindestens 60 Prozent von uns klinisch gesichert MS – wenigstens als CIS, sofern wir unser flottes *Daily* auch bei Migräne einschalten. Und wir hätten obendrein alle Krebs.

Hier geht nun wohl wieder so mancher innerlich auf die Barrikaden, denn wir »wissen« doch: Krebs ist krank, selten, unnormal und gefährlich, da müssen wir sofort handeln und chemotherapieren, sonst sterben wir. Meines Wissens ist das falsch. Meines Wissens haben wir alle Krebs, und zwar ständig. Das unkontrollierte Wachstum und Teilungsprogramm entarteter Zellen ist im menschlichen Körper kein Ausnahmezustand, sondern kommt ständig vor, Zellen entarten aufgrund von »Kopierfehlern«, und manche entziehen sich der Apoptose, dem programmierten Tod – allerdings entziehen diese Zellen sich eben meist nur temporär, weil das Immunsystem die Störenfriede mehr oder weniger rasch findet, eliminiert und entsorgt oder sie für immer wegsperrt, wenn es sie nicht rückstandslos verstoffwechseln kann.[31] Aber von diesem Vorgang erhalten wir keine Kenntnis, denn unsere Körper machen nun mal ihren Job, weil sie das können, und behelligen uns nicht mit gutartigen Petitessen. Das wäre auch verantwortungslos, denn wieso sollten unsere Körper unser Bewusstsein wegen ganz alltäglicher Vorgänge in Panik versetzen?

Diesen Umstand machen wir uns allerdings zu selten klar, wie gewünscht. Denn das Eingeständnis, dass unsere Körper ihren Job beherrschen, wäre für die Krankheitsindustrie extrem geschäftsschädigend. Daher schweigt sie zu den alltäglichen Wundern, verbessert ständig ihre Lupen – und »erwischt« unsere Körper immer öfter bei der Arbeit. Also auch bei der Arbeit mit Krebszellen. Das Ergebnis ist, dass inzwischen fast jeder Zweite im Lauf seines Lebens eine Krebsdiagnose erhält[32] und die Zahl der neuen Befunde stetig zunimmt: Zurzeit erhalten etwa eine halbe Million Deutsche im Jahr eine Krebsdiagnose, das sind 70 000 bis 80 000 mehr als noch vor zehn Jahren. Die Zeichen stehen dabei weiter auf Wachstum, man erwartet sensationelle 20 Prozent mehr bis 2030, die WHO rechnet gar weltweit 70 Prozent Zuwachs bis 2035, also mit 25 Millionen zusätzlicher Fälle pro Jahr[33]

Die Industrie muss hier, in Sachen Krebs, tatsächlich keine neue Krankheit erfinden, sondern nur einen in etlichen Fällen wohl folgenlosen Vorgang für krank und generell behandlungsbedürftig erklären. Was in diesem Geschäftsmodell allerdings noch fehlt – oder bis vor Kurzem fehlte –, war eine für den Gesundheitskunden ebenso wie für den Krankheitsprofiteur angenehme Methode, die möglichst frühe Krebsdiagnose zu stellen. Dieses Problem scheint nun aber auch gelöst oder auf dem besten Weg zur Lösung, wie die jüngst unter dem heilsversprechenden Namen CancerSEEK vorgestellte Methode vermuten lässt. CancerSEEK »findet« Krebs per schmerz- und problemloser Blutuntersuchung im allerfrühesten Stadium – möglichst weit bevor Tumore oder Metastasen überhaupt entstehen können. Grund zum Jubeln für die »Journalisten« des Mainstreams: »Eine Revolution für die Früherkennung«,[34] ein »Durchbruch in der Krebsforschung«, »viele Leben können so gerettet werden«, »beste Chance, die Krankheit zu besiegen.«[35] Alles Wesentliche bleibt dem lediglich per Wartezimmerlektüre informierten Gesundheitskunden verborgen, auch und gerade die Sorge von Fachleuten, die Methode werde zu erheblichen Mengen von falsch-positiven Befinden führen.[36]

Das Missverständnis in Sachen Krebs bleibt so bestehen, Begehrlichkeiten und absurde Hoffnungen werden ergänzend geweckt – da darf sich der behandelnde Arzt dann schon mal warm anziehen, wenn er einem gesundheitsbewussten Patienten die mit bloß 500 Euro sündhaft günstige Krebsfrüherkennung ausreden will.

Dr. Einhorn müsste hier anmerken: »Fragen Sie sich doch mal, wieso die Zahl der Krebs*diagnosen* in Deutschland dauernd steigt, aber die Zahl der Krebstoten nicht?«[37] Aber der Patient bliebe wohl ganz unbeeindruckt, denn der *weiß* doch aus dem medialen Mainstream die entsetzliche Wahrheit: »Einer von vier Deutschen stirbt *an Krebs*!« Würde es helfen, wenn Dr. Einhorn ihm sagte: »Vier von vier Deutschen *sterben*«? (Dieses *Sterben* scheint ja eine regelrechte Epidemie zu sein).

Oder wenn Dr. Einhorn seinem Patienten schlicht sagte: »Sterben müssen Sie sowieso an irgendwas, und wenn Sie richtig alt werden, ist die Ursache vermutlich Krebs. Das mittlere *Erkrankungsalter* für Krebs liegt bei 68 Jahren, das *durchschnittliche* Sterbealter Krebserkrankter bei 73,4[38], jeder zweite Krebstote ist über 75.«[39] Oder wenn er dem Patienten die zusätzliche Wahrheit mitteilte: »97 Prozent *aller* Verstorbenen hatten Krebs, sind aber nicht daran gestorben.« Oder: »Wenn man verstorbene alte Herren ausbuddelt und obduziert, die *nicht* an Krebs gestorben sind, findet man bei 100 Prozent Prostatakrebs.«[40] Die Antwort von 99 Prozent der Patienten unseres Dr. Einhorn würde vermutlich lauten: »Ich will jetzt diesen Test, sonst gehe ich zu einem anderen Arzt.«

Könnte der geduldige Dr. Einhorn seinen ungeduldigen Patienten hier von der sofortigen Weiterreise zu einem Kollegen abhalten, indem er etwas genereller anmerkte, »Hören Sie mal, Ihr Körper ist doch kein Kleinwagen: Inspektion und Öl nachfüllen reichen nicht, auch regelmäßige Wartung verhindert keinen Motorschaden, und scheckheftgepflegt reicht nicht zum Werterhalt nach Schwacke«? Wohl kaum. Denn allzu viele Gesundheitskunden schließen von ihrem Auto, Rechner oder Toaster auf sich selbst und haben aufgrund ihrer lebenslangen Überdosis verirrten kartesianischen Denkens vergessen, dass sie viel wunderbarer sind als ihre Maschinen – wunderbarer eben auch und gerade, *weil* Menschen krank werden. Und wieder gesund, von selbst. Maschinen werden nicht krank, Maschinen heilen nicht von selbst. Oder wächst der gerissene Plastikstoßfänger Ihres Autos wieder zusammen, wenn Sie einfach ein Pflaster draufkleben? (Bitte schicken Sie mir in dem Fall eine PN und verraten Sie mir die Marke Ihres Vertrauens.[41])

Es stimmt, die Maschine, die künstliche Intelligenz, macht atemberaubende Fortschritte. Es stimmt, dass sie inzwischen in verblüffender Weise sogar alle unbesiegbaren Go-Champions besiegt.[42] Das erkennen wir gern neidlos an (und leicht besorgt). Aber verglichen mit jedem stinknormalen Menschen, jedem dieser 7,5 Milliarden Wunderwerke, ist doch selbst die Go-KI lächerlich unterkomplex. Schlau, ja, manchmal – wenn sie nicht gerade rassistisch und frauenfeindlich ist.[43] Aber sie muss eben nichts können, außer ein bisschen »denken«.

Schauen Sie sich die doch mal bewusst an, diese andere »Maschine«, in der sie sitzen, wenigstens oberflächlich: diese Maschine, die Sie »Ich« nennen. Gesteuert von einem unsichtbaren Piloten (der nicht im Cockpit sitzt, sondern überall gleichzeitig) und Ihnen gestattet zu denken, Sie würden denken. Dank einer eingebauten Lungenmaschine bewegt dieses System täglich tausende Liter Atemluft durch ihren Körper, Luft, deren Sauerstoffanteile binnen Sekunden all Ihre Zellen erreichen, unterdessen pumpt die Herzmaschine jeden Tag mit gut 100 000 Schlägen pro Minute etwa 8 Liter Blut durch ihren Körper und befördert diesen lebenswichtigen Saft so alle 24 Stunden streckenmäßig etwa zweieinhalbmal um den Erdball. Wenn Sie in etwa 3 Sekunden mit diesem Absatz fertig sind, hat ihre Maschine 150 Millionen Zellen getötet, darunter etliche Krebszellen, und durch neue ersetzt. Das ist natürlich nicht der Rede wert, denn nebeneinandergelegt wären diese paar Zellen bloß 3 Kilometer lang. Würden Sie sich komplett langmachen, also ihre 100 Billionen Zellen nebeneinanderlegen, kämen Sie noch sehr viel weiter, nämlich 2,5 Millionen Kilometer. Und jede dieser 100 Billionen Zellen vollführt zwischen 100 000 und 6 Millionen Rechenoperationen, pro Sekunde. Jetzt werfen Sie doch bitte kurz einen mitleidigen Blick auf Ihr Smartphone.

Dass Ärzte, die mit diesem Wunderwerk, unserem Körper, um die Hoheit in Sachen Heilungskompetenz konkurrieren, hier erhebliche Minderwertigkeitskomplexe entwickeln, ist nur verständlich – sogar, dass sie ihrem Publikum weiszumachen versuchen, der Körper sei eine Null, und sie allein könnten helfen. Aber aus Pascals Erkenntnis: »Der Mensch ist groß in der Erkenntnis seiner eigenen Nichtigkeit«, wird auch umgekehrt ein Schuh: Der Mensch ist klein in seiner Hybris, und je lauter er tönt und trommelt, desto winziger wird er. Die Ärzteschaft geht diesbezüglich weiter laut lärmend voran.

Sprache und Warnung

Nachdem wir oben geklärt haben, was wir meinen, wenn wir von »Heilung« sprechen, von »Gesundheit« und vom »Vorsorgen«, begeben wir uns noch für einen Augenblick in den Keller, in das tieferliegende, aus Sprache gebaute Fundament. Denn wir können ja nicht verhehlen, dass, mit Victor von Weizsäcker gesprochen, »die logische Voraussetzung des Verstehens von ›Ich bin krank‹ ist, dass ich den Satz ›ich bin‹ verstehe.«[44] Also, wer soll das überhaupt sein, Ich, und was bedeutet das »bin« des Ichs; was soll, nach Ansicht des Ichs, Sein überhaupt sein? Wer darauf keine eigene Antwort weiß, überhaupt keine, auf nichts – kann auch keine Vorstellung von Krankheit, Gesundheit und Heilung haben.

Ein paar Zusatzfragen liegen nah. Wenn »Ich« sich unwohl fühlt und selbst befragt, kommt es rasch auf die Idee, ihm könnte es an etwas mangeln (»Was fehlt mir?«) oder eben ganz im Gegenteil (»Was ist mir zu viel?«). Aus Erfahrung hat das Ich haufenweise schöne Sprachbilder hinterlassen, die Verdachtsmomente liefern: »Was geht mir auf die Nerven, an die Nieren, auf die Nüsse, auf den Keks?« Erst recht erweist sich das kollektive Ich als Poet, wenn es sich fragt, ob es jemand überhaupt »gut leiden kann«. Es, das Ich, scheint mit Buddha zu wissen, dass Leiden förmlich gesetzt ist, also unvermeidlich. Aber »Ich« scheint auch zu wissen, dass man »gut leiden« kann – oder eben gar nicht gut leiden.

Beim sprachlichen Spielen mit Ich und Mir stolpert man aber rasch und zwangsläufig auch wieder über das Selbst, denn wenn das Ich konstatiert: »Mir geht es nicht gut«, drängt sich die Frage auf, ob dagegen nicht vielleicht das Selbst tätig werden könnte. Das ist allerdings eine gefährliche Frage. Denn wenn das Selbst, »unzufrieden mit der Gesamtsituation«[45] tätig wird, führt das höchstwahrscheinlich zu einer Veränderung, ob nun einer inneren (im Denken) oder einer äußeren (qua Handeln), und vieles Ich empfindet Veränderung als wahlweise lästig oder bedrohlich. Denn Veränderung bedeutet Ungewissheit, Risiko und obendrein, schlimmstenfalls, auch noch Mühe. Gar Verzicht, vielleicht, auf irgendetwas, gar Disziplin, Einschränkung, Selbstkasteiung, Erdulden – um Himmels willen: »Tugenden«, die früher als des Kranken beste eigene Mittel auf dem Rückweg zur Gesundheit anerkannt waren und heute allesamt verpönt sind. Denn wer wollte davon noch etwas hören, von diesem ganzen großväterlichen Unfug?

Selbst etwas zu ändern versuchen? *Selbst* vorsorgen? Das *eigene* Verhalten geeignet anzupassen versuchen, die Lebensgewohnheiten, die Weltsicht, das Umfeld, beruflich wie privat? Unter *Opfern*, am Ende? Eigenen? Um Himmels willen. Da geht man doch lieber rasch zum Arzt und lässt sich Ibuprofen verschreiben oder Interferone. Hauptsache, man muss sich nicht an die eigene Nase fassen, nicht selbst tätig werden, nicht selbst bestimmen, nicht selbst stehen.

Genau an dieser Stelle brauchen wir aber nun eine kursive Betonung, denn hier tauchen am virtuellen Wegesrand ein paar interessante sinnbildliche Heckenschützen auf, die geeignet zu entwaffnen sind mit der laut geäußerten Feststellung: *Es ist nicht Ihre Schuld, dass sie krank sind! Und es ist auch nicht Ihre Schuld, wenn sie krank bleiben. Sie schulden sich allenfalls den Versuch, wieder gesund zu werden.* (Über Letzteres kann man natürlich streiten, aber nicht mit mir.)

Das Kursive befindet sich auf einem schmalen Grat, und auf dem Grat steht »Psychosomatik«. War zu Zeiten Victor von Weizsäckers noch (umstritten) klar, was gemeint war, hat sich inzwischen eine heikle Doppelbedeutung des Begriffs ergeben, denn heute ist der Selbstbestimmungsspieß umgedreht worden, dialektisch durchaus geschickt. Aus den vagen, positiv konnotierten Begriffen »Freiheit« und »Selbstbestimmung« sowie dem seit Beginn der Moderne geltenden »Gott ist tot« folgt, dass der Mensch frei ist, im Guten wie im Bösen, und für sich und sein Ergehen selbst verantwortlich. Das war durchaus nicht neu, das wussten schon die alten Römer: »Jeder ist seines Glückes Schmied«, also selbstverantwortlich – für seinen Erfolg, sein Glück. Hieraus aber folgt scheinbar, weil ja, wenn A = B, auch B = A sein muss: »Jeder ist seines Unglückes Schmied.« Oder passend für unsere Zeit: »Wer keinen Erfolg hat oder krank ist, ist selbst schuld.« Diese Umdeutung ist eine interessante Spätfolge von Gottes Ableben, fest verdrahtet inzwischen, aber weitgehend unbemerkt.

Dabei ist der Umkehrschluss unzulässig. Denn der Einzelne ist eben nicht »selbst schuld« daran, wie sehr er Krankheit offensteht, es fällt eben nicht alles unter »Eigenverantwortung«, weder Körpergröße noch Augenfarbe noch Geburtsort oder Elternpaar, und auch nicht von Fremden abgefahrene eigene Beine, schwere Erkrankung, Armut oder Misserfolg. Dass inzwischen beinahe jedermann dies glaubt, ohne auch nur darüber nachzudenken, kommt indes jenen sehr entgegen, die schuld- wie verdienstlos reich und gesund geboren worden sind. Allen anderen nicht. Gerade weil uns diese absurden Ideen von »Schuld« und »Verdienst« in Fleisch und Blut übergegangen sind, wollen wir doch abermals festhalten: Kein Kranker trägt die Schuld an seiner Schwäche. Und kein Gesunder hat (sich) seine beneidenswert solide Konstitution »verdient«.

Versucht man nun allerdings, als Mitmensch ermutigend – zum Nutzen Betroffener – auf dem schmalen psychosomatischen Grat zu wandeln, trifft man unweigerlich auf Mahner, die in die falsche Richtung feuern. Diese erklärten Gegner der »schwarzen Psychosomatik« deuten jede behutsame Anregung zu eigenverantwortlichem Denken und Handeln um, und wer auch nur behutsam fragt: »Kannst du nicht selbst irgendwas Kleines ändern?«, kassiert eine rhetorische Breitseite von etwa diesem Kaliber: »Du neoliberaler Verwirrer! Damit willst du sagen, dass ich selbst schuld bin an meinem Krebs! Was für eine Schweinerei!«

Und schon haben wir den Salat. Denn zwischen tatsächlich neoliberalem Quark und übers Ziel hinausschießendem Mahnen ist es gar nicht so leicht, selbst einen klaren Kopf zu behalten. Man vergegenwärtige sich aber: Der wütende Mahner nimmt hier, angesichts der stillschweigenden Umdeutung von Selbstverantwortung, eben *nicht* die Position der Vernunft ein. Weil er Schuld und Verantwortung gleichsetzt. Das ist sprachlich verlockend, aber inhaltlich grundfalsch. Denn Schuld liegt in unserer Vergangenheit. Verantwortung liegt direkt vor uns.

Indem der empörte Mahner nun beides bequem gleichsetzt, weist er (richtigerweise) seine Schuld zurück und (unrichtigerweise) seine Verantwortung gleich mit. Der scheinbar rational und »politisch korrekt« argumentierende Mahner entpuppt sich daher bei näherer Betrachtung als waschechter Nihilist, der dem Menschen im Grunde jegliche Möglichkeit bestreitet, auf sein Schicksal – oder auf seine Gesundheit – Einfluss zu nehmen. (Die meisten dieser Mahner sehen seltsamerweise trotzdem nach rechts und links, bevor sie die Straße überqueren.) Ich hoffe aber, wir können diese Verwirrer jetzt gemeinsam vergessen, ebenso wie die Irren, die uns *alles* selbst in die Schuhe schieben wollen, denn wir halten ja im Grunde nur die alte Hoffnung fest: »Herr/Elvis/Miley, gib mir die Kraft, zu ändern, was ich ändern kann, und zu ertragen, was ich ertragen muss. Und gib mir die Weisheit, zwischen diesen beiden zu unterscheiden.«

Und jetzt kommen sie doch, die betonten Buchstaben, denn entscheidend ist überall, wo wir eine Berührung von Psyche und Soma auch nur vermuten: *Niemand hat das Recht, jemand anderem ungefragt Ruediger Dahlke*[46] *vorzulesen*. Niemand. Kein Freund, kein Arzt. Niemand außer Ihnen selbst hat das Recht, sich in diesen Prozess einzumischen, außer Sie bitten darum. Wer das unerbeten tut, ob er nun Arzt oder »Freund« ist, hat sich sein Anrecht auf Schläge redlich verdient. Ich selbst wollte und will *ums Verrecken* nicht von anderen, Gesunden, halb vorwurfsvoll hören, dass ich »ja auch (ganz oder teilweise) selbst schuld« bin an meiner MS, »weil du immer geraucht hast« (dafür kann ich nichts, ich bin süchtig) oder »weil du immer zu viel gearbeitet hast« (muss ich, ich hab Kinder), »weil du Sternzeichen Jungfrau bist, und die sind alle zu streng mit sich« (arrrgh) oder »weil du voll so ganz viel Salmonellen, Windpocken, Gift und Kummer gleichzeitig gegessen hast« (danke, aber das war voll Absicht).

Wer krank ist, kommt mit etwas Zutrauen schon selbst drauf, was er vielleicht *hätte* besser machen können (das nützt uns Kranken allerdings nichts, denn unsere Zeitmaschinen sind alle in der Reparatur). Er kommt auch selbst drauf, was er besser machen *kann* oder *könnte* oder besser zu machen *versuchen könnte,* im Jetzt und in der Zukunft – um, vielleicht, seine Heilung zu begünstigen. Aber nur der Betroffene kann und darf überdies darüber spekulieren, ob ihm die Krankheit vielleicht etwas sagen will, ob nicht etwa externe Einflüsse oder genetische (mit-)verantwortlich sind, oder ob sein Kummer aus der Seele in den Körper gewandert ist. Sogar der Anhänger der Psychosomatik, sofern er seriös ist, wird entschieden konstatieren: »Der ›Sinn der Krankheit‹ ist nur vom Kranken aus realisierbar, vom Arzt darf er nicht gefordert werden.«[47] Und schon gar nicht von Laien, die in *Bild der Frau* gelesen haben, dass ungestillte Raucher öfter MS bekommen als glücklich verheiratete Holzfäller.

Allein der Kranke selbst darf hier mit sich ins Gespräch kommen, ins Selbstgespräch unter Freunden. Und sofern er vermutet oder weiß oder spürt, dass der Topf Schweineschmalz jeden Abend oder sein Job oder Lebenspartner ihm nicht guttun, sondern möglicherweise schaden, dann kann – oder könnte – nur der Kranke selbst das ändern oder es versuchen. Aber garantiert kein Arzt.

Anamnese vom Selbst

Wer bereit ist, sich ganz ohne Hilfe von Schlaumeiern an die eigene Nase zu fassen und wenigstens zu versuchen, Einfluss auf seine eigene Gesundheit zu nehmen, schafft den Großteil der Untersuchung tatsächlich ohne Arzt und Labor. Alles unter der Dachmarke »biografische Anamnese«, denn der Erkrankte sollte ja mit seiner Lebensgeschichte einigermaßen vertraut sein, besser jedenfalls als jeder Arzt. Und die Antwort auf »Beschwerden« lautet in der Regel nicht »Medikament X«, denn meist fehlt dem aus der Balance geratenen Körper und/oder der taumelnden Seele nicht irgendeine Chemikalie, sondern etwas ganz anderes. Oder Körper, Geist und Seele haben von etwas »zu viel«. Und, nein, es ist *nicht* leichter, direkt und einfach eine Pille zu schlucken – weil die nicht hilft, außer vielleicht gegen Kopfschmerzen. Aber die kommen wieder, wenn der Kopf nicht unter der Abrissbirne weggeht, die ihn jeden Tag trifft.

Da diese persönliche Anamnese alles andere als kompliziert ist, lässt sie sich hier sehr kurz zusammenfassen (respektive vom versierten Leser ganz überspringen). Grundsätzlich unterscheiden wir drei Kategorien: erstens exogene Einflüsse, zweitens endogene Einflüsse sowie drittens kryptogene Einflüsse. Es ist naheliegend, mit den exogenen anzufangen.

Wer einen rostigen Nagel in der Stirn hat, wird schnell fündig bei der exogenen Ursache seiner Beschwerden, gleiches gilt bei gebrochenen Knochen, und in diesen Fällen ist ein Arztbesuch sicher eine gute Idee. Denn der Arzt hat eine Tetanusspritze und Gips und Schiene.

Auch bei diffuseren Beschwerden fällt es niemand sonderlich schwer, die exogenen Kandidaten für die eigene Dysbalance abzuklopfen. Vielen davon setzen wir uns mehr oder weniger freiwillig aus – von Nikotin über Alkohol bis Schweineschmalz, hinzu kommt gegebenenfalls der eigene Medikamentenmix von Schmerzmittel bis Kortison bis Serotonin-Wiederaufnahmehemmer (SSRI), aber auch Vitamincocktails in Pillenform und »harmlose« Naturheilmittel können hochinteressante Auswirkungen haben: Wer beispielsweise meint, präventiv überdosiertes Vitamin B12 oder konzentriertes Mariendistelpulver zum prophylaktischen Leberentgiften seien per se prima Ideen, sollte jedenfalls bei nach einigen Wochen auftretendem Ausschlag oder Schwellungen der Lymphknoten erst mal den Blödsinn lassen, bevor er zum Hautarzt läuft.

Ob unter »exogen« auch die Ernährung eine Rolle spielen *könnte*? Viele Ärzte, auch bestsellernde, geben hier gern Entwarnung: »Die Qualität und Sicherheit von Lebensmitteln war noch nie so gut wie heute, auch wenn uns manch einer etwas anderes einreden will.«[48] Allenfalls bestehe ein Überangebot an Joghurt, »dabei würde uns doch die Auswahl zwischen lecker und sehr lecker reichen«;[49] man rät ganz souverän: »einfach mal Lebensmittel kaufen, die von Natur aus fettärmer sind«[50] Dass ich diese Haltung für faul erachte und die Rolle der Ernährung ein bisschen anders sehe, dürfte bekannt sein, auch dass ich es für wichtig halte, was man dem Körper, insbesondere dem erkrankten Körper, zuführt – und was man ihm erspart. Vielen Erkrankten erscheint das naheliegend, sie wissen, dass es wichtig ist, was man in sich hineintut, daher fällt es ihnen nicht schwer, sich ein paar Minuten länger mit ihrem Speiseplan zu beschäftigen. Das ist sicher hilfreich und deutet darauf hin, dass Patienten auch das Immunsystem instinktiv besser verstehen als der gemeine Mediziner.

Allerdings spielt auch meines Erachtens die Ernährung in der Regel nicht die Hauptrolle beim Entstehen von Krankheit und Wiederentstehen von Gesundheit. Wer sich an ein paar Faustregeln wie die von Michael Pollan[51] hält, sollte diesbezüglich eigentlich auf der sicheren Seite sein, allerdings haben es die Faustregeln auch in sich: »Was man Ihnen durchs Fenster ins Auto reicht, ist kein Essen.« Oder: »Meiden Sie Nahrungsmittel, die Zutaten enthalten, die ein Drittklässler nicht aussprechen kann.«[52] Grundsätzlich gilt hier indes weniger »Was?« als »Was nicht?« – also wieder, als nichtärztliche Leitlinie, das unbeliebte Prinzip »Weglassen«. Aber klar, das macht etwas Mühe und dauert – weshalb die meisten es lieber gleich weglassen.

Anderen exogenen Einflüssen setzen wir uns ganz unfreiwillig aus – und hierunter fallen insbesondere Gifte oder Toxine. Die allerdings kommen als potenzielle Krankheitsauslöser und/oder Todesursache in der ärztlichen Wahrnehmung nur im Promillbereich vor, weil zuverlässige Studiendaten kaum vorliegen respektive schlicht und ergreifend niemand allzu genau hinsieht. Und wenn man nicht hinsieht, erkennt man natürlich auch nichts. Andererseits handelt es sich aber auch nicht um Geheimwissen, das sich nur hinter dicken Klostermauern findet und dem gemeinen

Kranken nicht zugänglich ist. Was wir an Giften so alles zu uns nehmen, ist regalweise dokumentiert, der geneigte Leser findet problemlos alle Hinweise, die er benötigt[53] – er muss im Grunde nur lesen können und die Bereitschaft mitbringen, dieses Talent ganz selbstständig zu nutzen.

Abermals: Wir befinden uns hier im Diffusen, nachdem wir unsere Endo-exo-Liste so weit schon schnell und gründlich abgearbeitet haben. Ehe der Erkrankte jetzt anfängt, Chemie zu studieren und sämtliche Substanzen und Plastikvarianten unter die Lupe zu nehmen, die er täglich isst, trinkt, atmet und sich in die Haut schmiert, sollte der Fokus vernünftigerweise auf den frisch im System eingetroffenen Verdächtigen liegen. Denn auch wenn all die ganzen anderen alltäglichen Gifte nicht blanko freizusprechen sind (niedrig dosiertes Arsen wirkt langsam), haben diese alten Bekannten dem Körper ja bis zum Beginn der Erkrankung keine unlösbaren Probleme bereitet, jedenfalls keine offenkundigen. Auf unserer Verdächtigenliste stehen daher ganz oben die Neuankömmlinge. Vulgo: Was haben Sie oder was hat sich für Sie jüngst geändert? Das klingt selbstverständlich – denn wer könnte so blöd sein, sich diese Frage nicht selbst zu stellen? Gestatten Sie, dass ich mit schlechtem Beispiel vorausgehe.

Ich hatte unmittelbar vor meinem ersten MS-Schub gleich drei interessante und nach Ansicht meiner Ärzte komplett unbedeutende exogene Begleiterscheinungen gebucht: Zum einen eine asymptomatisch verlaufende Salmonellenerkrankung,[54] die ich mit sehr viel gutem Weißwein in Schach hatte halten können (dachte ich), zum anderen die unmittelbar zuvor absolvierte mehrmonatige eigenhändige Kernsanierung eines kleinen alten Fertighauses, Baujahr 1973. Drittens war einer der Handwerker, mit dem ich dabei zwei Wochen täglich zusammengearbeitet hatte, auf halbem Weg ausgefallen, mit Windpocken. Ich bekam keine, hatte ich ja auch schon gehabt, spät, mit Mitte 30.

Auf all dies wies ich die Ärzte hin, die mich vier Wochen später wegen anhaltend kalter Füße und eines im Rückenmark frisch entdeckten Entzündungsherds untersuchten, mit Fragezeichen meinerseits, ob hier ein Zusammenhang denkbar sei. Man erklärte indes all diese »Exogenen« für irrelevant. Salmonellen könnten meine Beschwerden nicht auslösen, Wein sei sowieso nicht schädlich, sondern gesund (die Herren Experten waren – augenscheinlich – gestandene »Connaisseurs«), das Renovieren könne ohnehin nicht die Herde in meinem Rückenmark und meinem Kopf erklären, und gegen die Windpocken sei ich aufgrund meiner zurückliegenden eigenen Windpockenerkrankung immunisiert.

All dies war falsch oder zumindest nicht ganz richtig. Salmonellen können das Guillain-Barré-Syndrom (GBS) auslösen, das der beginnenden MS in Sachen »Herde im Rückenmark« sowie Symptomatik zu Beginn durchaus ähnelt, nur sollte eine salmonellenverursachte GBS-Nervenerkrankung mit Antibiotika behandelt werden; Kortison wäre hier nicht nur nutzlos, sondern kontraindiziert und für den Patienten möglicherweise das Ticket für eine lebenslange Karriere als Kranker. Der von den Professoren als Mitauslöser ausgeschlossene leckere Wein enthält dankenswerterweise Alkohol. Dieser hat die schöne und ungewöhnliche Eigenschaft, die Blut-Hirn-Schranke sehr rasch zu durchdringen (probieren Sie das mal, indem Sie Ihren Wein schön lange im Mund behalten, dann geht's über die Mundschleimhaut direkt ins Spaßzentrum) – in Verbindung mit Salmonellen könnte das eine besonders dumme Idee sein. Windpocken (Varizellen) stehen als »MS-Trigger« auf etlichen Verdachtslisten, und last, but not least, sind gewisse Fertighäuser aus den Siebzigern alles andere als harmlos. Der Hersteller des meinen ist längst pleite, hatte aber zu Lebzeiten das Holzständerwerk seiner Hütten – gesetzeskonform – in PCP und Lindan getränkt und mit einer schicken Außenhaut aus Asbest bzw. Eternit verkleidet[55] Etliche Bewohner dieser Häuser waren vor mir erkrankt, obwohl die in den Innenräumen vorkommenden Konzentrationen an Nervengiften knapp unterhalb der gesetzlichen Grenzwerte lagen. Dummerweise kannten die Körper der Erkrankten sich mit diesen Grenzwerten offenbar nicht aus. Meiner wohl auch nicht, denn auch in meinem Haus lagen die Werte für Formaldehyd, Lindan (HCH) und PCP haarscharf unter dem Grenzwert.

Am Ende musste ich selbst einen Umweltmediziner finden, der, anders als die Neurologen, meine Frage nicht nur verstand, sondern sie auch beantworten konnte. Denn nicht nur im Hausstaub, auch in meinem Blut fanden sich die Nervengifte,[56] obendrein stellte ein hinzugezogener Humangenetiker fest, dass mir zwei Gene schlicht fehlten, die für die Entgiftung eben solcher Stoffe (mit)zuständig sind[57] (Der gute Mann ließ mich dann noch ungefragt wissen, auch meine Mutter habe ab dem 42. Lebensjahr kräftemäßig enorm abgebaut, was vollständig zutraf. Und natürlich kannte er meine Mutter nicht.)

Kürzer gesagt: Sowohl die Windpockenviren als auch die Salmonellen als auch der therapeutische Wein als auch das Gifthaus als auch meine damalige körperliche wie seelische Erschöpfung hatten *möglicherweise* qua Kombination einen hochinteressanten Überlastungscocktail ergeben und eine »MS« ausgelöst. Bei geeigneter Anamnese hätte man das wohl erkannt – und es geeignet behandeln können, mit Antibiotika, Abstinenz, Weglassen, Umzug, Entgiftung des Patientenkörpers sowie Seelen- und Körperruhe. Ich wäre vermutlich nach drei Monaten wieder ganz gesund gewesen. Aber Neurologen sind Experten. Und die wissen: »Wir wissen nicht die Ursache der MS.«

Was bleibt einem bei dieser Sachlage anderes übrig, als selbst zum Spurensucher zu werden, zum Do-it-yourself-Ursachenforscher? Immerhin: Wir sind dabei im klaren Vorteil gegenüber unseren Ärzten, Apothekern und sonstigen Behandlern. Wir verdienen an der Behandlung genauso wenig wie am Behandlungsverzicht. Erlaubte man genau dies, mittels veränderter Spielregeln, auch unseren Ärzten – nicht auszudenken …

Der Übergang vom Exogenen ins Kryptogene gestaltet sich in diesem Beispiel fließend, was wiederum nicht ungewöhnlich ist. Denn die mysteriösen und kryptischen Ursachen sind ja gelegentlich im Zusammenhang mit exogenen Einflüssen zu sehen. Wem Entgiftungsmöglichkeiten qua genetischer Disposition fehlen oder nur eingeschränkt zur Verfügung stehen, kann diesen »kryptogenen«, angeborenen Defekt nicht beheben oder mit Pillen und Spritzen reparieren, der kann nur ausweichen – und sollte das tun.

Eine Mitbetroffene, die sich Ende 2015 ratsuchend an mich wandte, mit sage und schreibe 53 Entzündungsherden im Kopf, spekulierte im Zuge diverser ausgetauschter Mails kenntnisreich über etliche Aspekte der »Krankheit mit den tausend Gesichtern«, bis ich irgendwann am Rande erwähnte, meines Wissens seien die Herde im Kopf von Morbus-Crohn-Patienten denen von MS-Kranken gar nicht so unähnlich, allerdings hätten die Morbus-Crohn-Erkrankten gar kein neurologisches Problem. Erst daraufhin fiel ihr, die sie keine oder kaum Darmprobleme hatte, ein, dass ihre Söhne an Zöliakie litten. Aber *sie* doch nicht. In ihrem Fall erwies sich also das Ausweichen und Weglassen von störenden Einflüssen mittels Ernährungsumstellung als vernünftige Maßnahme. Als sie mir anderthalb Jahre später wieder schrieb, waren die Herde weg, und neue waren nicht aufgetaucht.

Wenn nun Ärzte sagen, das seien »Ausnahmen«, haben sie bestimmt recht. Deshalb steht die kryptogene Untersuchung ja auch am Ende unserer persönlichen Checkliste. Aber die Untersuchung schlicht wegzulassen, ist nach meinem Dafürhalten fahrlässig. Fragen Sie doch zumindest mal Ihren Apotheker, ob der sich Vitamin B12 selbst spritzt, und falls ja wieso. (Entweder kennt er die japanischen Grenzwerte und hält die weit niedrigeren deutschen für reinen Blödsinn, oder er weiß – dank Labor –, dass sein Körper tatsächlich ein Problem mit seinem Bestand an Parietalzellen hat. Beides kann er dann aber geeignet – und sehr günstig – beantworten, und bleibt vermutlich sehr gesund.)

Der Hinweis sei an dieser Stelle gestattet, dass bei allem gelegentlich geäußerten Zweifeln an der Redlichkeit der Hersteller und Verkäufer von Nahrungsergänzungsmitteln die Einnahme von Vitaminen und Spurenelementen tatsächlich in Ausnahmefällen sinnvoll sein kann. Es gilt, selbstredend, »erst messen, dann essen«, aber tatsächlich kann dem Einzelnen ja etwas ganz Konkretes fehlen. Und manchmal verrät Ihr Blut, was fehlt oder was der Körper nicht so hinbekommt, wie er selbst möchte. Das fällt dann allerdings endgültig in die Abteilung »Sherlock«, und wenn der oder Dr. House gerade keine Termine frei haben, müssen Sie das leider wieder selbst machen. Verboten ist das nicht, so weit ich weiß, jedenfalls hat man mir im Labor nie die Tür gewiesen, wenn ich mal wieder dastand und neue kryptische Werte wissen wollte. Dass das keine Kasse zahlt, versteht sich von selbst, aber es steht jedem Erkrankten frei, statt in den Urlaub ein paarmal ins Labor zu fahren. Es ist und bleibt wirklich eine einzige Zumutung: Sogar die Prioritäten muss man selbst setzen.

Ob man dabei fündig wird, bei dieser Suche nach Stecknadeln im Heu? Garantiert ist nichts, und manche Information nützt dem Betroffenen auch wenig, denn der eine oder andere genetische »Defekt« ist schwer oder gar nicht zu adressieren – mal davon abgesehen, dass auch Gene auf Sie »hören« können, aber das vertiefen wir hier nicht. Einiges wird sich einfach nicht ändern lassen: Wer 1,60 Meter klein ist, wird kein Basketballer – und sollte sich auch nicht auf eine Streckbank legen und nicht rund um die Uhr für die NBA trainieren, sondern etwas anderes leben, den eigenen Umständen und Möglichkeiten angemessen. Wir kommen darauf zurück.

Ganz am Ende in der Reihe der Ursachen, im Dunklen, stehen die kryptogensten und unklarsten von allen. Also das, was bleibt, wenn wir selbst Vorsorge getroffen haben, uns ausreichend bewegen, angemessen essen, trinken, ganz generell »gesundheitsbegünstigend« leben, Defizite in der Verstoffwechslung ausgeschlossen haben und obendrein, Geschenk des Schicksals, mit unserem segensreichen Genpaket stabil dastehen, ohne Sehschwäche, 2,10 Meter groß. Und trotzdem ernste Beschwerden haben.

Hier stellen sich die finalen Zusatzfragen an den Behandler, also Sie selbst, trotz der Einschränkung oben, dass Ihnen kein anderer in die Psychosomatik hineinreden darf: *Sie* aber dürfen, nämlich sich selbst ein paar Fragen stellen. Sogar unangenehme, es hört ja niemand zu. Fragen wie: Was fehlt mir wirklich? Meinem Körper (Sonne, Wasser, Sinn, Mal-in-den-Arm-genommen-Werden, Steamy-hot-jungle-Sex), aber auch meiner Seele? Darauf sagt sich so leicht und tapfer »nix«, andererseits ist Krankheit eben auch – sofern externe Ursachen fehlen – oft die »Lösung eines Konfliktes, wenn auch keine gute« (Victor von Weizäcker).[58] Also: Welcher Konflikt ist aus meiner Seele in den Körper gewandert? Was bedeutet die Krankheit für mich? Habe ich die bestellt? Hat die mich »erwischt«, oder habe ich sie mir »eingefangen«? Brauche ich die? Jetzt gerade? Kurz oder länger? Würde ich meine Selbsthilfegruppe vermissen – ohne meine Erkrankung dürfte ich ja da gar nicht mehr rein, oder?

Was ist in den zwei Jahren vor Beginn meiner Erkrankung passiert? Nicht nur auf meinem Speiseplan oder an meinem Arbeitsplatz, sondern in mir? Und hat »das« »etwas mit mir gemacht«? In meinem Geist, meiner Seele? Gibt es dort doch … Ursachen? (Weghören, falls ihr Arzt hier wieder »autoimmun« raunt und »Ursache unbekannt«.) Die Erkrankten, mit denen ich sprach oder ausgiebig Mails austauschte, kannten immer höchst wahrscheinliche Ursachen oder Mitauslöser, trauten sich aber nicht – trauten sich *selbst* nicht, weil die Autorität Arzt bereits gesprochen hatte: »Keine Ursache!« Aber sobald ich mich weigerte, den Ratsuchenden die Arbeit abzunehmen, und ihnen versicherte, sie dürften das – selbst hinsehen, sich selbst ermächtigen –, wurden verblüffend viele fündig. Beinahe jeder wusste etwas, beinahe jedem fällt dazu was ein: von Stress bis Umzug, von Salmonellen bis Lack, von Alkohol bis Industriezuckersucht, von »Stimmt, sechs Wochen vorher hatte ich eine Zecke im Fuß!« bis, alles andere als selten, »Eigentlich bin ich vor allem kreuzunglücklich«. Man muss sich das allerdings gestatten, sich selbst ermächtigen: zum Denken, Fühlen und Handeln.

Wer Selbstbestimmung alltäglich nicht kennt oder nur vom Hörensagen, tut sich natürlich schwer. Aber auch der zur Selbstverantwortung Befähigte gerät an seine Grenzen, denn der Weg, den er beschreiten muss, liegt buchstäblich hinter eine Mauer, auf der in großen Lettern steht »ICH« – und über die soll er jetzt klettern.

Was die meisten dann lieber gleich sein lassen und stattdessen lieber eine Pille schlucken.

Zu dieser besonderen Mauer kommen wir gleich, vorher wollen wir aber etwas Wichtiges festhalten, denn Pillenschlucker und Kletterwillige sind sich ja ausnahmsweise, überraschend, vollkommen einig: nämlich darin, dass eine Veränderung dringend hermuss, um dem bestehenden Zustand (Krankheit) abzuhelfen und Gesundheit wiederherzustellen. Hierbei herrscht also stillschweigend Konsens zwischen den beiden Modellkranken, beide wissen: »Wenn ich nichts ändere, ändert sich nichts.«

Was den Lösungsweg betrifft, könnten indes die Standpunkte der beiden Erkrankten unterschiedlicher nicht sein. Denn der Kranke A betrachtet das, was die Veränderung herbeiführen soll, als von außerhalb seines Körpers kommend – in Gestalt des Experten »Arzt« und dessen chemischen Arsenals. Der Modellkranke B sieht den Veränderungsbedarf anderswo – beim Experten »Körper« und dessen chemischem Arsenal – sowie gegebenenfalls den Assistenten »Geist« und »Seele«.

Unter den Modellerkrankten vom Schlag B gibt es nun allerdings ebenfalls Unterschiede. Denn die meisten (Modell B1) wählen trotz ihrer Verweigerung der externen Arzt-Chemo-Variante den Weg des zweitgeringsten Widerstands und beginnen mit einer naheliegenden Veränderung: Bevorzugt stellen sie ihre Ernährung um – mehr oder weniger gründlich, je nach Temperament. Andere beginnen sich zu bewegen, also Sport zu treiben. Wieder andere räumen, schmerzhafter, in ihrem Berufs- oder Privatleben auf, kündigen, lassen sich versetzen oder scheiden. All das kann helfen, schon für sich genommen, denn das Signal »Veränderung« erreicht ja den Körper, so oder so. Nur verlagern Ernährungsumstellung, Sportprogramm oder Trennung das Problem (und dessen Lösung) wieder auf äußere Faktoren, auf Kekse, das zu gute Fernsehprogramm oder den nicht so guten Partner.

Hier Veränderungen vorzunehmen, kann durchaus zielführend sein, dennoch erscheint mir Variante B2 als aussichtsreicher auf dem Weg zurück zu Balance und Besserung. Allerdings ist diese

Variante auch die unangenehmste, weil man dabei förmlich stirbt – und wiedergeboren wird. Das ist zwar, so es gelingt, ganz großartig, aber auf dem Weg tut es verdammt weh.

Weshalb die meisten sich dem energisch verweigern, verständlicherweise.[59] Denn der wirklich kühne Mauerkletterer hat es eindeutig schwerer als die Pillenschlucker und Spritzensetzer, die gemüseessenden Jogger und die Frischliierten. Er gibt die Verantwortung nirgendwo hin ab, sondern begibt sich auf einen dornigen Weg – vermutlich, weil er schon mal was von seinem eigenen »assoziativen Gedächtnis« gehört hat oder wenigstens vermutet, dass es so etwas gibt. Und sein Weg führt ihn zunächst einmal über die bereits oben erwähnte Mauer, auf der dummerweise sein eigener Name steht. Denn diese Mauer ist seine Persönlichkeit: alles, was er weiß und denkt, von sich, von der Welt, von allem. Diese Mauer ist aus Granit – und die muss er überwinden.

Warum? Weil er überzeugt ist, dass er nichts *wirklich* verändern kann, wenn er nicht sein Denken verändert. Von den etwa 70 000 Gedanken, die wir alle uns heute machen, sind 90 Prozent exakt die gleichen wie gestern. Gleiche Gedanken führen zu gleichen Entscheidungen, gleiche Entscheidungen zu gleichem Verhalten, gleiches Verhalten zu gleichen Erfahrungen, gleiche Erfahrungen zu gleichen Gefühlen, gleiche Gefühle zu gleichen Gedanken.[60] Wir bewegen uns also tatsächlich per »Autopilot« durch unsere Leben – und das ist, solange die Sonne scheint und wir gesund sind, absolut sinnvoll, denn wir funktionieren ja und haben keinen Anlass, etwas zu ändern. Wo kämen wir denn hin, wenn wir uns dauernd infrage stellten? Oder uns gar bewusst machten, wie wir das eigentlich machen: denken, tun und fühlen, tagtäglich, von Geradeausgehen bis zum Einkaufen ohne Zettel bis zum Fluchen im Straßenverkehr.

Nur: Als frisch und gegebenenfalls schwer Erkrankte befinden wir uns ja einer anderen Situation. Unser zu 90 Prozent förmlich vegetatives Gedanken-, Gefühls-, Handlungssystem funktioniert eben nicht mehr, die Sonne liegt hinter Gewitterwolken, der Körper ist überfordert. Und sofern es dafür keinen offensichtlich externen Anlass gibt – also den alltäglich auf den eigenen Kopf fallenden Hammer, der die Kopfschmerzen erklärt –, benötigen wir offenbar eine weiterreichende Veränderung. Beginnend mit verändertem Denken. Nichts schwerer als das.

Denn unser Denken macht unsere Persönlichkeit aus: Wir sind, was wir denken. Was wir über die Welt denken und über uns selbst. Und wenn wir nun beginnen, über unsere eigenen Gedanken nachzudenken, sie zu untersuchen und sie zu verändern, ist das tatsächlich ein fundamentaler Eingriff – besser, ein *An*griff auf unsere eigene Persönlichkeit. Und so was mögen wir nicht, so was hassen wir. Es macht uns Angst, es bringt alles ins Wanken. Wenn wir, und sei es versuchsweise, unsere Gedanken und Überzeugungen über Bord werfen, wird uns sofort mulmig ums Herz. Es wird finster, der Boden beginnt zu schwanken. »Wie, ich bin gar nicht so ein Gewinnertyp? Wie, ich bin nicht der gute Gatte, der für seine Frau und seine Kinder alles tut? Wie, ich bin kein Altruist, sondern nur ein Egoist, der zu erfolgreichem Egoismus zu blöd ist? Wie, ich bin gar kein Opfer, ich sauge anderen nur gern Energie ab mit meinen Leidensgeschichten? Wie, meine klugen, langen und lebensklugen Vorträge verleiten alle bloß zu Suizidgedanken?« Nichts wie runter von der Mauer und zum Arzt, das hält ja keiner aus, keinen Schritt weiter, her mit der Pille! Das will doch keiner hören – schon gar nicht von sich selbst.

Natürlich fühlt sich das nicht gut an: ungemütlich, fremd, abnormal. Und dieses Unwohlsein ist nicht nur eine Emotion, nicht nur ein gefühlsmäßiges Sträuben, sondern ein handfester Prozess, chemisch, neurologisch, bis in die eigenen Gene hineinreichend. Was Wunder? Wer sein Ich infrage stellt und diesem Ich förmlich ankündigt, es töten und durch ein anderes ersetzen zu wollen, kann nicht mit einem Osterspaziergang rechnen. Das »Individuum« heißt nicht umsonst »unteilbar« – es wird alles aufbieten, um ganz zu bleiben, um nicht zerlegt zu werden: Es wird die Aus-einander-setzung nach Kräften verweigern.

Es geht aber nicht anders. Wer anerkennt, dass sein eigener ersehnter neuer Zustand, neue Gesundheit, eben nicht mittels

90 Prozent gleicher Gedanken, Gefühlen, Erwartungen und Handlungen zu erreichen ist, kommt um die Auseinandersetzung nicht herum und muss sich von allerlei Gedanken verabschieden, die er in der Vergangenheit für zielführend hielt, denn so Joe Dispenza: »Wer in der Vergangenheit lebt, kann sich keine neue Zukunft erschaffen.«[61]

Dabei stößt der tapfere Mauerkletterer allerdings auf halber Höhe nach oben auf eine weitere Schikane, die er selbst dort hingebaut hat, vor langer Zeit, aus absolut vernünftigem Grund: das ungemein nützliche assoziative Gedächtnis,[62] das aus des Kletterers individuell gesammelten Erfahrungen festverdrahtete Verbindungen hergestellt hat[63] zwischen de facto unverbundenen Gegenständen, Gefühlen und Zuständen – zum Beispiel einem x-beliebigen Namen und dem Gesicht ihres Partners oder einem anderen x-beliebigen Namen (Rose) und einem Duft. Dies erweist sich hier als mächtige Tücke beim Versuch des Neudenkens, erst recht im gewohnten Zusammenspiel mit unseren Erwartungen und Überzeugungen von »Nur die Harten kommen in den Garten« bis »Das schaff ich sowieso nicht« und Sinngebungen von »Wenn ich Rentner bin, genieße ich das Leben« bis »Nach mir die Sintflut« – setzen Sie hier bitte Ihr eigenes Sinngebäude ein.

Es geht mithin um nichts Geringeres, als Unausgesprochenes, Unsichtbares infrage zu stellen. Schon das ist eine echte Zumutung, wird aber hier sogar noch etwas unerfreulicher, weil ja kein rasch zu erreichendes konkretes Ziel erkennbar ist – außer der diffusen Aussicht auf »Besserung«. Der vor uns liegende Weg ist weit, das Ziel liegt im Nebel, und es gibt nicht einmal Erfolgsgarantien oder eine Reiserücktrittsversicherung. Attraktiv geht anders. Mancher gesunde Neugierige probiert es trotzdem, wie das zunehmende Interesse an Meditations- und anderen Selbstfindungsstartpunkten zeigt[64] Die Mehrzahl jener aber, die wählen können zwischen Sessel und Mauer, lässt die Kletterei schön bleiben, wie Dostojewski wohl wissend oder spürend: »Eine neue Philosophie, eine neue Lebensart, gibt es nicht umsonst. Man muss teuer dafür bezahlen und erringt sie nur mit viel Geduld und großem Bemühen.« Wir kommen gleich auf das Regal zurück, in dem »Geduld« und »Bemühen« seit Langem unbeliebt vor sich hin stauben.

Der »kryptisch« Erkrankte aber hat also endlich mal Glück (im Unglück), denn ihm bleibt ja keine Wahl. Spätestens, nachdem er rostige Nägel, Zecken, Abrissbirnen, Crunchy-Frog-Speiseeis und seine/n Lebensgefährten/in als Grund für seine Malaise entlastet hat, ist er dran, und zwar selbst. Mag der Modellerkrankte B2 auch Veränderungen ebenso skeptisch betrachten wie seine gesunden Menschen, mögen ihn die Aussicht auf Freiheit und Losgelöstsein beunruhigen, weiß er doch: Dieser Weg ist unvermeidlich; da muss er durch, durch dieses assoziative Dickicht, denn Veränderung ist die Voraussetzung von Heilung. Der Modellerkrankte B2 hat mithin spätestens direkt vor Reisebeginn eine entscheidende Erkenntnis gewonnen und verinnerlicht: Nichts ist unveränderlich (abgesehen von Kleinigkeiten wie Körpergröße und Geburtsort), nichts steht geschrieben.

Die Welt »ist« nicht – die Welt ist, was wir aus ihr machen, Wille und Vorstellung. Mit Schopenhauers Philosophinnentochter Pippilotta Langstrumpf gesungen: »Ich mach mir die Welt, widde-widde wie sie mir gefällt.« *Ich* entscheide, wie die Dinge liegen. Ich *mache* mir die Welt, meine. Fakt ist, dass die Sonne morgens aufgeht – weshalb, ist Ansichtssache. Wenn *ich* es so will, in meiner Interpretation von Leben, Universum und dem ganzen Rest, geht die Sonne nur deshalb auf, weil ich mir jeden Morgen pünktlich eine Minute vor ihrem Erscheinen ein rohes Ei an die Stirn klatsche. (Ich empfehle diese Herangehensweise nicht, aber sollten Sie dies für sinnstiftend und beglückend halten, sprechen Sie besser nur mit wirklich guten Freunden darüber). Der Modellkranke B2 weiß also: »Die« Wirklichkeit gibt es nicht, es gibt nur *meine*. Und alles hängt davon ab, wie ich was sehen will, worüber ich überhaupt nachdenken will und wie ich darüber denken will. Denn das *kann* ich nicht nur selbst entscheiden, das *entscheide* ich bereits permanent selbst. Und da ich jetzt »kryptisch« erkrankt bin, sind (und waren) meine ganz allein gewählten und selbst gemachten Gedanken und Ansichten eben möglicherweise die falschen. (Frage für den Hinterkopf: Vielleicht waren es ja gar nicht meine eigenen?)

Der Modellerkrankte B2 weiß auch: Veränderung hat Konsequenzen, und die können durchaus überraschend sein, wenn man beginnt, im Dunklen an Dingen, Sachen und Gefühlen zu schrauben. Tatsächlich kann niemand dem Veränderungswilligen vorhersagen, welche Konsequenzen genau sein Tun haben wird. Ob er sich danach besser fühlen wird oder de facto besser *ist*. Jeder »Guru«, der behauptet, es gäbe einfache Patentrezepte auf dem Weg über diese Mauer, es gebe ein präzises Ziel irgendwo am Ende der auf der anderen Mauerseite liegenden »dark night of the soul«, ist nach meinem bescheidenen Dafürhalten entweder ein Schwindler oder ein Narr. (Aber ich kann mich natürlich irren und nehme per Mail sachdienliche Hinweise auf den oder die Besitzer des diesbezüglich seligmachenden Patentnavigationsprogramms gern entgegen).

Es erfordert also, zugegeben, eine Portion Mut, sich auf diesen Weg zu machen.[65] Nur, davon abgesehen, dass uns, also dem Modell B2, ja gar keine Wahl bleibt: Was bereitet uns eigentlich solche Sorgen? Was meint »Ich« schon wieder, wenn es in uns murmelt: »Ich fürchte mich.« Vermutlich spricht es eine tiefe Wahrheit aus, denn tatsächlich fürchtet es sich – sich selbst. Oder »hat« »Ich« tatsächlich Angst?[66] Wovor denn bloß? Steckt diese Angst am Ende tief im besten Therapieverweigerersatz von allen?

»Sterben!? Also das ist ja wohl echt das Letzte, was ich machen würde!«

Zuletzt

Gesund zu werden ist nicht das einzige Ziel.
Noch wichtiger ist es, zu lernen, ohne Furcht zu leben,
mit dem Leben Frieden zu schließen
und am Ende auch mit dem Tod.
Erst dann ist Heilung möglich.
(Bernie Siegel)[1]

Wozu?

Sie müssen jetzt sehr tapfer sein. Sie müssen sterben. Vielleicht heute, vielleicht nicht morgen, vielleicht erst nächste Woche oder in 60 Jahren. Aber sie werden sterben. Und Sie werden nie wissen wann.

Das ist natürlich höchst unerfreulich. Und da wir Selbstoptimierer und Spaßmaximierer Unerfreuliches generell meiden, wollen wir den Tod an sich doch lieber ganz ignorieren. Und stillschweigend davon ausgehen, dass unsere Wissenschaftler bald ein Mittel dagegen erfinden. Immerhin waren wir schon auf dem Mond, da wird wohl auch der Tod zu besiegen sein.

Unsere gemeinschaftliche Haltung dem Unveränderlichen gegenüber hat sich in den letzten Jahrzehnten tatsächlich auf höchst interessante Weise verändert. Die Kunst des Sterbens ist höchstens noch irgendwas Altmodisches und riecht unschön nach Staub, der Kampf gegen den Tod ist offenbar unser gemeinsames hehres Ziel geworden. Dass wir diesen Kampf nicht gewinnen können, versehen wir dabei unausgesprochen mit einem »*Noch*! Nicht! Aber wart's nur ab, Natur! Wir arbeiten dran!«.

Diese unbewusste Prämisse ist wohl die verheerendste von allen. Denn tatsächlich scheint uns »zuletzt auch die Fähigkeit abhandengekommen, mit einer »irgend realistischen Einstellung zum Tod zu sterben.«[2] Unsere Einstellung zum Tod aber verrät ganz generell, über wie viel Selbstvertrauen wir verfügen, wie unabhängig, wie frei wir sind und wie lebendig.[3] Oder eben wie abhängig wir sind, wie gefangen und wie lebendig begraben. Ohne realistische Einstellung zum Tod können wir indes auch keine realistische Einstellung zum Leben selbst haben. Uns scheint nicht einmal mehr bewusst zu sein, dass wir ohne diese realistische Einstellung zum Leben verdammt sind zu lebenslänglichem tiefen Kummer, der wohl betäubt werden kann unter einer immer dickeren Decke aus eitlen Pseudozielen, selbstgebauten Sachzwängen und immer höherem Tempo, sich aber spätestens gegen Ende der Reise doch als nacktes Entsetzen Bahn brechen muss – sofern der Sterbende, der nie gelebt hat, es nicht auch auf den letzten Metern schafft, sich weiter einzureden, seine Existenz als fleißig zettelsortierendes, dauerkonsumierendes, CO_2-emittierendes und über Leichen schreitendes Lebewesen habe irgendeinen Sinn gehabt.

Wer sich indes mit solchen aus der Mode gekommenen Überlegungen schon vor dem Einchecken ins Hospiz beschäftigt hat und seine daraus sich ergebende persönliche Konsequenz für den Umgang mit dem Krankensystem ausspricht, der sollte besser ein Attest vorlegen können, das ihn als klinisch gesichert Hirnverbrannten ausweist. Denn das sorgt immerhin für mildernde Umstände. Betretenes Schweigen bleibt dennoch nicht aus.

Als ich vor etwas größerem Publikum, vor Ort in einer schönen ehemaligen Fabrikhalle, ganz selbstverständlich meine private, bescheidene Haltung aussprach: »Lieber sterbe ich an meiner Krankheit als am Medikament dagegen«, wurde es im hohen Raum schlagartig sehr still. Den anderen Gästen wie dem Publikum verschlug es kollektiv buchstäblich für eine Sekunde den Atem, und ich erinnere mich an meine in Sekundenbruchteilen einsetzende Beunruhigung, das förmliche Zurückspulen im Kopf, das Überprüfen von Ursache (Worte aus meinem Mund) und Wirkung (Schockstille): »Um Himmels willen, was habe ich gesagt? Versehentlich ein wüstes Schimpfwort verwendet? Spontanes Tourette-Syndrom entwickelt? Schlaganfall?« Zum Glück nichts davon, ich hatte lediglich Sperrgebiet betreten.

Die Moderatorin reagierte schnell und freundlich – indem sie das Thema wechselte, unter erleichtertem Murmeln und Durchatmen des Publikums. Das war gerade noch mal gut gegangen. Denn *das* hatte man nicht eingekauft, nicht bestellt, sondern, bitteschön, den Wundergenesenen mit seinem schönen Buch für die Töchter; keine Gefahr, sondern »was fürs Herz«, in einer frohsinnigen Unterhaltungssendung am Freitagabend.

Sterben? Tod? Der wollte gerade anfangen, vom *Tod* zu reden? Darf man das denn überhaupt!? Lieber nicht.

Dabei hatte ich gar nicht länger vom Tod sprechen wollen. Wozu auch? Im Tod sind wir alle gleich. Im Leben nicht. Seinen Tod kann man nicht verpassen. Sein Leben schon.

Tod

Dass wir sogar zum Sterben ins Krankenhaus gehen, spricht in Sachen Enteignung Bände. Im Krankenhaus sind Ärzte – also jene Leute, denen wir lebenslang unsere Gesundheit übertragen haben, unsere doch eigentlich »autonome Kraft der Lebensbewältigung« (Illich). Es ist daher nur konsequent, dass wir bis zum letzten Atemzug nicht zurückfordern, was uns gehört. So halten wir denn stur an der Illusion fest, diese Halbgötter hätten je irgendetwas zu unserer Gesundung beigetragen – und vertrauen auch nun, zum traurigen Schluss, blind darauf, sie könnten bestimmt auch auf diesem letzten Stück des Wegs irgendwelche Wunder wirken.

Dass die Hospitalisierung das Leben nicht verlängert, nehmen wir nicht zur Kenntnis. Mühelos ignorieren wir, dass man im Krankenhaus nicht länger überlebt als Zuhause – eher kürzer, wegen der Gefahren durch resistente Keime. Krebs im Endstadium? Dauert im Krankenhausbett auch nicht länger als im eigenen. Warum also gehen wir da hin? Um auf den letzten Metern wenigstens noch mal richtig schlecht zu essen? Oder gehen wir ins Krankenhaus, um andere nicht zu behelligen, unsere gesunden Verwandten und Freunde? Oder schicken uns diese anderen dorthin, mehr oder weniger sanft, weil *sie* nicht von *uns* behelligt werden möchten mit unserem ultimativen Versagen, unserem Sterben?

Man kommt der Antwort näher, wenn man sich an die eigene Nase fasst und sich fragt, wie man selbst zum Sterben der anderen steht. Ob man das erleben möchte, aus der Nähe, oder lieber nicht. Lieber ganz dringend nicht. Ob man dieses Verhalten der anderen nicht als zutiefst verstörend empfindet, weil es so unfassbar unhöflich ist. Wie soll man selbst denn weiter stillschweigend so tun, als sei es nur noch eine Frage der Zeit, bis der Tod an sich besiegt ist von Wissenschaft und Medizin, wenn dieser verfluchte Tod direkt vor den eigenen Augen jemand holen kommt? Nicht auszuhalten. Nicht für den, der jeden Gedanken an den Tod ausgeklammert hat als störend, als lästig, als Optimierungs- und Spaßbremse.

Schafften wir uns unsere Sterbenden nicht aus den Augen, aus dem Sinn, stünden viel zu viele unerträgliche Fragen unausweichlich im Raum: Wie stehe ich zum Tod? Dem Sterben der anderen? Wie zu meinem eigenen? Wie stehe ich überhaupt zu Schwäche? Zu der anderer? Wie zu meiner eigenen? Empfinde ich Mitgefühl, wenn einer schwach ist und krank, eile ich los, um zu helfen? Oder empfinde ich eher Abscheu? Und ist es denn nicht wahr, ist nicht jeder seines Glückes oder Unglückes Schmied? Warum behelligt der Schwache mich mit seiner Inkompetenz? Warum der Sterbende?

Der Fragenkatalog wird rasch umfangreicher, wenn man nicht schleunigst das Weite sucht. Denn wer fragt: »Wie stehe ich zum Tod, wie verstehe ich den Tod?«, stolpert wohl umgehend auch über die Frage: »Wie verstehe ich Leben? *Was* verstehe ich unter Leben?« Und weil unser sich sträubender Denker hier, im Krankenhauszimmer, unter Sterbenden, meist betagten Sterbenden, gar nicht anders kann, fragt er sich wohl auch: »Was halte ich für lebenswert? Ich selbst? Ich möchte *nie* sterben. Ich werde mindestens 110 Jahre alt. Bei bester Gesundheit! Und all meine Freunde auch! Und mit 109 fange ich mal an, Bilanz zu ziehen. Oder so. Nichts wie raus hier.«

Natürlich muss unser spätestens an dieser Stelle Hals über Kopf aus Hospital und Relevanz flüchtender Wirklichkeitsverweigerer die gemeinen Fragen ersticken. Denn tatsächlich bekäme es ihm nicht, wagte er sich auch nur einen Schritt weiter. Ihm steht nichts zur Verfügung, womit er sich an die letzten Fragen herantrauen könnte. Er hat kein Konzept, er hat kein Werkzeug. Er ist aufgeklärt, er hat alle Illusionen hinter sich gelassen. Gott ist tot (wissenschaftlich erwiesen, bestimmt) – der und all seine Götter-Vorgänger waren doch nur frei erfundener Unsinn von Höhlenmenschen und Naiven, es gab kein Vorher, es gibt kein Nachher, es gibt keinen Himmel, keine Hölle, keine ewigen Jagdgründe, kein Nirwana, keine nächste Runde als Regenwurm oder Sonnenblume. Der Sinn des Lebens ist – na, eben, *leben*, fertig! Was sind denn das überhaupt für bescheuerte, sinnlose Fragen? Man wird geboren, man macht was, man hat möglichst viel Spaß, man hat vielleicht Kinder oder auch nicht (»keine Kinder« ist echt entspannter), und dann, na ja. Dann, irgendwann, möglichst spät. Ist halt so, muss man aber nicht drüber nachdenken, kann man eh nicht ändern.

Na, das ist doch mal eine gediegen fantasielose Antwort. Wenn Stubenfliegen sprechen könnten, wären sie wohl einverstanden. Aber der Mensch ist doch, anders als die Fliege, gesegnet mit allerlei Talenten, unter anderem mit einem Gehirn, mit Verstand, mehr oder weniger. Auch wenn dieser Verstand ein mehrschneidiges Schwert ist, kommt der Verstandesbegabte doch um die Frage kaum herum, wieso er denn überhaupt lebt? Zur Arterhaltung wird er garantiert nicht benötigt – ob mit oder ohne Kinder, denn wir sind mit 7,5 Milliarden sehr weit auf der sicheren Seite. Als Klimaschädling braucht ihn ebenfalls niemand, und da er auf Schwäche und Hilflosigkeit nicht mit Empathie und Ich-spende-alles-was-ich-habe reagiert, sondern generell mit Flucht in das nächstgelegene Shopping-Paradies: Wozu lebt dieser Mensch? Und wozu will er dann obendrein auch noch *lange* leben? Länger als 40 Jahre oder 60 gar?

Die Antwort aller Pragmatiker, die stolz sind, sämtliche Götter als Mythen und Legenden entlarvt zu haben, wurzelt eigenartig tief im Religiösen. Sie wissen zwar nicht, wozu sie da sind und welchen tieferen Sinn ihre Existenz hat oder haben könnte, sind aber überzeugt, das sei schon so gewollt. Wäre es nicht, wären sie ja nicht, quod erat demonstrandum. Das Leben ist doch wohl ein Geschenk. Und wer es hat, darf es dann auch behalten. Ja, wer es geschenkt bekommen hat von wem auch immer – nur nicht den

Göttern, die gibt es ja nicht –, ist sogar verpflichtet, es zu behalten, möglichst lange, denn es kommt ja von wem auch immer das jetzt kommt, das Leben. Jedenfalls ist das per se gut, so ein Leben – das darf sich auch niemand nehmen. Und es ist schützenswert. Bis zuletzt!

Gleichermaßen schützenswert. Jedes Leben. Das Leben eines Fünfjährigen mit Lungenentzündung ebenso wie das einer hundertdreijährigen Krebskranken im Halbkoma. Sofern die Hundertdreijährige allerdings so vorausschauend clever war, sich in Leverkusen gebären zu lassen, und der Fünfjährige so blöd, sich eine syrische Mutter auszusuchen – tja, Junge, Augen auf beim Geborenwerden –, relativiert sich unser »gleichermaßen schützenswert« dezent zu seinen Ungunsten. Können wir sie trotzdem mal kurz befragen, die Leverkusener Dame im Chemo-Morphium-Nebel, wieso sie noch da ist und sich das antut? Hat sie eine Antwort außer: »Weil man doch leben muss?« Muss man? Egal, wie? Nur: möglichst lange? Und wozu? Wozu noch weiter? Und wozu überhaupt? (Übrigens, Vorsicht, vielleicht hat die gute Dame ja doch schon mal nachgedacht und würde, fragte man sie, antworten: »Weil ihr mir keinen sanften Ausweg lasst, ihr hirn- und herzlosen Monster!«)

Wenden wir uns drei Omas zu. Omas sollte man sich ohnehin zuwenden, zu Lebzeiten, aber bei diesen drei geht das nicht mehr. Diesen wenden wir uns also posthum zu, exemplarisch. Oma 1, nennen wir sie Martha, bekommt einen Systemorden in Gold. Geboren 1912, gestorben 2011, eine Tochter. Martha ist eine schlichte Krämerseele, nie angekränkelt von eines tiefen Gedankens Blässe, stets rechnend und berechnend, das Niedere und Böse in jedem anderen vermutend, gesegnet mit fleißig erarbeitetem Wohlstand. Eine rechte Last für die eigene Tochter, die Schlag 18 Jahre umgehend aus dem Haus verschwindet; der Gatte, kriegsgestählt, entschwindet mit Mitte 60 in eine andere Dimension. Die energiegeladene Witwe, längst und früh verrentet, bleibt kregel bis zum Achtzigsten, auf dem Klapprad, wenngleich inzwischen schon fast blind und mit vielen Ersatzteilen an

Bord. Hernach jedoch kein Klapprad mehr, stattdessen viel Medizin, viele Apparate, viele Ärzte, viele Operationen, Kliniken, Heim, Verwahrung, Pflege rund um die Uhr. Abbauend bis mental weit unter den Gefrierpunkt, aber weiterhin ungeheuer zäh, als Lebenselixier dient massives Nervensägen. Pflegepersonal, (unfähig, alle) als wehrloses Futter (bezahl ich ja wohl, alle), die eigene längst selbst verrentete Tochter alle zwei Wochen zum Streiten da. 20 Jahre lang. Na ja, fast, denn Martha verfehlt die Schallgrenze knapp, haucht nach nur 99 Erdenjahren ihr Leben aus. Mit Auszeichnung: wenig Sinnvolles gedacht, wenig Sinnvolles getan, haufenweise Leuten mit Genörgel, Unsinnreden und lauter Lügen auf den Keks gegangen, ordentlich Seelen gefressen – aber, entscheidend, für einen wahren Höllenumsatz gesorgt. Die Frage »Wozu?« ist in ihr wohl 99 Jahre nicht gefallen.

Oma 2, Ursula, geboren 1934, gestorben 2010, zwei Kinder, bringt es nicht ganz so hoch und weit wie Martha, ihr Systemorden ist nur aus Bronze. Aus einfachen Verhältnissen stammend – wo man sogar so unklug ist, jüdische Freunde vor den Nazis zu verstecken – heiratet sie einen Zahnarztsohn, empfindet es aber als umso wichtiger, sich nützlich zu machen: Sie arbeitet beim Sozialamt, mit großem Herzen, und neigt dazu, Bestimmungen eher zugunsten der Menschen auszulegen, nicht zugunsten ihres Arbeitgebers »Staat«. Mit Anfang 40 erkrankt sie an Krebs, besiegt die Krankheit, auf dem weiteren Weg geben verschiedene Knochen nach, man findet Ersatzteile. Der Krebs kehrt zurück, diesmal terminal, Ursula besiegt ihn abermals, denn die Tochter, 35, braucht sie noch, mit der frischen dreijährigen Enkelin. Ursulas Lebenselixier heißt: nützen – sonst nützt doch alles nichts! Aber der zweite Krebs, mit Ende 60, bringt sie ins Straucheln, neue Hüften müssen her, Rollator und Rollstuhl kommen nicht infrage, denn wie soll sie so der Enkelin nützen? Sitzenbleiben? Kommt nicht infrage. Die Hüften passen, die Kraft nicht mehr, Alternativmediziner pumpen Vitamin-Cocktail-Überdosen durch alle Systeme, die Lymphbahnen danken es, fleißig verteilend, mit mehr Krebs. Ursula beschließt zu sterben – nützt ja nichts. Nichts mehr.

Ihre Bitte um Erlösung, dutzendfach geäußert, wird vernommen, aber nicht erfüllt. Man hält sich mit Vorschriften die Ohren zu und lässt sie leiden. Ursula stirbt qualvoll, nach 74 Jahren Leben.

Oma 3, Johanna, geboren 1939, gestorben 2015, zwei Kinder, versagt im System fast vollständig und wird unehrenhaft entlassen. Nach einigen Bauchraum-OPs Mitte der dreißiger Lebensjahre und reichlich Kummer ist ihre Kraft schon Anfang 40 fast erschöpft. Dennoch meistert sie das Leben, sich selbst heilend, oft unter Schmerzen, aber klarkommend mit ihrem Alltag – ganz allein, die Söhne sind aus dem Haus, der Mann auch, von ihr befördert. Johanna verzichtet nach dem Vierzigsten lebenslang auf Arztbesuche, gelegentlich wird der Tierarzt erfolgreich um Rat befragt. Sie konsumiert fast nichts und gibt jeden Cent, den sie erübrigen kann, jenen, die weniger haben als sie, von Afrika bis ins Nachbarhaus. Mit 75 »verknackst« Johanna sich bei der Pflege des kleinen Gartens etwas im Rücken, mit Folgen. Sie kann nichts mehr bei sich behalten, Ruhe und Hausmittel bessern nichts, ein schließlich gerufener Notarzt spritzt eine Überdosis Schmerzmittel und geht wieder. Am Folgetag kann die Erkrankte nicht mehr aufstehen, das Haus muss von den Söhnen aufgebrochen werden, ein Krankenwagen gerufen. Im Krankenhaus folgt die Diagnose, Nierenversagen, die Ärzte raten zu weiterer Ursachenbefundung und zur Dialyse, die Patientin lehnt beides ab und erklärt: »Wenn ich jetzt sterben muss, muss ich sterben. Ich hatte ein gutes Leben.« Die dem Tod Geweihte äußert den Wunsch, gehen zu dürfen, für immer einschlafen zu dürfen. Bei hellem, klarem Verstand. Aber man lässt sie nicht. Und hilft ihr nicht. Konsequent, denn sie hat es nicht anders verdient.

Das System nämlich kann an der sich stur Verweigernden auch nun, final, nichts verdienen, außer ein paar lumpigen Fünfhundertern für das letzte Zimmer. Keine Maschinen, keine Verlängerung, kein BIP-Zuwachs. »Gebracht« hat Johanna nichts, lebenslang sich nicht als nützlich erwiesen, sieht man von den ohne Gegenleistung gezahlten Kassenbeiträgen ab. Aber sie wird sich auch zuletzt nicht besinnen und für Umsatz sorgen.

Johanna ist der Gegenpol zur BIP-Ordensträgerin Martha. Denn Johannas Haltung stellt einen letzten Affront gegen die Maschine dar: Hier kulminiert alles, was die Maschine als menschlich erkennt, mithin als ihre eigene Existenz gefährdend. Denn »der Tod ist die äußerste Form der Konsumverweigerung«,[4] – und die Strafe der Maschine für jeden, der sein souveränes Menschsein auch noch bei klaren Sinnen erklärt, könnte drakonischer nicht ausfallen. Auf dieses freie Ausrufezeichen: »Ich bin ein Mensch, ich entscheide das selbst!«, steht nicht die Todesstrafe, sondern Folter, wie sie inhumaner nicht sein könnte.

Wer in Würde gehen will, mit dem kennen wir keine Gnade. Versteckt unter einem extrem fadenscheinigen Banner, auf dem bleich die Lüge »Christentum« steht, wird der Lebensmüde nach allen Regeln der Folterkunst von uns brutal gepeinigt – zunehmend hilflos, zunehmend unter der fortgesetzten Qual dahindämmernd, winselnd, röchelnd, mit milchigem Blick stumm bettelnd um Erlösung. Aber nicht mit uns. Nicht der Mensch, das Individuum, das Selbst entscheidet hier – wir, die Gesellschaft, vertreten durch unsere Mediziner, entscheiden, wann und »nach welchen Demütigungen und Verstümmelungen (der Kranke) sterben darf«.[5] Denn wir kennen alle Mittel und Wege, diesen Verweigerer bis aufs Mark jede denkbare Form von Agonie zu bescheren – um so gründlicher, sofern der arme Sünder vergessen hat, uns dies rechtzeitig schriftlich zu untersagen. So muss er denn, gewinnbringend, am liebsten jahrelang, wehrlos dämmern zwischen Leben und Tod, morgens mit einem Schlauch befüllt, abends mit einem Schlauch entleert, und wir nehmen ihm mit Wonne und Geduld jeden Rest von Menschenwürde.

Wüssten wir noch, was das tatsächlich bedeutet, Menschenwürde, fiele uns auf, dass wir selbst hier noch weit mehr verlieren als jene, die wir so erbarmungslos zerstören. Und wir können uns bei unserem Treiben nicht einmal wie unsere mittelalterlichen Vorbilder hinter der »Begründung« verstecken, der Mensch da auf unserer weiß bezogenen Streckbank sei ja immerhin eine Hexe, ein Spion oder ein Feind des Königs. Wir foltern im Wissen, dass wir Wehrlose, Unschuldige vor uns haben. Aber uns kann dabei nichts passieren, denn unser Leben endet mit dem Tod, die Hölle ist längst als böses Ammenmärchen entlarvt, und ein Gewissen haben wir ohnehin nicht. Bessere Folterknechte als uns kann es also gar nicht geben.

Der entmündigende Kreis von Geburt bis Tod ist hiermit geschlossen. Und das alltäglich sich in unseren Krankenhäusern abspielende Fanal dient obendrein als Warnung für die, die noch nicht drin sind in der Folterkammer: Wehe, ihr verkündet euren Freiheitswillen oder pocht schwach und stolz auf euer Recht zur Selbstbestimmung. Wer's tut, kann nicht auf Milde hoffen, ihm ist die Höchststrafe gewiss. Von Gott. Aber dieser Gott ist keiner wie Zeus, der Prometheus verdammte, in Ewigkeit alltäglich bei lebendigem Leib seiner Leber beraubt zu werden, von Adlern, ohne Narkose, um den Abtrünnigen zu bestrafen dafür, dass er das Götterfeuer gestohlen und den Menschen gebracht hatte. Zeus war, verglichen mit unserem alleinigen Gott, dem allmächtigen Markt, vergleichsweise mild.[6]

Johanna hatte ein gutes Leben gehabt – ein gutes Sterben war ihr nicht gestattet. Sie hatte gehofft, dass ihr Gott – nicht der aus der Kirche – einen gnädigen Tod schenken werde, entweder per »Totumfallen«, sonst, notfalls, mittels barmherziger Menschen. Beide Wünsche erfüllte Johannas Gott nicht. Weshalb er nicht zumindest die Unbarmherzigen mit einem Blitz hinstreckte, entzieht sich meinem Verständnis, aber die Wege von Johannes Gott waren mir stets unergründlich.

Er konnte wohl nicht – oder wollte nicht. Wozu auch? Hatte Er (gleich welcher) uns doch Herz, Hirn und Moral gegeben, so etwas Einfaches selbst zu entscheiden, barmherzig zu sein. Und ich hätte nicht gezögert, wäre Johanna die Mutter eines anderen Menschen gewesen. Aber Johanna war meine Mutter. Und ich konnte nicht dem Menschen das Leben nehmen, der mir das Leben geschenkt hat. Dennoch sollte das, was meine Mutter bei ihrer stolzen Absage an alle »lebensverlängernden«, umsatzverlängernden Maßnahmen, als Grund für Ihre Entscheidung nannte, nun bitte gehen zu wollen, uns einen Gedanken wert sein. Sie hatte ein gutes Leben gehabt. Sie wollte es nicht schlecht werden lassen – sondern auch gut beenden.

Aber was hatte sie damit gemeint? Mit »ein gutes Leben«? Ein unkompliziertes Leben, ein leichtes, schönes, ohne Leid, ohne Schmerz, ohne Kummer? Bestimmt nicht. Was dann? Ein glückliches Leben? Doch wie geht Glück?[7] Nein, sie hatte durchaus bewusst von »gut« gesprochen, und »gut« bedeutete für sie eben beileibe nicht »leicht und unbeschwert«, nicht: »Wenn jeder nur an sich denkt, ist an alle gedacht.« Ein gutes Leben zu führen – oder am Ende sagen zu können, man habe ein gutes Leben geführt –, ist für einen Menschen mit Herz, Mitgefühl und Moral alles andere als leicht. Ein gutes Leben verlangt einem einiges ab. Und tut gelegentlich verdammt weh.

Ein »gutes Leben«? Meine Mutter war ein Kriegskind mit viel früher Bunkererfahrung. Tochter eines strengen Offiziers, der aus der Kriegsgefangenschaft zurückkehrte und sie schlug, der ihre erste große Liebe, einen Yankee, wütend vom Hof jagte, auf Nimmerwiedersehen. Ein Mädchen, eine Frau mit großer Sehnsucht im sanften Herzen – Sehnsucht nach Sinn, nach Zuneigung, aber auch nach Antworten auf die große Frage: »Wozu sind wir hier?« Irrational, romantisch, mit dem Lebensziel und -zweck, *gut* zu sein, auch und vor allem »eine gute Mutter«. Verheiratet mit einem für sie allzu pragmatischen Mann, geschieden nach 30 Jahren Ehe, ohne Partner für den Rest des Wegs. Eine Löwenmutter und Waldfee, ein großes Herz, ein Hafen im Lebenssturm – für alle anderen, ein liebevoller, mitfühlender Mensch, mit Würde und Anstand, eine sehr »eigene« Frau, die das Wenige, was sie besaß, jenen gab, denen es noch schlechter ging als ihr, die sich aufopferte und wusste, dass das richtig war. Und die sicher wusste, dass danach, in einer anderen, besseren Welt, nicht dieser, das Erdenglück wie der Erdenkummer und der Schmerz enden würden. Vielleicht für immer. Sofern sie ihre Prüfung, ihre Lebensaufgabe, gemeistert hatte. Darum hatte sie sich bemüht.

Sie hatte ein gutes Leben gehabt. Ansichtssache, Definitionssache, offensichtlich.

Und jetzt Sie. Was ist ein gutes Leben? Und ist Johannas »gut« überhaupt erstrebenswert? Oder ist es nicht doch eher so, dass »gut« ganz anders geht? Weil wir doch nun mal nur dieses eine Leben haben. Und dass es deshalb nur darum geht, aus diesem einen Leben das Beste zu machen – für uns selbst? Da Nachwuchs längst entbehrlich ist, jeder seines Glückes Schmied und nach unserem Ableben auch keine Götterstrafe für moralisches Fehlverhalten oder Verstöße gegen Kants kategorischen Imperativ droht, ist doch wohl das Beste nicht »gut«, sondern das Beste gerade gut genug für uns. Und danach, bitteschön, unseretwegen: die Sintflut.

Das kann man so machen. Aber man kann diese Selbsterzählung natürlich auch ungeheuer trostlos und erschütternd dämlich finden.

Mir will scheinen, es gibt bessere Erzählungen, diverse, in denen andere Zusammenhänge vorkommen und andere Menschen. Mehr als dieses gähnende Nichts im Leben wie im Tod wie im Danach. Aber in all diesen alternativen Geschichten, die wir uns über uns Selbst und das Leben an sich erzählen, muss ihren gebührenden Platz haben die vollkommen frei vom Selbst gewählte Antwort auf die Frage: Wozu? Sowie, am Rande, Platz für ein paar Kleinigkeiten, die zum Menschsein dazugehören, Kleinigkeiten, die unsere optimierbaren, insgeheim für uns so vorbildlichen Maschinen nicht kennen: unser Glück, natürlich, unsere oft so wundersam irrationalen Gefühle von »Hach, Frühling!« bis »Hach, Kekse!«, aber eben auch, entscheidend, unsere Haltung zum Schmerz, zum Kummer, zum Leid, zu unseren Problemen – und unseren eigenen Erwartungen.

Machen wir's kurz, mit der abschließenden Check- und Fragenliste. Die Antworten stehen dann auf einem anderen Blatt – sind ja Ihre eigenen. Und deshalb steht vor den folgenden paar Fragen auch gelegentlich kein »Sie«, sondern ein »Ich«. Denn ich behandle oder berate Sie ja nicht, es steht mir überhaupt nicht zu,

Ihnen in irgendwas hineinzureden. Das machen Sie mal schön selbst. Und mit dem hier und da auftauchenden monologischen Ich vorneweg können wir beide die Fragen später als Gedankenstütze oder Erinnerung verwenden. Mein Ich und Ihr Ich, jedes für sich.

(Nichts für ungut, aber: Was Sie aus diesen Fragen machen, ist doch nicht mein Problem. Ich habe schon mit meinen eigenen Fragen mehr als genug Probleme.)

Schmerzen

Habe ich Schmerzen? Natürlich. Immer wieder, immer öfter, ich werde älter. Diverse Schmerzen. Und wie stehe ich zu denen? Können die weg, alle? Und wenn ja, wie?

Es wird wohl niemand bestreiten, dass Schmerz unvermeidlich ist, solange man einen Körper, ein Herz und/oder eine Seele hat. Und Schmerzen wie Schmerzursachen gibt es wie Sand am Meer: vom Herzschmerz auf einer nach unten offenen Skala von »Klappe kaputt« bis »geisteskrank verliebt«; physisch von Kopf über Zahn bis Beinbruch; psychisch – oh, fangen wir doch besser gar nicht erst an. Im zentnerschweren, jedermann zur Verfügung stehenden Schmerzkatalog befinden sich fraglos gewisse Spielarten, die man nicht aushalten möchte, kaum aushalten kann und nicht aushalten sollte: vom Rückenschmerz bei akut nach vorn gefallener Bandscheibe über die Zahnwurzelentzündung bis zum terminalen Krebs. Aber es gibt auch eine ganze Reihe von Schmerzen, die man durchaus aushalten kann – oder könnte. Die man »durchstehen« kann oder könnte. (Oder muss, wie Eltern ganz frischer Kinder wissen, denn in solchen Fällen bleibt einem gar nichts anderes übrig, sofern man nicht eine Oma oder eine Nanny im Wandschrank hat, als jeden eigenen Schmerz waagerecht zu bewältigen, also den ganzen Schmerz hindurch zu stehen.)

Aber was, wenn ich nicht *muss*? Warum *sollte* ich Schmerz ertragen? Aushalten, durchstehen, erdulden? Will ich mir das wirklich antun? Das ist doch nicht schön. Sicher nicht. Aber vielleicht ist es trotzdem sinnvoll, gelegentlich?

Schon die Frage an sich erscheint den meisten offenbar grotesk, denn die in Deutschland alljährlich verschriebenen und von den Kassen erstatteten sage und schreibe 677 Millionen Schmerzmittel-Tagesdosen[8] verschwinden ja offenkundig nicht in einer Minderheit der Schmerzbetroffenen. 677 Millionen bedeuten 8,5 Tagesdosen pro Einwohner und Jahr – die bei unheilbaren Tumorerkrankungen verschriebenen Mittel sind hierbei nicht mitgezählt,[9] die rezeptfrei nicht erstatteten ebenfalls nicht. Höchstens am Rande interessiert uns hier, dass ein rezeptfreies Allerweltschmerzmittel sowohl in den Umsatzcharts (1 Milliarde Euro) als auch in den »Vergiftungscharts« weit vorn liegt, die inzwischen 250 000 Opiat- und Opiodabhängigen[10] lassen wir mitfühlend links liegen, die drakonischen Zulassungsbedingungen für gewisse empörende Kräuter aus der »Apotheke Gottes« (Maria Treben)[11] sowieso. Wir wollen nur konstatieren: Die Zahlen scheinen leise darauf hinzudeuten, dass unsere Schmerztoleranz dank unserer chemischen Wunderabschaltwaffen ein klein bisschen nachgelassen hat.

Wer das nicht *nur* schön, gut und praktisch findet, outet sich natürlich sofort als Fortschrittsgegner, Höhlenmensch und Schrat, aber der Hinweis sei dennoch gestattet, dass uns traditionell noch ein paar andere Schmerzmittel zur Verfügung standen, alle aus dem gleichen staubigen Regal. Nicht aus dem Regal mit den rezeptfreien Chemikalien, sondern aus dem mit den Tugenden: von Mut über Demut bis Zähnezusammenbeißen, von Geduld über Nachsicht bis Selbstbeherrschung, anzuwenden mittels Liebe, Begeisterung, Pflichtgefühl oder dem ruhigen Wissen um die eigene endliche Position im Zeitstrom zwischen Eltern und eigenen Kindern. Wir machen das aber anders, denn wir wollen nicht zurück in die Höhle. Wozu haben wir denn unsere Wissenschaft, unseren Erfindungsreichtum? Wir brauchen keine Tugenden, wir haben Chemie. Wir schalten den Schmerz ab, schnell.

Diese Selbstbetäubung hat indes weit ernstere Folgen als die von Illich beschriebene, ohnehin schon ernste: »Die Abtötung des Schmerzes verwandelt die Menschen zunehmend in fühllose Zuschauer ihres eigenen verkümmernden Ichs.«[12] Da wir gelernt haben, uns jeder Art von Schmerz zu entziehen, auch dem nur lästigen leichten Kopfweh am Morgen nach dem einen letzten schlechten Bier, nehmen wir aus Erfahrung und völlig unbewusst einen verheerenden Transfer vor: Weil Schmerz vermeidbar ist, gerade der sehr präsente körperliche Schmerz, sehen wir schon lange nicht mehr ein, dass wir diffuse seelische Schmerzen haben und ertragen sollen. Aus der allgegenwärtigen und jederzeit von uns erwirkbaren Betäubung unseres Körpers schlussfolgern wir, dass auch unser psychischer Schmerz eigentlich nicht von uns ertragen werden muss. Daraus wiederum resultiert nicht nur die Abschaltung von Kummer (siehe unten) mittels Psychopharmaka, sondern eine zunehmend zu beobachtende generelle Veränderung unseres Mindsets, unserer generellen Lebens- und Erwartungshaltung. Wir haben es also beim Schmerzabschalten nicht nur mit der längst konstatierten Entfremdung von Körper und Seele zu tun, sondern mit der Ursache für eine grundlegend veränderte Ansicht das Leben betreffend.

Wir haben gelernt, konkret, physisch: Wir müssen keinen Schmerz mehr ertragen. Wohlbefinden ist herstellbar und steht uns zu. Aber dieses Wissen übertragen wir intuitiv vom Körperlichen, Grobstofflichen, ins Feinstoffliche, in unser Fühlen. Wer so tickt, ohne es auch nur zu wissen, dem fällt ganz generell das klare Denken schwer. Oder es fällt gleich ganz aus, denn Denken kann ja auch Kopfschmerzen verursachen, wie jede Anstrengung. Also lassen wir das doch lieber sein, denn wir wollen ja keinen Schmerz an uns heranlassen.

Schmerzbefreite verstehen tatsächlich auch die einfachsten Sachverhalte und Worte nicht mehr. Weder verstehen sie, dass ihre besonderen und persönlichem Wünsche (Glück, Freude,

Lust, Genuss, Gesundheit, Luxusauto, All-inclusive-Urlaub) vollkommen banal und absolut nicht »persönlich« sind, weil sich das ja nun jeder wünscht – abgesehen von dem einen asozialen Buddhisten unter 10 000 –, noch verstehen sie, dass man sich Schmerzen aussetzen *muss*, will man zumindest eine Chance haben, diese Jedermannwunschziele zu erreichen. Denn ganz gleich, ob man einen Platz im Vorstand will, einen Platz vorn auf der Bühne, eine steile Karriere oder eine gute Ehe, es erwarten einen auf dem Weg dorthin eben nicht nur Genuss und Freude, sondern gehörige Schmerzen: Entbehrungen, Kummer, Frustrationen – und alles ohne jegliche Gewissheit, dass diese unsere schmerzhaften Anstrengungen uns dem angestrebten Ziel auch nur näherbringen werden. Die Schmerzen, die wir auf dieser Reise erleiden müssen, erfordern weit mehr als Dolormin, sie erfordern zuförderst die oben genannten staubigen Tugenden. Aber die sind überholt, wir haben ja andere Mittel. Und haben gelernt, dass wir nichts aushalten müssen. Weder Schmerzen noch Mühen.[13]

So ist uns die Abschaltung des körperlichen Schmerzes auch mental nicht sonderlich gut bekommen. Wir halten ja nicht mal mehr steiniges Geläuf auf dem Weg zum Lebens- oder Karriereziel aus. Oder Streit in der Beziehung. Das tut doch alles weh, und das muss ja nicht sein. Also machen wir doch lieber etwas anderes: Wir weichen jedem Schmerz aus. Und so haben wir dank freien Zugriffs auf ein beträchtliches Arsenal an Betäubungsmitteln nicht nur verlernt, auf unsere Körper zu hören. Wir haben auch verlernt, mit Widerständen umzugehen und Krisen zu meistern. Genau dies aber verursacht uns früher oder später ausgesprochen sonderbare, unerklärliche Schmerzen, die wir Kummer nennen könnten, aber bevorzugt Depressionen nennen, weil man mit Kummer nicht so viel verdienen kann. Aber bevor wir uns diesem Kummer zuwenden, brauchen wir noch etwas anderes, und zwar zwingend: Probleme.

Probleme

Habe ich Probleme? Natürlich. Hatte ich je *keine* Probleme? Ja. Am 6. September 1997 zwischen 10 und 10.30 Uhr. Aber um 10.31 Uhr fiel mir dann auf, dass mein vollkommenes, problemloses Glück so gar nicht bleiben würde, nicht bleiben *konnte*, schon deshalb, weil die Welt sich weiterdreht, und als mir auffiel, dass es aus meinem temporären Zustand des vollkommenen, problemlosen Glücks nur noch abwärts gehen konnte, hatte ich sofort ein echtes Problem, nämlich Zukunftssorgen und haufenweise Fragen auf dem Tisch: Was musste, konnte, sollte ich tun, um alle gefährlichen Veränderungen dieses Zustands abzuwehren? Wie konnte ich dafür sorgen, dass meine temporär so wunderbar glückliche Tochter auch am nächsten Tag noch glücklich wäre? (Der Klassenmobber würde sich doch garantiert von seiner Grippe erholen, und was dann?). Wie konnte ich sicherstellen, dass niemand mir den Arbeitsplatz an der Sonne am nächsten Tag streitig machen würde? (Den Job wollten doch alle – und alle waren Raubtiere!) Und schon hatte ich wieder echte Probleme.

Gibt es irgendeinen Menschen, der keine hat? Angelina Jolie hat Probleme. Jeff Bezos hat Probleme, sogar der mächtigste Mann der Welt hat welche, offensichtlich. Es gibt gutaussehende, körperlich kerngesunde Millionenerben mit netter Frau und, selbstgewünscht, ohne Lasten und ohne Verantwortung für irgendwas, die derartige Probleme mit sich oder sonst etwas haben, sodass sie ihr ganzes Leben lang zwischen Flaschenhals und Suizid wohnen. Wer bettelarm ist, hat mehr Probleme, andere, echtere, fraglos. Aber niemand hat *keine* Probleme. Jeder: von Gesundheit bis Kontostand, von Job/kein Job bis Partner/kein Partner, von richtiger/falscher Handytarif bis Sinnfrage.

Das klingt nach einer Binsenweisheit, aber da wir Egozentriker sind und allesamt Hauptdarsteller in unserem eigenen Lebensfilm, machen wir uns oft nicht klar, dass wir uns unsere Probleme größtenteils aussuchen können. Wir haben das bereits in der Abteilung Schmerzen angedeutet, hier sei nur betont: Die meisten unserer Probleme resultieren aus unserem Denken, Fühlen und Handeln. Und wenn unsere Probleme uns übermächtig oder unlösbar erscheinen oder unsere Gesundheit beeinträchtigen, brauchen wir andere. Solche, die besser zu uns passen, solche, die wir lösen können.

Klingt empörend? Redet hier wie ein Blinder von der Farbe – der Mann muss ja nicht mal arbeiten, darf stattdessen zu Hause bleiben und Bücher vollschreiben? Tun wir doch mal so, als wäre das folgende Beispiel erfunden: Ein fleißiger, gut vernetzter Schlaukopf verschafft seinem prominenten Teilzeitarbeitgeber einem 48-Millionen-Vertrag beim Fernsehen, aber der danach entstehende Grabenkampf der in Scharen anreisenden Intriganten um die Plätze an der Sonne beziehungsweise dort, wo gar keine Sonne hinscheint, geht dem Mann auf die Nerven, buchstäblich. Es macht ihm sogar Pickel. Und es widert ihn an, denn er weiß, was er jetzt tun müsste und weiß auch, wie es geht: Will er sich und seinen Platz behaupten, muss er die anderen mit ihren eigenen Mitteln schlagen, muss sie ausmanövrieren und die gefährlichsten Psychopathen in von ihm selbst ausgelegte offene Messer laufen lassen. Dies stellt also das echte Problem A dar, denn diese »Sachzwänge« machen den Mann unglücklich und krank. Die damit verbundene Position bringt aber Geld (für die anspruchsvolle Frau und die Kinder), eine schöne Wohnung und einen gebrauchten Porsche sowie eine Putzfrau. Problem A lässt sich vergleichsweise einfach lösen, mittels Kündigung. Danach ist Mann gesünder, aber hierdurch entsteht Problem B: Mann verliert sein Einkommen und zeitnah seine Ersparnisse, das schöne Auto ist weg, die Frau auch, zu einem neuen Versorger, die eigenen Kinder rufen nicht mal mehr zu Weihnachten an und Mann selbst landet in einer Einzimmerwohnung oder im Zelt. Problem B ist ernst, Problem A auch. Aber niemand anders als man selbst entscheidet, welches Problem man haben möchte: welches man besser erträgt und besser lösen kann.

Wenn Menschen klagen, sie hätten Probleme, und man ihnen nahelegt, sie könnten diese Probleme doch aus der Welt schaffen, indem sie beispielsweise kündigen, sich scheiden lassen und/oder in eine Tonne ziehen, lautet die Antwort in der Regel: »Es macht mich zwar krank, dass ich als gut bezahlter Drücker für die Pharmabranche arbeite und Leute umbringe, aber ich *muss* doch Geld verdienen, denn ich *muss* doch wohnen (gern schön), ich *muss* doch essen (gern gut), und ich *will* doch nicht, dass mein Partner mit jemand anderem abhaut und dass die Kinder nie wieder mit mir sprechen.« Das »Muss« in diesem Satz ist unrichtig. Das »Will« bedeutet eine Entscheidung für ein Problem, nämlich den fiesen Vorgesetzten und/oder Partner, den man in Kauf nimmt, weil man Job und/oder Ehe trotzdem behalten möchte – und sei es, weil man *nicht will*, dass die eigenen Kinder einen nie wieder anrufen. Statt aber einzuräumen, dass man sich selbst für genau dieses eine Problem entschieden hat, behaupten die meisten, sie könnten nicht wählen. Das haben sie aber schon und tun es täglich wieder.

Jammernd behauptet wird hier also ein Zwang, eine Alternativlosigkeit, die de facto nicht vorliegt. Es stimmt zwar, dass ich immer Probleme haben werde, aber es stimmt so ganz und gar nicht, dass »Sachzwänge« diese Probleme machen und ich darauf keinen Einfluss habe. Wir wählen unsere Probleme selbst. Im Fall oben wäre die selbst zu wählende Alternative: »Ich lasse mich ab jetzt nicht mehr von meinem geistesgestörten Abteilungsleiter im Pharmakonzern schikanieren, sondern von Hartz-IV-Beamten, mein Partner haut mit den Kindern ab, zum Abendessen gibt's nur noch Nudeln ohne alles, aber meiner Seele geht's trotzdem besser, weil ich nämlich keine Leute mehr umbringe.«

Beide Probleme sind ernst. Welches gefällt mir besser? A oder B? Welches kann ich, mit etwas Glück, lösen? Und höre ich mir bei meiner täglichen Entscheidung überhaupt selbst richtig zu? Wer da sagt: »Ich werde dafür sorgen, dass meine Ehe funktioniert/mein Job/meine Kinder, und wenn ich dabei draufgehe!«,[14] weiß zwar vielleicht nicht, was er riskiert, aber spricht es zumindest aus. Für die Lösung seines Problems setzt er sein Leben aufs Spiel. Das ist eine Entscheidung, das kann man so machen, aber es ist kein »Schicksal«, auf das man keinen Einfluss hat.

Die dahinterstehende Erkenntnis ist wohl wichtig: Leben bedeutet immer, für jeden Menschen, Probleme. Leben bedeutet immer auch Leiden – nicht durchgehend, hoffentlich, aber immer wieder und mit zunehmendem Alter immer öfter. Daher ist meine Einschätzung, wie gravierend mein Problem ist, auch immer eine Folge meiner Erwartungen (siehe unten) und meines ganz persönlichen Wertesystems. Denn Probleme, Schmerz und Leid ergeben sich auch daraus, was ich generell für erstrebenswert halte. Bin ich diesbezüglich wenigstens halbwegs realistisch, vulgo: halbwegs klar im Kopf? Worauf kommt es an? Auf Genuss? Was bewerte ich als »gut«, was als »schlecht«, was als »Erfolg«, was als »Scheitern«? Meinen Kontostand? Auf welchem Konto: Commerz- oder Karmabank? Hatte ich, wenn ich am Ende zurückblicke, ein gutes Leben, wenn ich jedes Jahr pauschal in der Dom. Rep. war, oder hatte ich ein gutes Leben, wenn ich jedes Jahr die 2500 Euro pauschal nach nebenan gespendet habe, nach Haiti?

Beide Ansichten sind zulässig – die Probleme, die sich aus diesen grundsätzlichen Ansichten ergeben, sind sehr verschieden. Welches Mindset mir ganz persönlich größere Probleme bereitet – und größeren Kummer –, entscheide ich selbst. Im Wissen, dass es kein Leben ohne Probleme gibt, keines ohne Leid, keines ohne Kummer.

Kummer

Habe ich Kummer? Ja, hoffentlich. Natürlich habe ich Kummer, mal mehr, mal weniger. Bin ich traurig, manchmal? Natürlich bin ich traurig. Wie krank, stumpf und empathiefrei muss man sein, wenn man nicht gelegentlich sehr traurig wird? Ob nun im Kleinen, weil ich meinen Job verliere oder meine Frau mich verlässt oder meine Kinder mich nicht leiden können oder wollen, oder grundsätzlicher, weil ich als Mensch groß bin in der Erkenntnis meiner eigenen Nichtigkeit? Weil mir meine eigene Endlichkeit schmerzhaft bewusst ist, meine Sterblichkeit, meine Zufälligkeit, meine Belanglosigkeit. Wer dazu noch über ein Mindestmaß an Mitgefühl verfügt und wahrnimmt, wie unermesslich viel größer das Leid der anderen ist, derer, die nicht das Glück hatten, in Leverkusen geboren zu sein, kann doch gar nicht anders, als gelegentlich bekümmert zu sein.

Uns weiszumachen, Kummer und Traurigkeit seien das gleiche wie »Depressionen« und daher krank und medikamentös behandlungsbedürftig, war eine wahre Meisterleistung des Krankensystems. Dabei können wir an dieser Stelle vernachlässigen, dass manche Antidepressiva bei 90 Prozent der Patienten nicht besser wirken als Placebos [15] Wir können hier obendrein die schwere klinische Depression ausklammern sowie das in festem Halbwissen von jedermann geäußerte Argument, diese sei ein rein biochemischer Vorgang und gar nicht anders zu therapieren als mit Psychopharmaka, denn entscheidend ist: Kummer, Traurigkeit und seelische Erschütterungen sind eben keine Depressionen, sondern normal und absolut zulässig, und gegen die Ursachen von Kummer helfen eben keine Pillen. Denn Antidepressiva stellen das der Traurigkeit oder dem Kummer zugrundeliegende Problem nicht ab. Sie machen weder verstorbene Angehörige wieder lebendig, noch verbessern sie das Herbstwetter.

Unsere Ärzte, die natürlich nichts anderes im Sinn haben, als unseren Schmerz zu lindern, gehen mit unserer ganzen Traurigkeit und unserem Kummer indes ebenso pragmatisch um wie mit unseren körperlichen Schmerzen, schließlich kann man das alles abschalten, niemand muss all dies ertragen. Mein diesbezüglicher Favorit unter all den Neurologen, die von Rebif[16] über Tysabri[17] und Lyrica[18] bis Vigil[19] hartnäckig versuchten, mich in eine Einbahnstraßenkarriere als Junkie zu quatschen, war der Arzt, den ich ein Jahr nach meiner Selbstreparatur aufsuchte, um mir von ihm bestätigen zu lassen, dass ich meinen EDSS-Score entgegen seiner festen Erwartung und entgegen seiner Chemieempfehlungen wieder zurückgeschoben hatte: von 5,5 (25 Prozent Sehen, keine Balance, keine 100 Meter Gehstrecke) auf 1,0 (110 Prozent

Sehen mit Kontaktlinsen, Kribbeln im rechten Fuß, Anreise zum Termin auf dem Motorrad, nach vorherigem langen Spaziergang).

Für den Experten war dieses Gespräch schwierig. Nicht nur, weil inzwischen ein paar Unglückliche an Tysabri gestorben waren, dem Medikament, das er mir so überaus dringend empfohlen hatte. Wegen seiner damaligen leutseligen Verschreibung von Lyrica (»Lesen Sie lieber nicht die Packungsbeilage«) hatten wir uns bereits respektvoll geeinigt (»Lassen Sie unsere Meinungen als Freunde auseinandergehen«), aber nun saß ich ja obendrein recht heil vor ihm, mit meinem Helm auf dem Tisch, und forderte ausgerechnet ihn auf, mir etwas zu bestätigen, was er strikt ausgeschlossen hatte: dass Besserung bei einer klinisch gesicherten, mehrere Jahre extrem fies verlaufenden MS möglich war. Erhebliche Besserung. Das musste er einräumen. Und befunden. Und attestieren.

Aber nachdem wir das geklärt hatten, präsentierte er sich als echter Mensch, als mitfühlender Mitmensch. Gratulierte mir, lobte mich, sah mir in die Augen und nickte, als habe er dort die ganze Wahrheit gelesen. Ich sei tapfer. Ich habe das toll gemacht, bis hierher, aber natürlich mache ein Schicksal wie meines, mit dieser unheilbaren Krankheit, die jeden Tag wieder brutal zuschlagen und endgültig alles zerstören kann, einen tief in der Seele sehr traurig. Das sei ganz normal. Dazu solle ich ruhig stehen. Es nicht verleugnen.

Die meisten seiner Patienten nickten wohl an dieser Stelle. Vielleicht brachen sie auch in Tränen aus. Ich tat beides nicht, sondern sah ihn bloß fragend an, weil ich das Gefühl hatte, endgültig im falschen Kino gelandet zu sein. Worauf er aus dem Fenster sah, in den wolkigen Himmel, wieder mich ansah und fragte: »Kommt Ihnen der November dieses Jahr nicht grauer vor als sonst?«

Darüber musste ich nicht lange nachdenken, sagte: »Nö«, erklärte ihm dann aber auch noch ungefragt, weshalb er recht hatte mit seiner Einschätzung, ich sei nicht total und vollständig happy: »Ich bin pleite. Und müde. Und kaputt, weil mich wegen meiner MS circa zehn Jahre Lebenszeit verloren habe und die meisten meiner Freunde und Arbeitgeber, ich aber immer noch fünf Leute allein ernähren muss. Aber ich bin froh und dankbar über jeden Tag, an dem ich lebend aufwache, denn jeder Tag ist ein Geschenk.«

Worauf er seine Schublade öffnete, nickend, und mir zwei Probepackungen eines Antidepressivums schenkte, mit den Worten, das werde mir sicher helfen. Ich fragte ihn, ob denn »das« tatsächlich mir meine Jobs und meine Freunde zurückbringen werde, mein Konto mit genug Geld für all meine Kinder füllte und mich wieder ganz gesund machen würde. Er lachte ein bisschen, ich auch, ich nahm seine Pillen mit und gab sie zur Entsorgung in der nächsten Apotheke ab, und wir sahen uns nie wieder.

So ganz allein bin ich offenbar nicht mit dieser Art des Verkäuferkontakts. Kritiker der Antidepressiva-Verschreibungspraxis gehen davon aus, dass »bei mindestens 50 % der Diagnosen […} seelische Erschütterungen fälschlich als depressive Verstimmungen diagnostiziert« werden,[20] aber das lässt sich wohl schwerlich allein den behandelnden Ärzten ankreiden, denn die traurigen Patienten werden ja nicht zur Einnahme der Ersatzglücksdrogen gezwungen. So liegt denn wohl eine stille Übereinkunft zwischen Behandler und Patient vor, dass Traurigkeit schlicht nicht opportun ist, wenngleich gelegentlich begründet. Und wenn sich in Krisensituationen das positive Denken und Mir-geht's-gut-Dauergrinsen nicht grundlos von selbst einstellt, provoziert man es eben mittels Chemie. Denn tatsächlich ist für die zutiefst menschlichen Empfindungen Traurigkeit und Kummer in unserer durchoptimierten Welt im Grunde kein Platz mehr. Kummer bringt einem keine »Likes«. Kummer verlangsamt. Seelisch Erschütterte benötigen unsere Aufmerksamkeit, aber Aufmerksamkeit ist Zeit, und Zeit ist Geld. Kummer rechnet sich nicht, Kummer ist nicht ökonomisch.

Unsere stillschweigende Orientierung an unseren fähigen Helfern, unseren intelligenten Maschinen, wird uns spätestens hier, im Kummer, zum Verhängnis. Maschinen haben keinen Kummer. Maschinen sind entweder heil und rund um die Uhr leistungsfähig, oder sie sind kaputt und können weg. Und Maschinen sind garantiert nicht traurig, weil sie das mulmige Gefühl haben, dass ihnen der Zusammenhalt mit all den anderen Maschinen verloren geht oder sie spüren, dass sie in der Matrix hängen, isoliert von allen anderen – und zunehmend von sich selbst. Das bedeutet aber nicht, dass die Maschine Gefühle generell nicht wünscht. Im Gegenteil: Sie verhilft uns zu jedem Gefühl, das uns schneller und leistungsfähiger macht. Nur die bremsenden Gefühle, die schalten wir doch bitte ab.

Tatsächlich entscheidet sich in diesem mit Chemiewaffen geführten Feldzug gegen unseren Kummer weit mehr als nur das reibungslose Funktionieren des Systems. Auch wenn es nur allzu menschlich ist, dass wir Kummer und Traurigkeit nicht mögen und gern vermeiden möchten, fragt sich doch, was eigentlich von uns bleibt, wenn wir diese Traurigkeit ganz ausschalten. Denn wir unterscheiden uns nicht allein dadurch von unseren Maschinen, dass wir den Großteil unserer Energie auf sinnlose Dinge wie Atmen und Stoffwechsel verschwenden, wir unterscheiden uns von unseren Maschinen wie wohl auch von fast allen anderen Lebensformen, die unseren Planeten bevölkern, durch eben jene Fähigkeit zum Kummer.

Keine Maschine weiß, dass sie sterben wird. Auch Käfer, Quallen, Eichhörnchen und Rosenstöcke scheinen dies nicht zu wissen – oder jedenfalls nicht sonderlich bekümmert zu sein, dass sie irgendwann gehen müssen. Wir aber können genau das wissen – und darüber bekümmert sein. Aus dieser Fähigkeit erwächst alles, was menschlich ist: Wir können uns die Zukunft vorstellen, wir können über unsere eigene Existenz hinausblicken. Nur ist diese einmalige Fähigkeit eben ein zweischneidiges Schwert. Sie befähigt uns zu Erkenntnissen, die Quallen und Rosen nicht gewinnen können, sie lässt uns die Welt gestalten und befähigt uns, den uns von der Natur zugewiesenen Platz mittels Erfindungen von Feuer bis Smartphone zu verlassen. Aber der Preis für dieses unerhörte, einmalige Geschenk des Kosmos ist eben die Erkenntnis unserer eigenen Endlichkeit – und unser gelegentlicher Kummer darüber, dass wir wie alle, die wir lieben, sterben müssen.

Es steht wohl zu befürchten, dass wir es schaffen werden, diese unerfreuliche Seite des Menschseins abzuschalten. Die andere Seite verlieren wir dann allerdings auch und hätten so, wenn endlich 10 Prozent von uns gefühllose Maschinen geworden sind und der Rest stumpfe Eichhörnchen, die lediglich Nüsse sammeln und sich fortpflanzen, ohne sich je zu fragen: »Wozu?«, die uns exklusiv geschenkte Erkenntnisfähigkeit tatsächlich nur eingesetzt, um final den Ast abzusägen, auf dem wir sitzen. Versetzt man sich in die Lage einer imaginierten höheren Instanz und betrachtet den Vorgang mit etwas Abstand, ist diese Selbstzerstörung tatsächlich kosmische Comedy, aber für uns, die wir mittendrin sitzen, durchaus betrüblich. Dennoch sollte uns das nicht veranlassen, zu Prozac zu greifen.

Lassen wir uns unsere Fähigkeit zur Melancholie nicht nehmen. Sie ist Voraussetzung für unser Glück.

Erwartungen

Habe ich Erwartungen? Und ob. Aber habe ich auch die richtigen? Und wäre es nicht smarter von mir, im Wissen, dass alles jederzeit enden kann, ganz ohne Erwartungen zu leben? Zumal das den Riesenvorteil hätte, dass ich nie enttäuscht wäre, denn wenn ich nichts erwarte – was oder wer sollte mich dann enttäuschen? Ein Leben ganz ohne Erwartungen hätte wohl durchaus Vorteile, und es mag Buddhisten geben, die das hinbekommen, aber bei aller Bewunderung für dieses gechillte Mindset sollten wir auch nicht verschweigen, dass ohne Erwartungen und unseren sich daraus ergebenden konkreten Wunsch, die nahe oder ferne Zukunft selbst zu gestalten, wohl weder das Rad erfunden worden wäre noch das Smartphone. Ob Rad oder Smartphone begrüßenswerte Erfindungen waren, bewerte jeder bitte selbst – natürlich kann man auch der Ansicht sein, dass es schon ein Riesenfehler von uns war, überhaupt von den Bäumen herunterzukommen.

Während nun die Vorteile des Nichterwartens auf der Hand liegen (keine Enttäuschungen) und die Nachteile auf der anderen Hand (keine Schubkarren), steht uns, den verbleibenden 98 Prozent, eben nicht gesegnet mit wahrem Zen, ein ganzer Kosmos von Erwartungen offen, aus dem wir mehr oder weniger frei wählen können. Dabei vergessen wir allerdings – eben weil wir den Weg des Nichterwartens entweder gar nicht kennen oder nicht in Betracht ziehen –, dass die Zen-Buddhisten in einem Punkt absolut recht haben: Wer Dinge erwartet, die das Leben nicht bieten kann, bettelt um Leid. Tatsächlich kann das die eigentliche Kerndiagnose sein – sofern der ganze Apparat oben ausgeschlossen wurde: Der Patient leidet an falschen Erwartungen.

Auch wenn im Fernsehwerbeblock und auf Facebook Leid keinen Platz hat: Leben ist eben (auch) Leiden, die Kunst besteht darin, es möglichst gut leiden zu können, und wer ganz falsche Erwartungen hat, ist tatsächlich selbst schuld, dass er mehr leidet als nötig.

»Meine Erwartungen wurden mit 21 Jahren auf null reduziert. Seither ist alles Zugabe«, sagte Stephen Hawking. Weshalb der generell wahre Satz eine zusätzliche Portion Sprengstoff enthält. Denn man muss schon einen Zementhelm mitbringen, will man weiter für sich selbst *erwarten*, gesund zu sein und zu bleiben, lange zu leben oder vom Schicksal oder Kosmos mit Wohlstand oder auch nur einem Kleinwagen gesegnet zu werden; »verdient« haben Sie und ich das sicher nicht, wenn Hawking mit ALS leben musste und Mozart nur 33 Jahre alt werden durfte. Es geht beileibe nicht fair zu im Kosmos, denn ginge es, wären Elvis, Prince und Bowie noch am Leben, und Sie und ich nicht. Deshalb ist es auch absurd, wenn der erkrankende Egozentriker sich jammernd fragt: »Warum ich?« Denn die korrekte Frage lautet natürlich: »Warum nicht?« Es ist nichts Besonderes, dass wir überhaupt nicht besonderen Menschen krank werden. Oder sterbenskrank. Oder dass wir sterben. Machen andere auch, dauernd.

Unsere durchschnittlich 18 Arztbesuche pro Jahr legen indes laut Zeugnis davon ab, dass unsere generellen Erwartungen inzwischen völlig absurd sind. Wir erwarten offenkundig, dass der Arzt uns gesund machen kann (kann er nicht), wir erwarten offenkundig, dass Vorsorge und länger leben lässt (tut sie nicht), und wir erwarten, dass Chemie uns heilt (kann sie nicht). Aber diese realitätsferne Wahrnehmung kommt nicht isoliert daher, sie speist sich aus unserer generell lebensfernen Wahrnehmung von Leben, Tod und eigener Bedeutung. Um Missverständnissen vorzubeugen: Natürlich ist es toll, wenn man sich *selbst* wichtig ist, wenn man gern lebt. »Selbstwertgefühl« ist auch toll – allerdings um so toller, wenn man auch einen irgendeinen echt *guten Grund* hat, sich so klasse zu fühlen. Daraus, dass jemand gern lebt, lässt sich viel machen – aber eben kein Anspruch, keine Erwartung und auch kein Kummer, wenn es nicht wie gewünscht läuft mit dem Kerngesunden. Nicht mal dann, wenn wir schwer krank sind. Aber schon gar nicht als Gesunder.

Offenbar bringen wir hier gewohnheitsmäßig einiges durcheinander, ohne uns dessen bewusst zu sein. Vor allem Ursachen und Wirkungen sowie Wünsche und Erwartungen. Denn *wünschen* können wir uns natürlich alles: den legendären Lottogewinn oder, eine sprechende Katze zu besitzen mit 12 Millionen Youtube-Abonnenten, oder den Ehrenplatz in Elon Musks erstem Weltallcabrio und den Vortritt am Ausstieg als erste Frau auf dem Mond. Ich kann mir *wünschen*, der Kosmos möge mich auserwählt haben, lange zu leben, mit 30 auf meiner eigenen Jacht zu sitzen, mit Blondinen auf dem Schoß, Cocktail in der Hand und 12 Millionen extra auf dem Festgeldkonto, obwohl ich nur einer von 7,5 Milliarden bin und mein Opa Milchhändler war. Ich kann auch versuchen, mich beim Kosmos anzuwanzen, indem ich unheimlich fleißig bin und dauernd winke, aber ich kann doch nicht *erwarten*, dass das *klappt*. Verglichen mit dieser Erwartung wäre unsere *Erwartung* auf einen Sechser plus Zusatzzahl im Lotto bei Ausfüllen eines Kästchens (Spieldauer eine Woche) regelrecht realistisch. Sprich: Wer als fünfundzwanzigjähriger Milchhändlerenkel *erwartet*, 50 zu werden, vom Schreiben leben und drei gesunde Kinder durchs Leben begleiten zu dürfen, hat schlicht einen Knall. Der leidet an galoppierendem Irrsinn, an Größenwahn und Selbstüberschätzung, an »delusions of grandeur«. Daran leiden offenbar viele.

Verständlich, sicher. Folge nicht nur der Verwechslung von Wunsch und Erwartung, Folge vor allem des Ausblendens von Tod und Zerbrechlichkeit, Folge einer bildgewaltigen Dauerillusion: von zu viel Kitsch, nicht nur in Gestalt einer Überdosis ARD-Freitagabendfilme (Zimmermädchen angelt sich Millionär, dazu Schafe am Steilhang) oder eben zu viel Youtube (»Ich bin ja wohl schlauer als Dagi Bee, also wird mein Kanal garantiert erfolgreicher!«) oder eben zu viel *Bunte* lesen und denken, frau selbst sei doch höchstens zufällig *noch* nicht Prinzessin (»Aber soo viel besser als ich sieht die kleine Markle ja nun auch nicht aus!«). Aus all diesen Quellen sprudeln Missverständnisse im Dutzend billiger, denn die ganze Welt scheint aus ganz besonderen Menschen zu bestehen, unter anderem aus Abermillionen, die sogar lustigere Katzen haben als Sie und ich[21] – und natürlich auch sonst viel lustigere Leben. Abgesehen von Ihnen und mir sind offensichtlich alle besonders: besonders fröhlich, besonders talentiert (für irgendwas), besonders beliebt, bekannt, populär, besonders besonders. Aber dieser Overkill an scheinbar massenhaft ganz besonderen Menschen sorgt tatsächlich dafür, dass sich unsere Erwartungen verändern – unsere Erwartungen an unsere eigenen Leben. Und an uns selbst. 3 Milliarden Menschen, alle zusammen auf Facebook, führen allem Anschein nach ganz besonders tolle Leben – und sind alle dauernd gesund und glücklich. Das wollen wir auch. Nein, das *müssen* wir auch. Und die Erwartungen, die daraus erwachsen, sind enorm. Nicht nur an unsere Katzen.

Diese alltägliche Inflation an scheinbar Besonderem führt uns in die Irre und denkbar weit weg von jedem Realitätssinn. Das Normale, insbesondere das Fragile, das Menschliche, Sterbliche, alles Leid, ist uns unsichtbar geworden, die Wirklichkeit hat in unserem Denken und Fühlen keinen Platz mehr. Und unsere Kranken und Alten sowieso nicht, denn die stören, empörend, unsere Illusion.

So sind also wir auf unsere eigenen Lügen hereingefallen. Weil es einfach schöner ist, die Realität auszublenden, Tod und Alter auszusperren, aus den Augen, aus dem Sinn, und weil wir uns überaus erfolgreich einreden, wir könnten Krankheit und Tod besiegen – dank unserer Wissenschaftler und unserer Ärzte. Dabei konstruieren wir Kausalzusammenhänge, die keine sind, und übersehen wir die fundamentale Wahrheit, dass wir nicht einmal erwarten können, dass unser weit tägliches Treiben und Machen zum von uns selbst gewünschten Ergebnis führt. Denn selbst das hängt nur sehr bedingt von uns selbst ab, auch wenn wir uns hartnäckig einreden, wir hätten darauf echten Einfluss. Aber den haben wir nicht: keinen echten Einfluss auf unsere Gesundheit und unseren Todeszeitpunkt, keinen Anspruch auf Weiterleben (vulgo: auf ein Morgen), keinen Anspruch auf Glück oder Wohlstand.

Uns steht nichts zu: keine Wunscherfüllung, kein Lohn für unsere harte Arbeit, keine Zielerreichung – und erst recht kein langes Leben und keine Gesundheit. Die »durchschnittliche Lebenserwartung«, von der wir oft hören, ist nicht persönlich gemeint. Es handelt sich nicht um eine gesicherte Mindesthaltbarkeitsdauer, und es gibt für uns keine Reklamationsmöglichkeit, sofern der Kosmos beschlossen hat, uns einfach aus dem Spiel zu nehmen. Wir alle kennen (direkt oder über zwei Ecken) mindestens einen überraschenden Unfalltod oder tödlichen Krebsfall. Und je älter wir werden, desto beunruhigender wird die Zahl der immer näherkommenden Einschläge; irritierenderweise trifft es zunehmend Leute, die weit jünger sind (oder waren) als wir selbst. Und viele von denen waren nicht »ihres Peches Schmied« und haben nichts »falsch gemacht«. Es sind sogar fleißige, vegane Nichtraucher darunter, die ihr ganzes Wohlverhalten und Gemüseessen nicht vor dem Meteoriten geschützt hat, auf dem ihr Name stand.

Wir verdrängen das überaus gekonnt – weil wir so gern Kausalzusammenhänge herstellen. Nicht nur, wenn einer erkrankt oder stirbt, sondern ganz grundsätzlich. Denn wir erzählen uns unsere Lebensgeschichte(n) selbst, und wir finden fiktive Geschichten ganz entsetzlich und unbefriedigend, in denen der Protagonist einfach nur Glück oder Pech hat und in denen aus Handlung A eben gar nicht Resultat B folgt, sondern irgendwas komplett anderes, irgendein sinnloses C. Das passiert uns zwar alle Nase lang, aber wir ziehen es vor, uns eben dies rückblickend so zurechtzuerzählen, dass es schon irgendwie logisch klingt und *Sinn* ergibt: Weil ich dies und das so und so gemacht habe, ist das und jenes passiert im Guten wie im Schlechten. Das ist reiner Unfug, denn auch wenn ich dies *so* gemacht habe (Liebeslied unterm Balkon singen) und darauf *das* passiert ist (sie fand das toll), hätte mir als Nächstes genauso gut passieren können, dass mich ein Bus frontal mitnimmt – und nicht sie mich auf eine ewige schöne Reise durch rosa Wolken.

Wir sind große Erklärer und Sinnstifter – allerdings bevorzugt rückblickend. Denn rückblickend ergibt das meiste, im Guten wie im schlechten, für uns Sinn. Den *hat* es aber nicht. Diesen Sinn *geben* wir den Vorkommnissen, auf die wir tatsächlich fast keinen Einfluss haben oder hatten, jedenfalls weit weniger, als wir nur allzu gern glauben möchten.

Aber da dies zutiefst menschlich ist, weil wir uns eben wahnsinnig unwohl fühlen und allein und hilflos, wenn wir uns unsere ganze Machtlosigkeit eingestehen, wollen wir diese Sucht, Bedeutungen und Zusammenhänge zu erfinden, hier gar nicht weiter ins grelle Licht zerren, sondern uns gegenseitig ein paar niedliche Illusionen gönnen. Denn es ist ja fraglos smart (oder fühlt sich zumindest so an), das Schicksal nicht *zusätzlich* herauszufordern, nicht Bungee mit zu langem Seil zu springen, nicht Kette zu rauchen und nicht von mir zubereitete Kugelfische zu essen. Nichts spricht dagegen, Bedeutungen und Sinnzusammenhänge selbst zu wählen und zu erfinden. Solange man dabei anderen nicht schadet (im Detail eine echte Aufgabe) und solange man selbst dabei gesund und fröhlich ist, lebt man eben in den für einen selbst *richtigen* Illusionen.

Auf einige sollten wir allerdings verzichten. Vor allem auf die, unsere Gesundheit sei »normal«. Gesundheit ist ein Geschenk.

Wenn ich morgens lebendig und sogar gesund aufwache, ist der Tag schon zu 98 Prozent gelungen. Komme ich abends lebend und sogar gesund wieder ins Bett, zu 100 Prozent. Bleibt also nur die Frage, was ich mit dem Tag dazwischen anstelle.

Im Wissen, dass zwei Dinge wahr sind, die nicht gleichzeitig wahr sein können. Zum einen, dass ich der Mittelpunkt des Universums bin. Weil das Universum um mich und meine Wahrnehmung kreist. Wenn ich nicht mehr bin und nicht mehr wahrnehme, ist das Universum vergangen. Für mich. Und Ich ist ja alles, was ich habe. Wahr ist aber auch, dass ich völlig bedeutungslos bin. Für das Universum wie für den Lauf der Dinge. Selbst wenn Elvis, Bowie oder Hawking sterben, nach zwei Tagen machen alle anderen weiter wie gehabt.

Was folgt daraus?

Eine Frage.

Wozu?

Wozu lebe ich? Wozu mache ich das, was ich gerade mache? Und gleich. Und Morgen, sofern es ein Morgen gibt. Und wozu will ich gelebt *haben*?

Die Antwort geben wir uns selbst.

Wer, wie so viele von uns, nach dem Motto lebt: »Nach mir die Sintflut!«, weil es ja keinen Gott gibt und er keine Kinder hat und keine Vergangenheit, entscheidet sich für die vollkommene Bedeutungslosigkeit seines Lebens – und des Lebens an sich. Denn wer so denkt und fühlt, für den entfällt die über das eigene Leben hinausweisende Position im Zeitstrom, die demütige und dankbare Wahrnehmung des Selbst als Bindeglied zwischen den Alten, den Eltern, und den Jungen, den Kindern, womöglich eigenen. Genau diese selbstgewählte Position, die Bertrand Russell als Voraussetzung für jede Form von Glück erkannte, gibt der heillose Egozentriker auf. Wer ausschließlich »jetzt« ist, sich selbst »optimierend«, macht sich selbst und seine ganze Existenz in jedem Jetzt und jedem Danach bedeutungslos. Für sich wie für alle anderen.

Und, nein, nach meinem Dafürhalten ist das nicht egal. Es ist nicht egal, wie wir darüber denken. Selbst wenn wir nicht darüber nachdenken, ist es nicht egal, denn auch daraus folgen unser Denken und Fühlen – und unser Handeln. Für und gegen uns selbst, für und gegen alle anderen.

Wir alle sind Philosophen – und Dogmatiker. Wir entscheiden, was wir denken, worüber wir denken. Und daraus folgt alles andere.

Sie selbst haben ihre Antwort auf die Frage: »Wozu?«

Wozu bin ich hier?

Auf der Welt, in der Welt. Am Leben.

Unsere ganz persönliche Antwort auf die Frage »Wozu?« entscheidet nicht nur darüber, ob wir zweimal im Jahr zum Arzt gehen oder sechsunddreißigmal. Unsere Antwort auf diese Frage entscheidet darüber, wie wir leben und wie wir sterben, glücklich oder sinnlos. Und vermutlich entscheidet unsere Antwort auf die Frage »Wozu?« auch darüber, ob wir gesund sind und bleiben.

(Außer, natürlich, Sie haben sich gerade einen Nagel in den Kopf geschlagen oder einen von mir zubereiteten Kugelfisch gegessen. In dem Fall gehen Sie bitte so schnell wie möglich zum Arzt.)

Dank

An Katharina, die mich Tag für Tag verblüfft und erfreut.

An Katia und Andreas, die vorab gelesen und angemerkt haben, was anzumerken war – für euer Lob (sehr) wie für eure Kritik (noch mehr).

An den anderen Sven, für Zuspruch und für Nachhilfe in Sachen Richterskala.

An Michael Schickerling, der 1 A lektoriert hat.

An Markus und Rüdiger. An Pascale B. An Gerd Reuther. Sowie an Dr. Einhorn, unbekannterweise: Ich weiß, dass Sie irgendwo da draußen sind.

Literaturliste

Grundsätzliches

Langbein, Kurt; Martin, Hans-Peter; Weiss, Hans: *Bittere Pillen* 2018–2020 (Kiepenheuer & Witsch 2018).
Gröber, Uwe: *Arzneimittel und Mikronährstoffe. Medikationsorientierte Supplementierung* (Wissenschaftliche Verlagsgesellschaft Stuttgart, 3. Auflage 2014).

Arzt, Patient und System

Böttcher, Sven: *Diagnose: unheilbar, Therapie: selbstbestimmt* (Ludwig 2015).
Bartens, Werner: *Lexikon der Medizinirrtümer* (Eichborn 2004).
Bartens, Werner: *Sprechstunde. Woran die Medizin krankt, was Patienten wollen, woran man einen guten Arzt erkennt* (Knaur 2009).
Blech, Jörg: *Heillose Medizin. Fragwürdige Therapien und wie Sie sich davor schützen können* (Fischer 2005).
Frank, Gunter: *Gebrauchsanweisung für Ihren Arzt. Was Patienten wissen müssen* (Knaus 2014).
Frank, Gunter: *Schlechte Medizin. Ein Wutbuch* (Knaus 2012).
Goldacre, Ben: *Die Wissenschaftslüge. Wie uns Pseudo-Wissenschaftler das Leben schwer machen* (Fischer 2011).
Hartwig, Renate: *Der verkaufte Patient. Wie Ärzte und Patienten von der Gesundheitspolitik betrogen werden* (Pattloch 2008).
Langbein, Kurt; Ehgartner, Bert: *Das Medizin-Kartell. Die sieben Todsünden der Gesundheitsindustrie* (Piper 2003).
Reuther, Gerd: *Der betrogene Patient. Ein Arzt deckt auf, warum ihr Leben in Gefahr ist, wenn Sie sich medizinisch behandeln lassen* (Riva 2017).
Schweitzer, Ragnhild und Jan: *Fragen Sie nicht Ihren Arzt oder Apotheker* (Kiepenheuer und Witsch 2017).
Skrabanek, Petr; McCormick, James: *Torheiten und Trugschlüsse in der Medizin* (Kirchheim 1993).
Weiss, Hans: Korrupte Medizin. *Ärzte als Komplizen der Konzerne* (Kiepenheuer & Witsch 2008).

Pharmaindustrie

Angell, Marcia: *Der Pharma-Bluff. Wie innovativ die Pillenindustrie wirklich ist* (Kompart 2005).

Blech, Jörg: *Die Krankheitserfinder. Wie wir zu Patienten gemacht werden* (Fischer 2003).

Goetzsche, Peter: *Deadly Medicines And Organized Crime. How Big Pharma Has Corrupted Healthcare* (Radcliffe 2013). Deutsche Ausgabe: *Tödliche Medizin und organisierte Kriminalität* (Riva 2015).

Goldacre, Ben: *Die Pharma-Lüge. Wie Arzneimittelkonzerne Ärzte irreführen und Patienten schädigen* (Kiepenheuer & Witsch 2013).

Kassirer, Jerome P.: *On the Take: How Medicine's Complicity with Big Business can Endanger Your Health* (Oxford University Press 2005).

Wittig, Frank: *Die weiße Mafia. Wie Ärzte und Pharmaindustrie unsere Gesundheit aufs Spiel setzen* (Riva 2015).

Walter Caroline; Kobylinski, Alexander: *Patient im Visier. Die neue Strategie der Pharmakonzerne* (Suhrkamp 2011).

Ernährung

Campbell, Colin T.: Whole. *Rethinking the Science of Nutrition* (Benbella 2013).

Pollan, Michael: *Das Omnivoren-Dilemma. Wie sich die Industrie der Lebensmittel bemächtigte und warum Essen so kompliziert wurde* (Arkana 2011).

Pollan, Michael: *Food Rules. An Eater's Manual* (Penguin 2009).

Pollmer Udo; Fock, Andrea; Gonder, Ulrike; Haug, Karin: *Prost Mahlzeit* (Kiepenheuer & Witsch 2006).

Pollmer, Udo; Warmuth, Susanne: *Pillen, Pulver, Powerstoffe. Die falschen Versprechen der Nahrungsergänzungsmittel* (Eichborn 2008).

Popp, Fritz-Albert: *Die Botschaft der Nahrung* (Zweitausendeins 1999).

Nerven und Gehirn

Doidge, Norman: *The Brain that Changes Itself. Stories of Personal Triumph from the Frontiers of Brain Science* (Silberman 2007). Deutsche Ausgabe: *Neustart im Kopf. Wie sich unser Gehirn selbst repariert* (Campus 2014)).

Jelinek, George: *Overcoming Multiple Sclerosis. The Evidence-based 7 Step Recovery Program* (Allen & Unwin 2016).

Jelinek, George; Law, Karen: *Recovering from Multiple Sklerosi.: Real Stories of Hope, Life and Inspiration* (Allen & Unwin 2013).

Köpke, S.; Richter, T.; Kasper, J.; Heesen, C.: *Schubtherapie der Multiplen Sklerose. Schulungsbroschüre* (Universitätsklinikum Hamburg-Eppendorf 2006/2013).

Mutter, Joachim: *Lass dich nicht vergiften! Warum uns Schadstoffe chronisch krank machen und wie wir ihnen entkommen* (Gräfe & Unzer 2012).

Philosophie, Wissenschaft, Zahlen und mehr

Bröckers, Mathias: *Können Tomaten träumen? Von der Intelligenz der Erde – Aufbruch zu einem neuen Naturverständnis* (Westend 2015). Originalausgabe *Das sogenannte Übernatürliche* (Eichborn 1998).

Böttcher, Sven: *Quintessenzen. Überlebenskunst für Anfänger* (Ludwig 2013).

Canguilhem, Georges: *Gesundheit – eine Frage der Philosophie* (Merve 2004).

Dispenza, Joe: *Du bist das Placebo – Bewusstsein wird Materie* (KOHA 2014).

Gigerenzer, Gerd: Risiko. *Wie man die richtigen Entscheidungen trifft* (C. Bertelsmann 2013).

Illich, Ivan: *Die Nemesis der Medizin. Die Kritik der Medikalisierung des Lebens* (Beck, 4. Auflage 1995). Ursprünglich erschienen als: *Die Enteignung der Gesundheit* (Rowohlt 1975).

Kahnemann, Daniel: *Schnelles Denken, langsames Denken* (Siedler 2012).

Manson, Mark: *The Subtle Art of Not Giving a Fuck. A Counterintuitive Approach to Living a Good Life* (HarperOne 2016).

Sheldrake, Rupert: *Sieben Experimente, die die Welt verändern könnten. Anstiftung zur Revolutionierung des wissenschaftlichen Denkens* (Scherz 1994).

Myss, Caroline: *Why People Don't Heal And How They Can* (Ballantine 1997). Deutsche Ausgabe: *Mut zur Heilung* (Droemer Knaur, 2000).

Rinpoche, Sogyal: *Das Tibetische Buch vom Leben und Sterben* (Fischer 2004)

Russell, Bertrand: *Die Eroberung des Glücks* (Allen & Unwin 1930, Holle 1951, Suhrkamp 1977).

Siegel, Bernie: *Prognose Hoffnung. Liebe, Medizin und Wunder* (Ullstein 2003).

Simonton, O. Carl; Matthews Simonton, Stephanie; Creighton, James: *Wieder gesund werden. Eine Anleitung zur Aktivierung der Selbstheilungskräfte für Krebspatienten und ihre Angehörigen* (Rowohlt 2001).

von Weizäcker, Victor: *Warum wird man krank? Ein Lesebuch* (Suhrkamp 2008).

Walach, Harald: *Weg mit den Pillen! Selbstheilung oder warum wir für unsere Gesundheit Verantwortung übernehmen müssen* (Irisiana 2011).

Welzer, Harald: *Selbst denken. Eine Anleitung zum Widerstand* (Fischer 2013).

Anmerkungen

Zuerst

1 Mark Manson, *The Subtle Art of not giving a fuck*, S. 36.
2 Für Erbsenzähler: Es könnten auch »nur« 17 sein, die Datenlage ist nicht ganz eindeutig. Und 17 oder 18 schaffen auch nur die gesetzlich Versicherten, nimmt man die privatvorauslegenden Versicherten hinzu, sinkt der Schnitt auf 10 Besuche pro Jahr (vgl. Reuther, *Der betrogene Patient*, S. 317 f.). Die Zahl der Besuche hat sich in den letzten 25 Jahren verdoppelt.
3 Canguilhem, *Gesundheit – eine Frage der Philosophie*, S. 41.
4 Siehe Der gemeine Kreative, »Content is King. Distribution is God«, *Rubikon*, 12. Mai 2017, https://www.rubikon.news/artikel/content-is-king-distribution-is-god.
5 Der 2009 gesetzlich reformierte Morbiditätsorientierte Risikostrukturausgleich (Morbi-RSA) ist eine tolle Idee: Alle gesetzlichen Krankenkassen zahlen in einen Fonds ein, und wer besondere Last trägt, also besonders viele chronische Fälle unter seinen Versicherten hat, bekommt mehr Geld aus der gemeinsamen Soli-Schatulle. Das ist wunderbar. Die Kehrseite ist allerdings, dass zum Beispiel ein MS-Kranker, der sich bockig selbst zu therapieren versucht und die Diagnose »chronisch unheilbar« überhaupt nicht einsieht, der für ihn zuständigen Kasse eben kein Extrageld aus dem Fonds einbringt. Ein bereitwillig chronisch Kranker hingegen nützt der Kasse. Ob bei dieser Sachlage das Interesse der Kasse zunimmt, den Patienten als »gesund« zu führen, darf bezweifelt werden. Bei weitergehendem Interesse an diesem Thema dient Wikipedia als feiner Recherchestartpunkt: Unter dem Punkt »Morbi-RSA-Wirksamkeit« findet sich selbst mit nur minimaler Fantasie der Teil des Problems, der Sie selbst betrifft (https://de.wikipedia.org/wiki/Risikostrukturausgleich). Ein ausdrückliches Zusatzlob sei an dieser Stelle aber dem unbekannten Gesundheitsmarkt-PR-Genie gezollt, das diese grandiose Erfindung wirksam sprachlich infantilisierte und klanglich als irgendwas ungeheuer Niedliches etablierte: Stofftier? Südafrikanische Plüsch-Vuvuzela? Na, jedenfalls, richtig gefährlich ist so ein »Morbi« garantiert nicht.

Unheil

1 Vgl. Jörg Spitz, Anno Jordan, »Hochdosistherapie mit Vitamin D, Anmerkungen zum Coimbra-Protokoll«, https://lsms.info/index.php?id=185.
2 Vgl. Schweitzer/Schweitzer, *Fragen Sie weder Arzt noch Apotheker*, S. 21.

3 Vgl. http://www.bundesaerztekammer.de/fileadmin/user_upload/downloads/pdf-Ordner/Statistik2016/Stat16AbbTab.pdf. »Damit waren im Jahr 2016 im Bundesgebiet 378 607 Ärztinnen und Ärzte tätig, 7 305 mehr als im Vorjahr. Von ihnen arbeiten 194 401 im Krankenhaus. Deutlich kleiner ist die Gruppe der ambulant tätigen Ärztinnen und Ärzte mit 151 989. Hinzu kommen 32 217 Mediziner, die bei Behörden, Körperschaften und in sonstigen Bereichen beschäftigt sind« (http://www.bundesaerztekammer.de/ueber-uns/aerztestatistik/aerztestatistik-2016). Das ist allerdings viel zu wenig, jedenfalls nach Ansicht des Vorsitzenden der Bundesärztekammer, der wesentlich mehr Geld für das System einfordert, das uns schon heute so ungeheuer schadet.

4 Vgl. Jörg Blech, *Die Krankheitserfinder*, S. 221.

5 Vgl. »Lebenserwartung in Industrienationen sinkt«, *Süddeutsche Zeitung*, 14. Januar 2018, http://www.sueddeutsche.de/wirtschaft/versicherungen-lebenserwartung-in-industrienationen-sinkt-1 3824752. »Kaum ein Land gibt für sein Gesundheitswesen so viel aus wie Deutschland – doch das führt nicht automatisch zu einer höheren Lebensqualität. Zu diesem Schluss kommt eine Studie von Gesundheitsökonomen um Irene Papanicolas für die elf wohlhabende Länder untersucht wurden. [...] Deutschland [landet] bei der Lebenserwartung auf dem vorletzten Platz: Die Deutschen werden im Schnitt 80,7 Jahre alt, einzig die USA schneiden schlechter ab.« (Zitiert nach Daniel Tautz, »Hohe Kosten, trotzdem Mittelmaß«, *Zeit*, 14. März 2018, http://www.zeit.de/wissen/gesundheit/2018-03/gesundheitssystem-deutschland-bruttoinlandsprodukt-lebenserwartung.) Die vollständige Studie von Irene Papanicolas findet sich »barrierefrei« hier: »Health Care Spending in the United States and Other High-Income Countries«, *Jama*, 13. März, 2018, https://jamanetwork.com/journals/jama/fullarticle/2674671?alert=article&alert=article.

6 Vgl., »Lebenserwartung in Deutschland deutlich kürzer als in Spanien« *Handelsblatt*, 23. November 2017, http://www.handelsblatt.com/panorama/aus-aller-welt/gesundheit-lebenserwartung-in-deutschland-deutlich-kuerzer-als-in-spanien/20623326.html.

7 Vgl. Werner Bartens, »Mitte 60 fängt das Leiden an«, *Süddeutsche Zeitung*, 17. Mai 2010, http://www.sueddeutsche.de/wissen/lebenserwartung-und-wohlbefinden-mitte-faengt-das-leiden-an-1 552144.

8 Die Gesundheitsausgaben beliefen sich im Jahr 2014 auf rund 344,2 Milliarden Euro – das entspricht 4 213 Euro je Einwohner und einem Anteil von 12 Prozent am Bruttoinlandsprodukt. (https://www.bundesgesundheitsministerium.de/themen/gesundheitswesen/gesundheitswirtschaft/bedeutung-der-gesundheitswirtschaft.html). Die jährliche Wachstumsrate liegt bei im Industrievergleich höchst erfreulichen 2 bis 3,5 Prozent, woraus sich per vorsichtiger Schätzung für Ende 2017 die »etwa 350 Milliarden« ergeben.

9 Die »5,5 Milliarden« sind abermals eine Schätzung unter verhaltener Annahme, denn »insgesamt waren zum 31. Dezember 2015 rund 5,3 Millionen Beschäftigte in Deutschland im Gesundheitswesen tätig. Im Vergleich zum Vorjahr ist die Zahl um 112 000 (+ 2,2 %) gestiegen« (https://www.destatis.de/DE/PresseService/Presse/Pressemitteilungen/2017/01/PD17_030_23621.html). Zum 31. Dezember 2017 ergibt sich daraus der genannte Wert von circa 5,5 Millionen.

10 Die Gesundheitswirtschaft ist nach der Bankwirtschaft auch zweitgrößter »Verbraucher« von BIP – und dank alljährlicher staatlicher Milliardenhilfen de facto permanent im Modus »bail-out«. Vgl. Reuther, a. a. O., S. 260 f.

11 »Nicht zu den Beschäftigten im Gesundheitswesen gezählt werden ehrenamtlich Tätige sowie Beschäftigte, die als Beauftragte aus anderen Sektoren in Einrichtungen des Gesundheitswesens tätig sind. Dies können z. B. Handwerkerinnen

und Handwerker sein, die Reparaturen in einem Krankenhaus durchführen, deren Arbeitgeberinnen und Arbeitgeber aber ein Handwerksunternehmen ist. [...] Beschäftigte aus dem expandierenden Bereich ›Wellness‹ werden innerhalb der Gesundheitspersonalrechnung nicht berücksichtigt, da hier die Bewältigung oder Linderung von Gesundheitsproblemen nicht vornehmliches Ziel ist.« (http://www.gbe-bund.de/gbe10/abrechnung.prc_abr_test_logon?p_uid=-gast&p_aid=0&p_knoten=FID&p_sprache=D&p_suchstring=12049).

12 Vgl. »Ruhe in Frieden, Bruttoinlandsprodukt«, *Rubikon*, 6. Mai. 2017, https://www.rubikon.news/artikel/ruhe-in-frieden-bruttoinlandsprodukt. Ausführlicher in Böttcher/Bröckers, *Die ganze Wahrheit über alles* (Westend 2016), dort umzingelt von 70 weiteren Diagnosen.

13 Eine Alternative zum BIP wird spätestens seit 2009 dringend, aber erfolglos gesucht. Die vom französischen Präsidenten Nicolas Sarkozy eingesetzte Stiglitz-Kommission forderte schon damals, die Politik müsse »schnellstens« handeln, konnte allerdings keinen konsensfähigen Vorschlag vorlegen, obwohl Einigkeit bestand (und weiter besteht), dass das BIP nichts taugt. Das ist nichts Neues, denn Robert Kennedy wusste ja schon 1968: »Das BIP misst weder unseren Verstand noch unseren Mut, weder unsere Weisheit, noch unser Mitgefühl [...]. Es misst kurz gesagt, alles außer dem, was das Leben lebenswert macht.« Diese Einschätzung von Kennedy über BIP-Erfinder Kusnets bis Stiglitz teilte auch die »schnellstens« vom deutschen Bundestag 2013 eingesetzte Enquete-Kommission »Wachstum, Wohlstand, Lebensqualität« – ohne daraus jedoch bis heute irgend etwas Nützliches entwickelt zu haben. Bislang ist nämlich niemand auf den Trichter gekommen ist, was bei unserem »neuen BIP« der gemeinsame Nenner sein könnte von Zufriedenheitsniveau, Lebensdauer und Größe des ökologischem Rucksacks. Mangels Genies debattieren wir uns also fröhlich weiter einen Wolf und stören das BIP nicht bei seiner zerstörerischen Arbeit.

14 »Das deutsche Gesundheitswesen bleibt ein Beschäftigungsmotor [...] Von 2009 bis 2014 stieg die Zahl der Arbeitskräfte um 10 Prozent (476000). Die Altenpflege erwies sich als der stärkste Wachstumssektor.« (Pressemeldung des Bundesgesundheitsministeriums, 27. Januar 2016; https://www.bundesgesundheitsministerium.de/ministerium/meldungen/2016/mehr-personal-im-gesundheitswesen.html).

15 »Die Gesundheitswirtschaft ist eine Wachstumsbranche auf Expansionskurs. Ihre Bruttowertschöpfung ist in den letzten elf Jahren mit einem durchschnittlichen jährlichen Wachstum von 3,5 % deutlich schneller als die Gesamtwirtschaft gewachsen. [...] Die von der Gesundheitswirtschaft im Jahr 2016 generierte Bruttowertschöpfung betrug rund 12 Prozent des Bruttoinlandsproduktes.« (Bundesgesundheitsministerium, Pressemitteilung zur Bedeutung der Gesundheitswirtschaft; https://www.bundesgesundheitsminiterium.de/themen/gesundheitswesen/gesundheitswirtschaft/bedeutung-der-gesundheitswirtschaft.html.)

16 Im Jahr 2014 exportierten die Unternehmen der Gesundheitswirtschaft Güter im Wert von rund 106,7 Milliarden Euro. Den Exporten standen Importe in Höhe von 85,7 Milliarden Euro gegenüber, damit ergab sich ein Außenhandelsüberschuss von 21 Milliarden Euro. (Bundesgesundheitsministerium, ebd.)

17 »Around 100 000 people die each year in the United States because of the drugs they take even though they take them correctly. Another 100 000 die because of errors, such as too high dose or use of a drug despite contraindications. [...] The European Commission has estimated that adverse reactions kill about 200 000 EU citizens annually (at a cost of 79 billion) [...]. This means that in the United States and Europe *drugs are the third leading cause of death after heart attack and*

cancer.« (Goetzsche, ebd. S. 259.) Das ist nur die Spitze des entsetzlichen Eisberges, denn zu diesen 300 000 bis 500 000 Todesopfern kommen weitere Millionen, die nicht sterben, aber ernste lebenslange »Medikamentenschäden« davontragen, die sie zu Behinderten und Pflegefällen machen (vgl. ebd. S. 260 f.). Vgl. auch https://www.aerzteblatt.de/nachrichten/66550/US-Studie-Medizinische-Irrtuemer-dritthaeufigste-Todesursache.

18 Griechisch »iatros«, deutsch »Arzt« und »genesis«, deutsch »Ursprung, Ursache«.

19 Während Peter Goetzsche und Gerd Reuther (siehe gleich) von 200 000 bis 300 000 iatrogenen Todesopfern ausgehen, räumt die Bundesärztekammer für 2016 nicht ganz so viele Tote durch Behandlung ein – nämlich nur 96. Warnung oder Entwarnung liegen hier also offenkundig im Auge des Betrachters. Der Tod durch Klinikkeime (15 000 bis 40 000 Opfer, umstritten) gilt (höchstrichterlich so betrachtet) nicht als medizinisch verursachter Tod. Da nun obendrein, wer mehr oder weniger massiv behandelt wird, in der Regel vorher eine Diagnose hatte, und der behandelnde Arzt im Fall des Patientenverscheidens selbst den Totenschein ausstellt, verschwinden medizinische Opfer (mangels Vorhandensein der Ankreuzmöglichkeit »Lag wohl an mir, am Medikament oder der Behandlung« in den Todesartenkategorien Schlaganfall, Herzinfarkt, Brustkrebs, Magen-Darm-Blutungen, Sturz et cetera sowie im Sammelsurium der mindestens 30 Prozent Fehldiagnosen, welche die Totenscheine schmücken, also zentrales Kreislaufversagen, Herzstillstand etc.. Lediglich der Vermerk »Todesursache unklar« auf dem Totenschein würde zu polizeilichen und staatsanwaltlichen Ermittlungen führen, zu Obduktionen und beispielsweise der Bestimmung von Medikamentenspiegeln im Blut der Verblichenen. »Herzinfarkt« hingegen fällt unter »natürliche Todesursachen«, alle Nachfragen erübrigen sich.

Hierbei ist zusätzlich ausdrücklich zu betonen, dass der von Goetzsche und Reuther ermittelte Platz 3 durch iatrogene Todesursachen insofern irreführend ist, als auf den Plätzen 1 und 2 der Liste mit den Ursachen für die jährlich etwa eine Million Todesfälle (genau 925 000 im Jahr 2015) tatsächlich *Krankheiten* stehen – aber der durch Medikamente oder Behandlungen verursachte Tod *ist* eben *keine* Krankheit, müsste also in einer fair gehandelten Liste antreten gegen andere nicht krankheitsbedingte Todesursachen wie Transportunfälle (3688 im Jahr 2015), Stürze (12 000) oder Diverse (knapp 35 000, inklusive Beim-Fensterputzen-Verunglücken) (vgl. https://www.destatis.de/DE/PresseService/Presse/Pressemitteilungen/2017/01/PD17_022_232.html;jsessionid=AE7A2239208984BF255580E73D61B87F.InternetLive2). Der nicht-natürliche, iatrogen versursachte Tod durch Medikament oder Behandlung läge somit unter den nicht krankheitsbedingten, nicht natürlichen Todesursachen deutlich vorn, mit weitem Abstand. Wie weit dieser Abstand ist, bleibt indes strittig. Dr. med. Reuther führte hierzu aus, da er allein für Deutschland auf schätzungsweise 300 000 Opfer pro Jahr kommt, nicht auf europaweit 200 000 (wie Goetzsche) – ich zitiere mit seiner Genehmigung aus seinem Schreiben an mich:

»Nun, woher kommt meine qualifizierte Abschätzung? Es sind die Daten über die 30-Tage-Sterblichkeit einer europaweiten Studie für Deutschland (2,5 %) bei mindestens 8 Mio. Operationen in Narkose. Die aus mehreren Studien abgeleiteten 60–70 000 Medikamententoten sind sogar mit deutschen Daten abgesichert, die eine medikamentös bedingte Sterblichkeit von 0,3 % der stationären Patienten ermittelt haben. Bei 20 Millionen Patienten sind wir bei mindestens 60 000. Und die Infektionstoten durch Klinikkeime sind mindestens 30 000 nach den Schätzungen des Deutschen Instituts für Krankenhaushygiene. Lebensweltlich auch gut nachvollziehbar: Bei 800 Akutkliniken sind dies alle 10 Tage 1 Toter in jedem Krankenhaus. Glaubhaft, da Sie pro Tag in einem Akutkrankenhaus sehr konservativ geschätzt mindestens 10 Patienten haben, die Infektionszeichen entwickeln. In 10 Tagen sind dies 100 und davon stirbt dann einer. Das wäre nur eine Mortalität von 1 % bei Klinikkeimen ... 200 000 + 65 000 + 35 000 = 300 000. Davon darf man dann im Saldo vielleicht 100 000 abziehen, die durch Behandlungen vor einem schnelleren Tod bewahrt wurden. Bei unseren 800 Akutkliniken würde dann an jedem 3. Tag in jeder der Kliniken 1 Leben gerettet. In den USA sind die Zahlen 3–4× so hoch: http://www.webdc.com/pdfs/death bymedicine.pdf.«

Es bleibt natürlich jedem Leser selbst überlassen, welcher Ansicht er zuneigt, also ob er für den Verlauf unserer Argumentation von circa 200 000 (europaweit), circa 300 000 (deutschlandweit) ausgehen möchte – oder eben von insgesamt 96.

20 Ben Goldacre, *Bad Pharma. How Drug Companies mislead doctors and harm patients*, S. IX.

21 Vgl. Nassim Nicholas Taleb, *Antifragilität: Anleitung für eine Welt, die wir nicht verstehen*, S. 175.

22 »It is difficult to get a man to understand something, when his salary depends on his not understanding it.«

23 Deutsche Stiftung für Gesundheitsinformation & Prävention, www.dsgip.de.

24 Ich verzichte an dieser Stelle einfachheitshalber auf eine präzise Aufschlüsselung der Empfänger der 100 bewegten BIP-Millionen, denn ich setze als bekannt voraus, dass auch der Bund (Betreiber des wirtschaftsbegeisterten Bundesgesundheitsministeriums) an den generierten Umsätzen gehörig partizipiert (mittels Erhebung diverser Steuern von Umsatz- bis Körperschafts-, von Gewerbebis Lohn/Einkommenssteuer etc. pp.).

25 Die Lebenserwartung von MS-Betroffenen mit schubförmigem Verlauf beträgt nach einer kanadischen Studie aus dem Jahr 2011 nach der Diagnosestellung noch durchschnittlich 50 Jahre, vgl. www.ncbi.nlm.nih.gov/pubmed/21865212.

26 Geschätzt 50 Prozent der 2014 noch (fälschlich) angenommenen nur 120 000 MS-Diagnostizierten werden medikamentös behandelt. (Vgl. Deutscher Bundestag, 15. Mai 2014, S. 1, http://dip21.bundestag.de/dip21/btd/18/010/18010 15.pdf.)

27 Den Namen einer Ausnahme, also den eines auch öffentlich das Prinzip »Weglassen« nicht ablehnenden Professors und anerkannten MS-Experten, finden Erkrankte bitte selbst heraus, wahlweise im WDR-*Planet-Wissen*-Beitrag »Leben mit Multipler Sklerose« oder im Zusammenhang mit der essenziellen Informationsbroschüre der MS-Ambulanz des Universitätsklinikums Hamburg-Eppendorf. Und Sie, Professor, verstehen hier bitte meine Zurückhaltung richtig, ich will's ja nur denen, die schwarze Listen schreiben, nicht unnötig leicht machen.

28 Das Bundesgesundheitsministerium nennt, Stand Januar 2017, 113 gesetzliche Krankenkassen sowie 41 Unternehmen der privaten Krankenversicherung (https://www.bundesgesundheitsministerium.de/themen/gesundheitswesen/gesundheitswirtschaft/bedeutung-der-gesundheitswirtschaft.html).

29 »Welzers Theorem«, siehe *Selbst denken*, S. 223.

30 Dr. Bernie Siegel schätzte 1986 die Zahl noch etwas niedriger ein, jedenfalls unter den Patienten, wobei Ignoranz und Mittelmaß sich hier in aufschlussreichem Verhalten vereinten: »60–70 % (aller Patienten) sind wie Schauspieler, die eine Rolle proben. Sie produzieren sich nur, um ihren Arzt zufriedenzustellen [...], sie tun, was Ihnen gesagt wird – außer der Arzt schlägt ihnen vor, ihren Lebensstil radikal zu ändern.« (Bernie Siegel, *Diagnose Hoffnung*, S. 44.) Wir können diese 60, 70 oder 80 Prozent und die 80 Prozent mittelmäßiger Ärzte hier ver-

nachlässigen und (hoffentlich) einander überlassen, daher findet sich diese Anmerkung hier hinten, nicht vorne.

31 Schweizer/Schweitzer, *Fragen Sie weder Arzt noch Apotheker*, S. 28.

32 Gigerenzer, *Risiko*, S. 241.

33 Vgl. http://www.cochrane.org, deutsche Internetpräsenz: http://www.cochrane.de.

34 Ob meine Einschätzung der Cochrane Collaboration als »wertvoll« Bestand hat, wird sich erst 2019 ff. zeigen. Zwecks Optimismus thematisiere ich nicht im Haupttext, dass zum Zeitpunkt, da ich dieses Manuskript abschließe, die Gesundheit der Collaboration auf dem Spiel steht. (Vgl. https://www.erzäler.net/?p=2255, bezugnehmend auf Maryanne Demasis Einschätzung im *British Medical Journal*, 16. September 2018; https://blogs.bmj.com/bmjebmspotlight/2018/09/16/cochrane-a-sinking-ship.) Hoffen wir also gemeinsam auf die Selbstheilungskräfte der Cochrane Collaboration, auch wenn es zurzeit nicht gut aussieht.

35 Gigerenzer, *Risiko*, S. 241.

36 Dass unser idealer Arzt Hippokrates ehrt, ist schon deshalb etwas Besonders, weil in Deutschland weder der Hippokratische Eid noch das Genfer Gelöbnis nach der Approbation verpflichtend geleistet werden müssen.

37 Vgl. Schweitzer, S. 22.

38 Ebd., S. 25.

39 Da unser Paradedoktor »nur« Allgemeinmediziner ist, erscheint diese Vorsichtsmaßnahme fast übertrieben, aber Dr. Einhorn weiß eben, dass mindestens 900 000 Patienten pro Jahr sich in deutschen Krankenhäusern infizieren, circa 30 000 versterben daran (Reuther, a. a. O., S. 255), und dass dies nicht am nachlässigen Pflegepersonal liegt, sondern am ständischen Stolz der deutschen Ärzte. Denn natürlich begrüßt man den Kollegen Professor per Handschlag, weil man das so macht. Und natürlich trägt man unterm langärmligen Kittel ein schönes Hemd mit Manschettenknöpfen, weil man das schon immer so gemacht hat. Die dringende Empfehlung der WHO, wegen der hohen Keimübertragungsgefahr kurzärmlig zu arbeiten, wird im Ausland gehört (Großbritannien und Holland machen das längst), aber deutsche Ärzte sind eben stolz auf ihre keimgeladenen Manschetten – sehen ja auch gut aus. Sie töten Patienten, aber sie sind fraglos hübsch. Diese Ärzte sind übrigens die Nachfahren derer, die Ignaz Semmelweis für einen Irren hielten. Sie werden sich erinnern, das war jener, der den Wiener Ärzten nachwies, dass ihre mangelnde Handhygiene allzu viele Jungmütter tötete – und den man fürs Überbringen dieser Wahrheit förmlich mit dem Tode bestrafte. Auch das hat unter stolzen Ärzten Tradition. (Vgl. auch Reuther, a. a. O., S. 36, sowie gern Wikipedia zum Thema »Ignaz Semmelweis«.)

40 Das Marktvolumen der IGEL (Individuelle GEsundheits-Leistungen) beträgt etwa eine Milliarde Euro (https://www.igel-monitor.de/presse/pressemitteilungen/aok-umfrage-igel-markt-waechst-weiter.html), die Angebote nehmen zu (dreieinhalb mal so viele wie noch 2001), die Gesamtkosten sind nach viel Kritik in den letzten Jahren leicht rückläufig, weil im harten IGEL-Markt die Preise für die einzelnen Leistungen rückläufig sind. Der Nutzen der IGEL ist und bleibt gering, der Schaden überwiegt – laut IGEL-Monitor des Medizinischer Dienstes des Spitzenverbandes Bund der Krankenkassen (MDS), denn der bewertete im Februar 2017 nur 3 von 45 getesteten IGEL als »tendenziell positiv«, 4 als negativ, 17 als tendenziell negativ und 15 in Sachen Schaden oder Nutzen als »unklar« (https://www.igel-monitor.de/presse/pressemitteilungen/bilanz-nach-fuenf-jahren-igel-monitor.html). Da ist also noch reichlich Luft nach oben in Sachen: »Bringt nichts. Aber bringt 'ne Menge.«

41 Beispiel Optikusneuritis, die oft am Anfang einer MS-Karriere liegt: »Die Sehstörung bildet sich in 95 % der Fälle zurück. Die hochdosierte intravenöse Methylprednisolon-Gabe beschleunigt die Besserung, verbessert aber nicht das Endergebnis.« (Reuther, a. a. O., S. 171.) Die Kortisonkeule ist dennoch obligatorisch, trotz gelegentlich gehöriger Neben- und Wechselwirkungen (Details unter https://lsms.info/index.php?id=124). Offenlegung: Ich habe Doppeltsehen ohne Kortison-Stoßtherapien ausgestanden, mehrfach. Schön ist das nicht, aber besser als die Keule. Wer lesen kann (zwischendurch), der lese: Köpke/Richter/Kasper/Heesen, *Schulungsbroschüre zur Schubtherapie der Multiplen Sklerose der MS-Sprechstunde des UKE Hamburg* (2008/2013), https://lsms.info/index.php?id=136.

42 Es ergeben sich »aus den mehr als 70 Millionen CT-Scans, die in den USA pro Jahr an Kindern und Erwachsenen durchgeführt werden, geschätzte 29 000 Krebserkrankungen«, vgl. Gigerenzer, *Risiko*, S. 85 f. Die Strahlenbelastung ist in der Regel hundertmal so hoch wie beim Röntgen.

43 Ebd., S. 212 f: »Gynäkologen verstehen so erschütternd wenig von Statistik, dass sie nicht mal begreifen, was sie da lesen, schon gar nicht »was ein positives Mammogramm bedeutet.« In Gerd Gigerenzers legendären Tests mit Gynäkologen hatte nur 1 von 100 Frauen tatsächlich Krebs, 50 Prozent der Ärzte, verwirrt durch all die Zahlen für Prävalenz, Sensitivität und Falschalarmrate, glaubten jedoch, 90 von 100 positiv getesteten Frauen hätten Krebs. Nach abgeschlossenem Kurs »Risikokommunikation« wussten sie es besser, 87 Prozent machten danach alles richtig. Der Kurs wurde, so Gigerenzer, umgehend aus dem Fortbildungsprogramm gestrichen. Gigerenzers Ausführungen zum »Screening auf Brustkrebs« sind indes generell zur vollständigen Lektüre empfohlen: »Die meisten Menschen mit positiven Ergebnissen bei Mammogrammen und PSA-Tests oder mit okkultem Blut im Stuhl haben keinen Krebs« (S. 273).

44 Ebd., S. 225 ff. Testet man 1 000 Frauen im Alter von 40 Jahren auf ein vorliegendes Down-Syndrom ihres ungeborenen Kindes, und ergibt der Test fünfzigmal »falsch positiv«, also falschen Alarm, sowie neunmal korrekt »Alarm«. Somit erwartet tatsächlich nur eine von sechs Frauen mit positivem Ergebnis ein Kind mit Down-Syndrom. Die Mehrzahl dieser gesunden Kinder kommt nicht zur Welt – weil die Frauen, die sich dem Test unterziehen, nicht wissen, wie das Ergebnis zu lesen ist. Und ihre Ärzte auch nicht, offenkundig.

45 Bei Interesse ist dringend zur Lektüre empfohlen – ob Sie nun schon vorsorglich Statine abonniert haben oder (noch) nicht: Jörg Blech, »Der Mythos vom bösen Cholesterin«, *Die Krankheitserfinder*, S. 78 ff.

46 Vgl. Gilbert Welch, *Die Diagnosefalle*, S. 55 ff.

47 Cholesterin ist Fett. Gehirne bestehen zu 10 bis 20 Prozent aus Cholesterin; der Fettanteil der Trockenmasse liegt eher bei 80 Prozent. Eine Senkung des Fettanteils in Blut (und Hirn) erhöht Studien zufolge die Sterblichkeit (vgl. Blech, ebd., S. 81), macht aber anderen Studien zufolge eben doch nicht die Birne weich, erzeugt also keinen Demenz-Nachfolgemarkt. Eine Erörterung des Themas entfällt hier, weil sie mehrere hundert Seiten füllte; die Frage, ob Lipidsenker (nicht nur Statine) generell die Gedächtnisfunktion beeinträchtigen oder ob solche Schlussfolgerungen nur auf einem »Bias«, also verzerrter Wahrnehmung, beruhen, bleibt einstweilen offen. (Vgl. Bettina Krieg, »Das Risiko der Statine – Nutzen-Risiko-Verhältnis ist nicht endgültig geklärt«, *Deutsche Apotheker Zeitung*, Mai 2015, https://www.deutsche-apotheker-zeitung.de/daz-az/2015/daz-37-2015/das-risiko-der-statine.)

48 Siehe Böttcher, *Diagnose unheilbar*, S. 193 ff.

49 Ebd., S. 51, S. 175 ff.

50 Uwe Gröbers Kompendium *Arzneimittel und Mikronährstoffe – Medikationsorientierte Supplementierung* erklärt eben *nicht* Ärzten, dass Raucher von ACE die Finger lassen sollten (das weiß ja inzwischen sogar jeder Patient oder Arzt, der nur die Wartezimmerlektüre liest), sondern klärt den Behandler über biochemische Wirkungen und Wechselwirkungen auf, die im Körper des Patienten ein- oder auftreten, wenn man ihm bestimmte Medikamente respektive Wirkstoffe verabreicht. Der *Gröber* weiß dann auch, wie man hier supplementieren respektive gegensteuern muss, um nicht mit dem verabreichten Medikament mehr Schaden als Nutzen anzurichten. In meinen Laienaugen ist daher Gröbers Buch essenziell für jeden »Verschreiber«, aber entdeckt habe es noch bei keinem meiner (von 2005 bis 2009 zahlreichen) Ärzte – obwohl ich immer sehr genau Buchrücken studiere. Hätte ich nicht selbst nachgeschlagen, wann ich meine Alphaliponsäure – Vorsicht, *keine* Leitlinienempfehlung bei MS! – einnehmen muss und weshalb dringend *mit* Biotin, hätte ich wohl längst keine Fingernägel mehr und auch nicht mehr so schöne Haare. Wer schwerere Geschütze einnimmt und vielleicht sogar mehrere von denen, sollte entweder seinen Arzt oder Apotheker auf den *Gröber* ansprechen oder sich selbst mal ein Buch kaufen. Es gibt inzwischen mehrere vom Herrn G., auch spezifischere für den etwas kleineren Geldbeutel.

51 Seit dem 13. November 2017 gelten Amerikaner mit dem vorher gesunden Blutdruck 140 zu 90 nicht mehr als gesund, sondern als krank, denn der neue Grenzwert beträgt 130 zu 80. Durch diese kleine Veränderung gibt es zukünftig »4,2 Millionen Menschen mehr, die Medikamente verschrieben bekommen« (vgl. Denise Peickert, »Der Streit um die Obergrenze«, *FAZ* 10. Dezember 2017). Schon durch die vorangegangene Senkung des als gesund geltendes Normwerts von 160 zu 100 auf 140 zu 90 – laut Cochrane-Studie war der alte Wert *nicht* zu hoch gewesen – hatte sich die Patientenzahl um 13,5 Millionen steigern lassen (vgl. Wittig, a. a. O., S. 196).

52 Obwohl »86 Prozent (der Ärzte) der Meinung (sind), Bürokratie erschwere ihnen die Ausübung ihres Berufs« (https://www.arzt-wirtschaft.de/aerzte-leiden-unter-zu-viel-buerokratie/), ist die BIP-förderliche, exzessive Verwalterei generell nicht zu bremsen und wächst permanent weiter. »Der Bürokratieindex zog im Vergleich zum Vorjahr leicht an – und zwar um 0,2% oder rund 115 000 Nettoarbeitsstunden im Vergleich zum Jahr 2016. Insgesamt wendeten Ärzte und Psychotherapeuten somit etwa 54 Millionen Arbeitsstunden pro Jahr für administrative Pflichten auf.« Sowie: »Die Reduzierung des Bürokratieaufwands im vertragsärztlichen Bereich um 25% den nächsten 5 Jahren würde jährlich über 13 Millionen Stunden zusätzlich für die Versorgung der Patienten bringen«, so Thomas Kreidel, Vorstandsmitglied der Kassenärztlichen Bundesvereinigung (KBV), zitiert nach Ingolf Dürr, »Bürokratieabbau ist Sysiphosarbeit«, *Allgemeinarzt online*, 15. Januar 2018, https://www.allgemeinarzt-online.de/a/belastung-fuer-arztpraxen-buerokratieabbau-ist-sisyphusarbeit-1858141. Wie hoch die Verwaltungskosten tatsächlich sind, scheint dabei weiterhin ein schwer zu lösendes Rätsel zu sein. Vgl. exemplarisch *Ärzteblatt*, 1. Januar 2012, https://www.aerzteblatt.de/nachrichten/48585/Verwaltungskosten-im-Gesundheitswesen-Milliarden-koennen-eingespart-werden: »Die Verwaltungskosten im deutschen Gesundheitssystem sind offenbar wesentlich höher als bisher angenommen. Einer Studie der Unternehmensberatung A.T. Kearney zufolge entfielen im Vorjahr 23 Prozent der Gesamtausgaben der gesetzlichen Krankenversicherung (GKV) in Höhe von 176 Milliarden Euro auf die Bürokratie.«

53 Vgl. Reuther, a. a. O., S. 308. Die Kassenärztliche Vereinigung ist ein exklusiv deutsches Beschäftigungswunderprogramm, ein »Kartell, das regulative Mechanismen von Angebot und Nachfrage auszuschalten gedenkt« (S. 309) und mit ihren 12 000 Mitarbeitern (etwa einer pro vierzehn Kassenärzten), siebzehn Landesorganisationen und der Bundesorganisation jährlich 35 Milliarden Euro benötigt (Stand 2015, ebd., S. 311). Das ist fürs BIP deutlich besser als die weltweit gängige Praxis, dass Patienten entweder direkt mit ihrem Arzt zu tun haben, auch in Leistungs- und Rechnungsfragen, oder eben direkt mit ihren Kranken*kassen*. Deutlich mehr Beschäftigung bietet zum Preis von 35 Milliarden pro Jahr indes die KV und liefert für diesen stolzen Preis ein ungeheuer kompliziertes Punktesystem, das zwar dem Patienten nicht unbedingt nützt, wohl aber der KV. Und die nützt dem BIP, denn gäbe es sie nicht, wären 12 000 Zettelsortierer arbeitslos. Ob das nicht vielleicht doch besser wäre, kann jeder selbst grob einschätzen, der über ein Werkzeug zur Division von 35 Milliarden durch 12 000 verfügt.

54 Canguilhem, ebd., S. 49.

55 Schweizer, ebd., S. 29.

56 Die mit viel Liebe zum Detail verkomplizierte aktuelle Gebührenordnung für Ärzte (GOÄ) findet sich beim Bundesministerium für Justiz und Verbraucherschutz (https://www.gesetze-im-internet.de/go__1982/BJNR015220982.html). Ergänzende Ausführung hierzu von Dr. Nina Pszolla, Chirurgin: »Die Zuwendung zum Patienten, die gesprochene Medizin, ist keinen Cent wert. Und wird lediglich symbolisch bezahlt. Kostet die angebrochene Stunde bei Anwälten und Steuerberatern 250 Euro, darf der mitunter besser ausgebildete Arzt für die privatärztliche Beratung lediglich einmal in 3 Monaten, bei lebensbedrohlicher Erkrankung, mit seinem Patienten 20 Minuten reden und bekommt dafür rund 20 Euro. Das Erstgespräch zu Erörterung der Beschwerden wird heute mit 4,66 Euro vergütet, das Zweitgespräch mit 3,15 Euro. Der Kassenpatient wird in toto mit rund 23,27 Euro Pauschale abgegolten, egal was gemacht wurde, auch wenn man ihn eine Stunde über einen schweren Eingriff aufklärt, egal wie oft er im Quartal kommt. Kommt er drei Mal in die Praxis, darf stattdessen die Komplexziffer mit 22,58 – jedoch keinesfalls zusätzlich – abgerechnet werden. Mit Personal und Miete kostet jeder Patienten-Arzt- Kontakt rund 150 Euro, je nach Lage und Mietpreis der Praxis, das heißt, man muss mindestens 6 Patienten pro Stunde durch die Praxis schleusen. Massenabfertigung. Das geht so: Guten Tag-Spritze-Auf-Wiedersehen. Verdient hat der Arzt dann noch immer nichts, aber seine Unkosten gedeckt. Verdient wird nur, wenn der Arzt igelt, d. h. Geräte bedient. […] Der Chirurg lebt aber immer noch nicht von der Gerätemedizin, lediglich von seinen lohngedumpten operativen Eingriffen. Zum Messer greifen soll er aber, nach GOÄ-Vorstellung ohne Erläuterung und Aufklärungsgespräch (für die Diagnose, Indikation, Aufklärung über OP und Verfahrensmöglichkeiten bekommt der Chirurg 20 Euro. Damit ist nicht annähernd die Miete oder das Personal für diese 30 Minuten Gespräch finanziert, da das für Patienten unzumutbar und für den in der Verantwortung stehenden Chirurg ethisch nicht vertretbar ist. […] Wir Chirurgen bringen also für Kassenpatienten das Geld zur Arbeit mit, arbeiten für die Gesetzlichen Kassen ohne Lohn, sind Beamte ohne Rechte und Bezahlung mit allen Pflichten. So schwimmen die Kassen in Feudalgehältern, Milliardensubventionen und Milliardenüberschüssen, bezahlen aber Jahr um Jahr die Eingriffe immer schlechter, den Patienten immer weniger Leistungen, um im Feudalismus weiter zu schwelgen. Dafür bekommen Arzt und zwangsversicherter Patient eben nichts.« Siehe auch: ef 15. Dezember 2009, Nina Pszolla, Gesundheitsfonds: Die Hypo-Real Estate des Gesundheitswesens?

https://ef-magazin.de/2009/12/15/1739-gesundheitsfonds-die-hypo-real-estate-des-gesundheitswesens

57 Siehe beispielsweise Tanja Wolf, »Was darf's denn kosten«, *FAZ*, 17. Januar 2016, http://www.faz.net/aktuell/wissen/arzthonorare-was-darf-s-denn-kosten-14017748.html.

58 Siehe Kristina Ludwig, »Am Ende des Quartals schicken Ärzte Kassenpatienten weg«, *SZ*, 11. Januar 2018, http://www.sueddeutsche.de/wirtschaft/gesundheitspolitik-am-ende-des-quartals-geben-aerzte-kassenpatienten-weniger-termine-1 3820465, sowie die dazugehörige Untersuchung der Universität Hamburg (Center for Health Economics, https://www.hche.de/presse/pressemitteilungen.html#8690463). Weshalb die Ambulanzen der Krankenhäuser zum Quartalsende immer so ungeheuer voll sind und kaum mehr Zeit für die Behandlung von Notfällen finden, ergibt sich mithin direkt aus der hochintelligenten Gestaltung des erwähnten Abrechnungsgerüsts für niedergelassene Ärzte.

59 Bei der Initiative unbestechlicher Ärztinnen und Ärzte steht »Mezis« nicht nur für »Mediziner«, sondern auch für »Mein Essen zahl ich selbst« (https://mezis.de). Ein Besuch der Webseite und die Lektüre der verschiedenen Erklärungen der Vereinsmitglieder lohnt sich für jeden Patienten. Und natürlich sind sehr viele unserer 380 000 ÄrztInnen Mitglieder bei den Mezis, nämlich 789 (Stand 2016).

60 Reuther, a. a. O., S. 40.

61 Reuther, a. a. O., S. 40. Außerdem schreibt Blech, *Heillose Medizin*, S. 61: »Die klassische klinische Untersuchung ergibt, dass 21 Prozent der Menschen Knoten in der Schilddrüse haben; der Ultraschall hingegen wird bei 67 Prozent der Untersuchten fündig. Die meist harmlosen Knoten werden häufig operativ entfernt, was jedoch in 90 Prozent der Fälle überflüssig ist.«

62 Vgl. Schweitzer, S. 131, Schätzung der IARC.

63 Das Risiko, bei Einnahme des MS-Medikaments Tysabri (Natalizumab) an der unerwünschten Nebenwirkung PML (progressive multifokale Leukenzephalopathie) zu erkranken, beträgt etwa 4 zu 1 000, die Sterberate PML-Erkrankter liegt bei etwa 23 Prozent. Wikipedia schreibt: »Die Prognose ist gegenwärtig schlecht. Wenn es nicht gelingt, die Funktion des Immunsystems adäquat zu verbessern, führt die PML innerhalb von durchschnittlich 3 bis 20 Monaten zum Tod.« Der Hersteller des Medikaments veröffentlicht seit 2009 weitere MS/PML-Fälle nicht mehr einzeln, aber das MS-Portal myelounge zählt immer noch mit, siehe http://www.myelounge.de/?p=2119.

64 Ebd. http://www.myelounge.de/?p=2119.

65 Siehe – für MS-Diagnostizierte dringend: Köpke/Richter/Kasper/Heesen, *Schulungsbroschüre zur Schubtherapie der Multiplen Sklerose der MS-Sprechstunde des UKE Hamburg* (2006), S. 8–10, http://www.gesundheit.uni-hamburg.de/upload/Schubtherapie_der_MultiplenSklerose.pdf.

66 »Die Frage, ob die Kortisontherapie zu einer geringeren Beeinträchtigung nach Ende des Schubes führt, kann wegen fehlender Studiendaten nicht beantwortet werden [...] Die Kortisontherapie führt bei einem von vier Behandelten zu einem schnelleren Abklingen des Schubes. Die Wirksamkeit innerhalb von 5 Wochen ist dabei möglicherweise später nicht mehr nachweisbar«, somit »hat einer von vier Behandelten (25 von 100) einen gewissen Nutzen von der Therapie mit Kortison zu erwarten.« (Vgl. »The use of anti-inflammatory corticosteroids for treating acute worsening in people with multiple sclerosis«, *Cochrane Review* 12/2103, http://summaries.cochrane.org/CD001331/the-use-of-anti-inflamma

tory-corticosteroids-for-treating-acute-worsening-in-people-with-multiple-sclerosis.)

67 Exemplarisch sei hier aus meinem Posteingangsordner gewählt die Schilderung von Frau F. aus dem benachbarten Ausland, denn Experten gibt es überall: »Leider konnte ich bisher in Luxemburg keinen Neurologen finden, der meinem Körper die Zeit lässt zu genesen. Nach meiner Ernährungsumstellung letztes Jahr war ich nun über 1 Jahr schubfrei. Seit August plagen mich hauptsächlich Empfindungsstörungen. Zum Neurologen (neuer) war ich jedoch erst heute. Nachdem ich Kortison abgelehnt habe, meinte dieser, das wäre meine Entscheidung, eine Krankschreibung gibt es aber nur in Verbindung mit der Stoßtherapie. [...] Es ist schon traurig, unter welchen Druck man als Patient gestellt wird.« Nach meiner nicht repräsentativen Erfahrung, also dem Posteingangsfach, sind alleinerziehende Mütter mit »CIS«-MS-Diagnose besonders empfänglich für derartige neurologische »Wegweisungen«.

68 Ich hatte das leicht verspätete Glück, ein Jahr nach meiner Diagnose an einen sehr gut informierten und vorwiegend englisch lesenden und publizierenden MS-Forscher zu geraten, der bei meinem ersten Anruf höchst überrascht war, es mit einem *Patienten* zu tun haben, weil ihn natürlich normalerweise nur andere Forscher oder Mitarbeiter von Pharmafirmen anriefen. Seine zweite Frage an mich lautete allerdings: »Nehmen Sie irgendein MS-Medikament?« Als ich Nein sagte, erwiderte er bloß erleichtert: »Gut!« Danach führten wir mehrere für mich höchst aufschlussreiche Gespräche.

69 Petersen u. a., »Epidemiologie der Multiplen Sklerose, Regionale Unterschiede und Versorgungsstruktur in Abrechnungsdaten der gesetzlichen Krankenkassen«, *Der Nervenarzt* 8/2014. Ich habe mir 2017 erlaubt, den Wikipedia-Eintrag mit Hinweis auf die amtlichen Zahlen diesbezüglich zu korrigieren. Wer also weiterhin die Zahlen von vor der Jahrtausendwende abschreibt, kann entweder nicht mal Wikipedia oder führt absichtlich gern in die Irre.

70 Auch die jüngste Revision der McDonald-Kriterien (Januar 2018) dient ausdrücklich dem Zweck, die MS-Diagnosestellung weiter zu beschleunigen (vgl. MS-UK Society, »Revised ›McDonald Criteria‹ expected to speed up the diagnosis of multiple sclerosis«, 2. Januar 2018, http://www.ms-uk.org/revised-mcdonald-criteria-expected-speed-diagnosis-multiple-sclerosis). Aufmerksame Leser finden aber schon in der Pressemitteilung ein schönes Feigenblatt, auf dem steht: »Recent studies suggest misdiagnosis of MS is not uncommon. The paper emphasises that if an individual does not have typical CIS, or is a member of a population in which MS is less common (such as children, older individuals, or non-white populations), additional testing can help gather additional evidence needed to firm up whether the person indeed has MS or something else that may require different treatment and management.« Diese ausdrückliche Aufforderung zu mehr Sorgfalt bei der Anamnese wird von den praktizierenden MRT-Freaks sicher ganz besonders beachtet werden.

71 Arbeitshypothese: MS ist nicht die eine »Krankheit mit den tausend Gesichtern« – unter der Dachmarke MS verbergen sich mindestens sechs Krankheiten, die sich zwar in der Erstmanifestation ähneln (neurologische Ausfälle) und mit Entzündungsherden in Hirn und/oder Rückenmark korreliert sind, indes völlig verschiedene Auslöser haben und unbehandelt völlig unterschiedlich verlaufen.

Typ A ist immunvermittelt, aber keine Autoimmunerkrankung im engeren Sinn, sprich: Das Immunsystem zerschießt aufgrund eines Missverständnisses (molekulare Mimikry) Myelinscheiden. Der degenerative Prozess schreitet fort, wenn das Missverständnis nicht aufgeklärt wird. Typ A erfordert die Zusammenarbeit von Neurologen, Psychoimmunologen und Ernährungsfachleuten.

Typ B ist darmvermittelt. Zugrundeliegende Erkrankungen von »Leaky Gut« bis Zöliakie bis Nahrungsmittelallergien. Der degenerative Prozess schreitet fort, wenn der Auslöser nicht gefunden wird. Typ B ist ein Fall für den Darmspezialisten.

Typ C hat psychische Ursachen. Traumata, Stress, Kummer, im Volksmund verankert als »kaputtes Nervenkostüm«. Der degenerative Prozess schreitet fort, wenn der Auslöser nicht gefunden wird. Typ C ist ein Fall für den Psychotherapeuten und gegebenenfalls für den Psychoimmunologen.

Typ D hat toxische Ursachen: Nervenschädigung durch Exposition des Betroffenen bei gegebenenfalls vorliegender gleichzeitiger Störung der Glutathiontransferase. Der degenerative Prozess schreitet fort, wenn der Auslöser nicht gefunden wird. Typ D ist ein Fall für Umweltmediziner und Humangenetiker.

Typ E beruht auf Mangelerscheinungen. Zugrundeliegende Erkrankungen von perniziöser Anämie bis Fettstoffwechselerkrankungen (vgl Angelique P. Corthals, »Multiple Sclerosis Is Not A Disease of the Immune System«, *Quartely Review of Biology* 4/2011, S. 287 ff., http://www.jstor.org/stable/101086/662453). Typ E ist ein Fall für den fähigen Internisten

Typ F ist eine echte Autoimmunerkrankung. Das durchgeknallte Immunsystem nimmt sich aus komplett unbekanntem Grund die Myelinscheiden vor, circa 5 Prozent der Gesamtfälle. Typ F ist ein Fall für den Neurologen. Und für den Monoklonale-Antikörper-Hausierer.

Typ A bis F enden – falsch oder unzureichend adressiert – mit dem gleichen Ergebnis, ungenau als »PPMS«, wahlweise »SPMS« klassifiziert. Die A-bis -F-Aufstellung ist nicht abschließend präzis, Details sind zu verhandeln. Hinter der Arbeitshypothese aber steht eine nicht unwichtige zweite These: Die kategorische Weigerung der Neurologen, »MS« als mindestens sechs unterschiedliche Krankheiten zu erkennen, ist allein aus der Angst um den Verlust der eigenen Deutungshoheit geboren. Allen eindeutigen Hinweisen zum Trotz bestehen auch »querdenkende« Neurologen darauf, bei allen MS-Formen handle es sich um die gleiche Erkrankung. Alles andere wäre nicht auszudenken, denn es bedeutete den Zusammenbruch des gesamten neurologischen Gedankengebäudes in Sachen MS – und zugleich das Eingeständnis eines jahrzehntelangen Irrtums. Durch das Festhalten an der nach meinem Dafürhalten widerlegten Ansicht, MS sei *eine* Krankheit, spielt die neurologische Forschung und Praxis den Herstellern des (scheinbar) »kleinsten gemeinsamen Nenners« in die Karten – also den Herstellern der Basis- und Eskalationstherapien. Denn um diese »Krücke« (Prof. N. N.) als Leitlinientherapieempfehlung für *alle* Fälle abzulösen, müsste die Neurologie – da MS ihr zufolge ja *eine* Krankheit ist – auch *eine* einheitliche neue Theorie zur Ätiologie und Pathogenese entwickeln. Was seit Jahrzehnten misslingt, misslingen muss – denn für *mehrere* Krankheiten findet man unmöglich *einen* Auslöser. So wird ein dem Patienten dienliches Umdenken in der MS-Therapie erst stattfinden können, wenn die Neurologen einsehen, dass Multiple Sklerosen diverse Krankheiten sind, von denen einige nicht in den neurologischen Deutungs- und Behandlungsbereich fallen.

72 Natürlich, Herr Nicht-Biomediziner-Dr.med., ist eine Zöliakie *selten*, erst recht eine, die vom Darm ausgehend das Hirn schädigt. Kommt aber vor. Und der Ausschluss ist doch gar nicht besonders aufwendig, von echter Laktoseunverträglichkeit bis Gluten, von IgG4 bis IgE. Und wieso haben eigentlich Migränepatientinnen Herde im Kopf, die denen von MS-Kranken ähneln? Und wieso auch Morbus-Crohn-Patienten? Und besteht ein echter Vitamin-D-Mangel? Im Blut? Liegt Gen DRB 15*4 vor? Erklärt das, weshalb der Patient trotz D-Supplementierung seinen OH-25-Wert nicht steigern kann? Auch wenn Sie jetzt entrüstet la-

chen: Borreliose müsste man doch auch, zumindest, ausschließen? Und/oder einen Rantes-Test erwägen, wegen der im Kiefer herumlungernden wurzelbehandelten Zahnzombies? Das intrazelluläre ATP bestimmen lassen? Gar den Adrenalinspiegel? Einen Quecksilber-Provokationstest in Betracht ziehen? (Zu den Vergiftungen kommen wir ja noch im Haupttext, keine Sorge.)

73 Diese Aufmerksamkeitsblindheit kann durchaus auch Experten (be)treffen, die als pharmakritisch gelten. Ein pensionierter MS-Fachmann legte sich nach meinem öffentlichen Outing als MS-Betroffener in einem Forum per Ferndiagnose rasch und endgültig fest, ich hätte gar keine MS und dürfte mich daher im Grunde auch nicht dazu äußern. Ich machte »unerlaubte Werbung« (für ein Enzym), hinzu kam des Experten Frage: »Könnten George Jelinek, Terry Wahls und Sven Böttcher gemeinsame Sache machen? Die Schlange, die man zu bekämpfen sucht, bekommt immer wieder neue Köpfe.«

Die genannten anderen zwei neuen Köpfe der vom ihm zu bekämpfenden Schlange sind Mediziner: Prof. Dr. med. George Jelinek, selbst an MS erkrankt, der eine bemerkenswerte Initiative ins Leben gerufen hat, die MS-Erkrankten sehr hilft – evidenzbasiert. Im Netz findet sich Jelineks Projekt »Overcoming Multiple Sclerosis« unter https://overcomingms.org. Sein Buch zum Thema ist überaus lesenswert, allerdings bis heute nur auf Englisch erhältlich. Die Neurologen, die ich kenne, kennen das Buch nicht. Dr. med. Terry Wahls, ebenfalls selbst an MS erkrankt, fand aus dem Rollstuhl zurück zu Gesundheit und Stabilität und empfiehlt eine mehr oder weniger ketogene Diät. Darüber kann man trefflich debattieren, aber sie im Verein mit mir und Jelinek als Teil einer bekämpfenswerten Schlange zu klassifizieren, hat meiner Meinung nach schon etwas gediegen Ehrabschneidendes.

Das abschließende öffentliche Verdikt des MS-Schlangenbekämpfers lautete nun, Böttcher »könnte ein Betrüger sein«. Der Experte hielt dabei nicht für erwähnenswert, dass zwischen 2005 und 2013 sechs auf MS spezialisierte Neurologie-Professoren meine Diagnose als klinisch gesichert bestätigt hatten – und dass er selbst weder mich persönlich noch meine Befunde je gesehen hatte. Seine Argumentation war aber durchaus schlüssig – in der Blase: Da die eine MS (Ursache unbekannt) unheilbar ist und unumkehrbar, kann ein ein MS-Kranker nach schwerstem Anfangsverlauf inklusive Lähmung von Händen bis Zwerchfell diese *unmöglich* wieder abschütteln und zwei Jahre später wieder Tennis spielen, ergo hatte dieser Patient nie MS gehabt, sondern es musste einen anderen Grund gegeben haben für seine eskalierende Schwäche, die lebensbedrohlichen Lähmungen, die ständigen Schübe, das dauernde Doppeltsehen.

Nur: An genau diesem Punkt in der interessanten Gedankenkette erwies sich der Fachmann nach meinem Dafürhalten als aufmerksamkeitsblind. Denn nehmen wir mal spaßeshalber an, er hätte recht mit seiner Ferndiagnose – ohne jedes Gespräch mit dem Patienten und ohne jedes MRT- oder Blutbild. Nehmen wir an, er hätte, aller gesicherten MS-Diagnosen seiner hochspezialisierten Kollegen zum Trotz, recht gehabt: Ursache meiner fast fatal verlaufenen Erkrankung wären tatsächlich primär Lindan und Formaldehyd gewesen in Verbindung mit der bei mir vorliegenden, genetisch bedingten Entgiftungsschwäche – die ich selbst belegen musste, und zwar mithilfe von Umweltmedizinern und Humangenetikern, denn keiner »meiner« Neurologen hatte davon je gehört. Nach Beendigung der Exposition hätte ich mich also wieder weitgehend erholt, wenn auch auf etwas niedrigerem Niveau, denn die durch das viele Gift zerstörten Strukturen ließen sich ja nicht vollständig reparieren. Gleich wie: Die MS-Diagnose, sechsfach professoral und neuro-chefärztlich bestätigt und gesichert, war falsch gewesen.

Lassen wir das mal versuchsweise stehen. Und nun? Träfe diese Einschätzung zu: Was, um Himmels willen, bedeutete diese Expertenerkenntnis für die vielen anderen MS-Diagnostizierten? Die anderen, denen mit nur von *einem* Neurologen »gesicherter« Diagnose? Was bedeutete das für die aberzehntausend Diagnostizierten, die sich schon ab dem ersten »Schub« oder »klinisch isolierten Syndrom« täglich Interferone oder monoklonale Antikörper spritzten und trotzdem immer mehr abbauten? Sofern sechs Spezialisten sich in meinem Fall so kapital geirrt hatten – wie viele von den anderen MS-Patienten hatten, ebenso wie der »Betrüger« Böttcher, keine MS? Sondern nur irgendwas anderes. Zum Beispiel Vergiftungen? (Die man natürlich, offensichtlich, therapieren oder sogar heilen konnte. Oder die man hätte heilen können, sofern man genauer hingeschaut hätte.) Also: Wenn es stimmte, dass sechs Experten nacheinander sich so gründlich irren konnten: Wie viele MS-Diagnostizierte, insgesamt, hatten gar keine MS: 1 Prozent, 10 Prozent, 30 Prozent? Gar 70 Prozent? Die Frage blieb aus. Denn wer *von* MS lebt, nicht *mit* MS, gewönne nichts aus dem Eingeständnis, dass man offenbar in etlichen Fällen gefährlich falsch liegt.

74 Thomas Müller, »Viele MS Diagnosen sind falsch«, *Ärztezeitung*, 14. Juni 2016, https://www.aerztezeitung.de/medizin/krankheiten/neuro-psychiatrische_krankheiten/multiple_sklerose/article/911838/verwechslungsgefahr-viele-ms-diagnosen-falsch.html.

75 Ebd. »Von den Patienten, bei denen letztlich eine andere Erkrankung als MS diagnostiziert werden konnte, hatten 22 Prozent eine Migräne, 15 Prozent eine Fibromyalgie, 12 Prozent unspezifische, nicht genau lokalisierbare neurologische Symptome, 11 Prozent ein psychisches Problem und 6 Prozent eine Neuromyelitis optica (NMO). Diese fünf Krankheiten machen folglich zwei Drittel der Fehldiagnosen aus.«

76 Solomon, zitiert nach ebd.

77 Vgl. Reuther, a. a. O., S. 24 ff.

78 Vgl. https://lsms.info/index.php?id=124.

79 Vgl. https://lsms.info/fileadmin/user_upload/ISDIMS_Neufassung_Maerz 2013_Kopie.pdf.

80 Schweitzer, a. a. O., S. 35.

81 Reuther, a. a. O., S. 174.

82 Schweitzer, ebd.

83 Vgl. https://www.leitlinienwatch.de, Bewertete Leitlinien: https://www.leitlinienwatch.de/bewertete-leitlinien/. Die MS-Leitlinie erreicht 2 von 18 Punkten.

84 Zitiert nach Reuther, a. a. O., S. 50. Die Leitlinienwatch attestiert im März 2018 von 167 untersuchten Leitlinien 12 Prozent ein »Gut«, 41 Prozent »Achtung!« und 47 Prozent »Reformbedarf«.

85 Vgl. Jutta Scheiderbauer, »Was soll das«, *ZIMS#2* 1/2016, S. 23.

86 (https://www.dgn.org/images/red_pressemitteilungen/2017/170922_Fach-PK_Hemmer_Update_MS.pdf

87 Vgl. *Multiple Sclerosis Discovery Forum* (2012): Dort ist der Vorgang bildschön dokumentiert, die 24 Bilder sagen mehr als tausend Worte: Ingfei Chen: More Than Meets the Eye. The promises and pitfalls of MRI imaging in multiple sclerosis. http://www.msdiscovery.org/news/news_synthesis/322-more-meets-eye.

88 Das Angebot an Dauermedikamenten ist inzwischen von fünf (damals) auf einige Dutzend erweitert worden, die meisten neuen sind monoklonale Antikörper, eine weitere Hundertschaft wartet in den Pharma-Studien-Pipelines auf Zulassung. Updates entnehmen Sie bei Interesse dem Wall Street Journal.

89 Zitiert nach Martin Kotynek, »Bildergeschichte mit Lücken«, *Süddeutsche Zeitung*, 11. August 2008.

90 Ebd.

91 Ebd.

92 Cynthia McKelvey, »MS Community Flares Over AHRQ Report. Controversy erupts over review of MS drug discontinuation strategies«, *Multiple Sclerosis Discovery Forum*, 17. November 2014, https://www.medpagetoday.com/Neurology/MultipleSclerosis/48649.

93 Das Jahresbudget der NMSS betrug 232,7 Millionen Dollar im Jahr 2016, davon kamen nur 10 Prozent von Regierung und Industrie, und lediglich 4 Prozent sind als Spenden von Big Pharma deklariert. Der Löwenanteil von 63% resultiert aus »Special Events«: »The Society offers hundreds of special events throughout the year to engage participants and fundraisers critical to supporting the mission. Approximately 63% ($146 million in 2015) of the Society's total annual revenue is raised through special events, including Bike MS and Walk MS events.« Die Veranstaltungen kommen nicht ganz ohne Werbung aus, sind aber selbstredend deshalb noch lange nicht industriegesponsort. Die Bilanzen der NMSS finden sich bei Interesse unter https://www.nationalmssociety.org/About-the-Society/Financials/Annual-Reports.

94 »I think it's very easy for people to make the wrong assumption that the absence of positive data is the same as negative data, which is what's happening in this paper. We shouldn't confuse those two things.« (Zitiert nach McKelvey, ebd.)

95 Siehe Fußnoten 100 bis 105 sowie Mathias Daum, Edda Graber, »Goldene Formel«, *Zeit*, 16. August 2013 https://www.zeit.de/2013/33/multiple-sklerose-medikament-tecfidera. Als ich Anfang 2013 einen Apotheker fragte, ob er mir das auf dem altbekannten Wirkstoff Dimethylfumarat basierende Präparat »bauen« könne und was das kosten würde, sagte er Ja und nannte als Preis »etwa 200 Euro für den Monat«. Ein Neurologe, den ich damals gelegentlich nach etwas fragte, kommentierte das mit den Worten, ich brächte mich so in akute Lebensgefahr. Etwas später durfte die Presse über einen anderen Apotheker berichten, der ebenfalls Verwegenes versuchte, und die Lektüre empfiehlt sich jedem, der Freude an David, Goliath und Goliaths Unmengen riesiger Freunde hat: Michel Walter, »Kleiner Apotheker blamiert Pharmariesen«, *Bieler Tageblatt*, 12. September 2013; https://www.apotheke-ballinari.ch/pics_presse/BT-2013-09-12.pdf. (PLUS Schieleins)

96 Vielleicht auch manchmal mehr als einige. »*Alle* Autoren der Leitlinie zur Multiplen Sklerose unterhielten finanzielle Beziehungen zu den Herstellern empfohlener Medikamente.« (Gerd Reuther, a. a. O., S. 51.) Die offizielle Erklärung über die Interessenskonflikte der Mitglieder der Kommission (2012) findet sich unter dem Link ein paar Zeilen weiter unten.

97 Reuther, a. a. O., S. 50.

98 »Erklärung über Interessenskonflikte«, Leitlinie Multiple Sklerose, tabellarische Zusammenfassung (2012), http://www.awmf.org/fileadmin/user_upload/Leitlinien/030_D_Ges_fuer_Neurologie/030-050i_S2e_Multiple_Sklerose_Diagnostik_Therapie_2012.pdf.

99 Monika Härle, »Im Nu für krank erklärt«, *nano*, 25. Februar 2015, http://www.3sat.de/mediathek/?mode=play&obj=49596.

100 Zwischenstand in Sachen Leitlinienempfehlungen: »Momentan werden die Richtlinien, die aus dem Jahr 2014 stammen, überarbeitet und sind voraussichtlich Ende des Jahres 2018 verfügbar.« Die paneuropäischen Leitlinienempfehlungen konnte man offenbar schon vorher aussprechen, die »3 am stärksten bewerteten« finden sich bei Interesse unter dem hier angegebenen Link: »Multiple Sklerose: Neue Empfehlungen zur Behandlung«, *Journalmed*, 31. Januar 2018,

https://www.journalmed.de/News/anzeigen/Multiple_Sklerose_Neue_Empfehlungen_zur_Behandlung.

101 Ebd.

102 Reuther, a. a. O., S. 80.

103 Vgl. exemplarisch Kerstin Kohlenberg, Yassin Musharbash, »Die gekaufte Wissenschaft«, *Zeit*, 8. August 2013, www.zeit.de/2013/32/gekaufte-wissenschaft.

104 »Bei der Beurteilung eines Arzneimittels führen Angaben aus publizierten Studien, die von pharmazeutischen Unternehmen finanziert wurden, häufig zu einem verzerrten Bild. Dies wird nicht durch die methodische Qualität der Arzneimittelstudien erklärt.« (Vgl. Gisela Schott u. a., »Finanzierung von Arzneimittelstudien durch pharmazeutische Unternehmen und die Folgen (Teil 1: Qualitative systematische Literaturübersicht zum Einfluss auf Studienergebnisse, -protokoll und -qualität«, *Deutsches Ärzteblatt* 16/2010, https://www.aerzteblatt.de/pdf.asp?id=74299.)

105 Böttcher, »Med men«, https://www.erzähler.net/?p=1168.

106 Exemplarisch sei hier genannt die 2014 aufgeflogene Fälschung der Daten für Hunderte (möglicherweise gar Tausende) von Medikamentenzulassungen durch die indische Firma GVK Biosciences – sowie eine Erklärung für das Versagen der äußerst »pharmanahen« europäischen Arzneimittelbehörde sowie der EU-Kommission. Vgl. Christina Berndt, Katja Riedel, »Falsche Studien – Behörde nimmt Arzneien vom Markt«, *Süddeutsche Zeitung*, 4. Dezember 2014, http://www.sueddeutsche.de/gesundheit/falsche-studien-behoerde-nimmt-arzneien-vom-markt-1 2254390, sowie Berndts zusätzlichen Kommentar »Wenn Menschen zu Versuchskaninchen werden« (http://www.sueddeutsche.de/gesundheitpfusch-in-der-pharmaindustrie-wenn-alle-menschen-versuchskanninchen-werden-1 2253485). GVK Biosciences dürfte alles andere als ein Einzelfall sein, zur Dunkelziffer liegen mir indes keine belastbaren Schätzungen aus überprüfbaren Quellen vor.

107 Vgl. Ben Goldacre, *Bad Pharma*. Goldacre widmet diesem Kernskandal 400 sehr konzentrierte Seiten.

108 Jedenfalls ist diese Überprüfung in freien, marktkonformen Gesellschaften wie unserer nicht erwünscht. Das nicht ganz so marktkonforme China hingegen hat unlängst per tyrannischer Order von ganz oben die Zulassungsanträge für Medikamente überprüft, mit dem Ergebnis, dass 81 Prozent der Anträge zurückgezogen werden mussten – aufgrund gefälschter, fehlerhafter oder unzureichender Daten (vgl. Reuther, a. a. O., S. 80).

109 Roche Pharma, aka Hoffmann LaRoche, ist mit 50,4 Milliarden Dollar im Jahr (2016 eine der größten Pharmafirmen der Welt, war deutscher »Top-Arbeitgeber 2014« und gehört weltweit »zu den wenigen börsennotierten Firmen, welche mehr als 29 Jahre lang die Dividende erhöhen konnten« (Wikipedia; wo sich unter »Kritik« auch eine schöne Linkliste findet). Roche blickt auf eine große und stolze Tradition als Substanzenhändler zurück, der Ex-Blockbuster Pantopon, ein Morphin-Codein-Mix, gewonnen aus Rohopium, fand vor allem während des Ersten Weltkriegs reißenden Absatz und wurde noch bis 1970 produziert und verkauft, die Nachfolge-Hits Librium und Valium erreichten ebenfalls Spitzenplätze. Roche bestritt lange energisch und erfolgreich, dass diese Substanzen abhängig machten (vgl. Goetzsche, S. 290).

110 Zu diesem und noch ein paar anderen besonders bizarren Details des Tamiflu-Raubzugs vgl. Frank Wittig, *Die weiße Mafia*, S. 166 ff., sowie Walther/Kobylinski, a. a. O., S. 249 ff.

111 Mercks COX-2-Hemmer, das Rheumamittel Vioxx (Refecoxib), war von 1996 bis 2004 weltweit zugelassen und forderte etwa 120 000 Todesopfer. Eine vollstän-

dige Dokumentation des Skandals findet sich bei Goetzsche (a. a. O., »Merck – wo die Patienten zuerst sterben«, S. 241 ff.). Laut Goetzsche war das erhöhte Thromboserisiko beim Einsatz zu Vioxx Merck bereits seit 1996 bekannt (ebd.). Weshalb Vioxx überhaupt auf den Markt kam und dort bis 2004 blieb, ist atemberaubend vielsagend. Zusätzlich gestattet sei hier der Hinweis auf die internen Memos des Konzerns, wie Whistleblower und Kritiker des tödlichen Stoffs zu »diskreditieren« und zu »neutralisieren« seien (ebd, S. 238 f.). Diese Passage sollte aber nur lesen, wer starke Nerven hat.

112 Rainer Woratschka, »Wenn Forschung der Werbung dient«, *Tagesspiegel*, 4. November 2010, http://www.tagesspiegel.de/politik/pharmaindustrie-wenn-forschung-der-werbung-dient/1974672.html.

113 Transparency-International-Vorstandsmitglied Wolfgang Wodarg, zitiert nach Woratschka, a. a. O..

114 Wolf-Dieter Ludwig, Vorsitzender der Arzneimittelkommission der deutschen Ärzteschaft, zitiert nach: »Jeder zehnte Arzt ließ sich für Medikamentenstudien bezahlen», *Zeit online*, 8. August 2016, http://www.zeit.de/wissen/gesundheit/2016-08/medikamentenstudie-pharmaindustrie-aerzte-geld-kritik.

115 Vgl. Hendrik Schneider, Erik Strauß, »Rechtssichere Grenzen zwischen Korruption und zulässiger Kooperation angesichts der aktuellen Vorlagebeschlüsse des 3. und 5. Strafsenats des Bundesgerichtshofs (BGH HRRS 2011 Nr. 800, 801)«, *HRRS*, https://www.hrr-strafrecht.de/hrr/archiv/11-08/index.php?sz=7.

116 Martina Keller, »Kleine Geschenke«, *Wissenschaft im Brennpunkt*, 21. September 2014, http://www.deutschlandfunk.de/medizinethik-kleine-geschenke740.de.html?dram:article_id=297492. Die seit einem Jahrzehnt ins Leere gehende Forderung der Kassenärztlichen Bundesvereinigung KBV nach strengeren Kontrollen und mehr Transparenz verrät indes immerhin, dass auch bei der KBV noch immer total sympathische Don Quixotes arbeiten.

117 *Zeit online*, a. a. O.

118 »Zinbryta ist ›Das innovativste Produkt‹ 2017 der Neurologen«, *Pharma Trend*, 12. September 2017, https://pharma-trend.com/zinbryta.

119 Markus Pohl, Ursula Sieber: »Wie Ärzte mit lukrativen Anwendungsbeobachtungen Patienten gefährden«, *Kontraste*, 26. April, 2018, https://www.rbb-online.de/kontraste/archiv/kontraste-vom-26-04-2018/riskante-pharmawerbung.html: »Das von Jens Spahn geführte Gesundheitsministerium sieht Anwendungsbeobachtungen immer noch positiv. Sie seien »ein Instrument zur Erhebung weiterer Daten nach Zulassung […] hinsichtlich unerwünschter Arzneimittelwirkungen.«

120 Ebd. Falls der Beitrag zwischenzeitlich aus der Mediathek entfernt wurde: https://www.youtube.com/watch?v=Ud5ej-lyXBM.

121 »AbbVie und Biogen kündigen Rückzug von Zinbryta (Multiple Sklerose) aus europäischem Markt an«, *GoinPharma News*, 3. März 2018, https://www.goinpharma.com/de/abbvie-und-biogen-kuendigen-rueckzug-von-zinbryta-multiple-sklerose-aus-europaeischem-markt-an: »Das Umsatzvolumen des Medikaments im Jahr 2017 lag bei $107 Mio.«

122 Ebd.: »In der Vergangenheit war schon berichtet worden, dass Zinbryta schwere Leberschäden hervorrufen könne; daher hatte die FDA vorgeschrieben, dass das Medikament nur an Patienten verschrieben werden kann, bei denen keine andere Therapie wirkt.«

123 Ebd., *Kontraste*.

124 Zit. n. öffentlicher Mitteilung des Zinbryta-Herstellers Biogen (»Roter Brief«), 7. August 2018, https://www.akdae.de/Arzneimittelsicherheit/RHB/Archiv/2018/201808071.pdf
125 Vgl. Goetzsche, a. a. O., S. 126ff.
126 Vgl. Goetzsche, ebd.
127 Gigerenzer, Risiko, a. a. O., S. 276.
128 Goetzsche, a. a. O., S. 126.
129 Ebd., S. 126.
130 Vgl. Reuther, a. a. O., S. 118 ff.
131 Im Jahr 2014 wurden mehr oder weniger stillschweigend bei Lebensmitteln die zulässigen Höchstwerte für mehr als 1800 Toxine angehoben. Seither stellen sich viele Fragen schlicht nicht mehr, denn die Grenzwerte sind ja nun, amtlich beglaubigt, gesund. Dass sich in den Urinproben von 99,6 Prozent von uns Glyphosat findet, ist ebenfalls als »gesundheitlich unbedenklich« abgelegt im Aktenschrank »erledigte Fälle«, wo unsere 35000 Toten im Jahr durch Luftverschmutzung bereits gut und sicher liegen. Natürlich besteht kein Zusammenhang zwischen Umweltgiften und unseren explodierenden Pollenallergien oder mit dem, was sich so alles »andockt« an all die schönen Pollen. Und all dies hat auch nichts damit zu tun, dass 20 bis 30 Millionen Deutsche an allergischen Symptomen leiden. Und auch nichts mit den inzwischen 450 verschiedenen Erkrankungen des rheumatischen Formenkreises. Gifte? Spielen keine Rolle, weder in der Luft, noch im Essen. Studien belegen das – indem sie fehlen. Aber wie sollte es anders sein? (Vgl. Reuther, a. a. O., S. 122 f.)
132 Vgl. Jörg Spitz, Anno Jordan, »Hochdosistherapie mit Vitamin D, Anmerkungen zum Coimbra-Protokoll«, https://lsms.info/index.php?id=185.
133 Vgl. Reuther, a. a. O, S. 42, mit Verweis auf Kelly A. Turner, *Radical Remission. Surviving Cancer against all odds* (HarperOne 2014). Ergänzend sei an dieser Stelle auf Dr. Bernie Siegel verwiesen sowie auf die Drs. Simonton.
134 Vgl. S. Tae Kim,: »Goldman Sachs asks in biotech research report: ›Is curing patients a sustainable business model?‹«, CNBC, https://www.cnbc.com/2018/04/11/goldman-asks-is-curing-patients-a-sustainable-business-model.html. Die Aussagen Richters lauten im O-Ton: »Is curing patients a sustainable business model?« und »Cures could be bad for business in the long run.«
135 Zitiert nach Werner Bartens, »Oft falsch und nutzlos«, *Süddeutsche Zeitung*, 22. Juni 2016, http://www.sueddeutsche.de/wissen/klinische-forschung-oft-falsch-und-nutzlos-1 3046050.
136 Vgl. Böttcher, »Neues aus der Nervenbranche«, 9. Oktober 2017, http://www.erzähler.net/?p=2132. Die aktuelle KKMS-Broschüre findet sich unter http://www.kompetenznetz-multiplesklerose.de/wp-content/uploads/2017/09/KKNMS_Qualit%C3%A4tshandbuch_2017_webfrei.pdf, die Geschäftsberichte des KKMS von 2010 bis 2015 unter http://www.kompetenznetz-multiplesklerose.de/wp-content/uploads/2010/04/KKNMSeV_Jahresberichte_2010-2015.pdf.
137 Prof. George Jelinek, selbst seit 2003 an MS erkrankt und offenkundig heil geblieben, hat für den englischsprachigen Raum eine äußerst hilfreiche Organisation ins Leben gerufen, nämlich Overcoming Multiple Sclerosis, online unter https://overcomingms.org. Noch mehr Details bietet das im Anhang genannte Buch Jelineks.
138 Vgl. https://www.lsms.info.
139 Vgl. Böttcher, »Lifestyle&MS (als Lebenszeitprofessur)«, 4. Februar 2016, https://www.erzähler.net/?p=1722.

140 Das Aktionsbündnis Multiple Sklerose Erkrankter (AMSEL) ist sehr rührig und exzellent vernetzt. Betroffene dürfen mitbloggen unter http://www.amsel.de/blog/aktuell, solange sie sich an die Regeln halten.

141 Da ich über einen zurückliegenden Rechercheversuch berichte, kann ich die Zahlen natürlich nicht einfach durch jene der Folgejahre ersetzen. Daher sei hier festgehalten, dass der vom anonym zu bleiben wünschenden MS-erkrankten Spender etablierte Vanneau Trust sein Engagement von 2012 bis 2017 deutlich zurückgefahren hat. Waren es 2012 noch 725 000 Pfund gewesen, weisen die letzten vorliegenden Geschäftsberichte der MSiF für 2016 343 000 Pfund aus und für 2017 110 000 Pfund (an restricted funds, also zweckgebundenen Spenden; siehe Jahresbericht der MSiF 2017, S. 34; http://www.msif.org/wp-content/uploads/2018/07/MSIF-report-and-financial-statements-for-the-year-ended-31-December-2017.pdf). Ich hoffe, »Gregor« und ich hatten mit der Abkühlung des Vanneau-Interesses nichts zu tun. Dass die Pharmaindustrie die MSiF weiterhin nicht umfänglich unterstützt (mit gut 528 000 Pfund 2017 (2016 = knapp 757 000), entnimmt der geneigte Interessent ebenfalls den MSiF-Geschäftsberichten.

142 MSIF: *MSiF Report and Financial Statements for the Year that ended 31-Dec-13*, S. 18, https://www.msif.org/wp-content/uploads/2014/10/2013-Signed-Accounts.pdf. Zahlen für die Folgejahre finden sich hier: https://www.msif.org/about-us/reports-and-resources.

143 s. FN 142

144 »The Vanneau Trust was established by a person with MS who wished to remain anonymous. Just to say, rather than making direct legacies he left it to the Trust to take decisions. The trustees are a regulated entity in Jersey; they manage the assets of the Trust for the beneficiaries, of which MSIF is one.« (Peer Baneke, CEO MSIF, private E-Mail, 17. März 2015)

145 Eine ausführliche Darstellung dieser ungeheuer smarten Marketingpraxis findet sich in Christiane Walter und Alexander Kobylinskis exzellentem Buch *Patient im Visier* (Suhrkamp 2011), S. 53 ff. In Sachen MS findet sich eine (unvollständige) Liste der pharmafinanzierten Patientenforen und Informationsseiten auch weiterhin auf lsms.info, unter dem Menüpunkt »Pharma«.

146 Vgl. Walter/Kobylinski, ebd., S. 74 f.

147 Es gibt inzwischen positive Ausnahmen, allen voran Sallys MS-Café (http://www.sallys-ms-cafe.de) unter sehr freundlicher Leitung von »Mikkelina«, sowie das entschieden krachigere Forum der MS Ufos (http://www.ms-ufos.org), in dem sich Betreiber »naseweis«, aber sehr um kritische Sachlichkeit bemüht.

148 Die Beschädigung lässt sich problemlos noch etwas vergrößern, indem man öffentlich suggeriert, der Lohnschreiber habe inzwischen wohl *sämtlichen* deutschen MS-Kranken sein Buch angedreht (Offenlegung, Stand 2018: 5 000 Exemplare, Autorenhonorar 11 Prozent vom Nettoladenpreis), ihn titelnd »Guru« nennt und ihm attestiert, er arbeite mit »Manipulation und Fehlinformation«. (Nathalie Beßler, »Der Guru«, *ZIMS*, 1/2015, S. 36 f., https://issuu.com/zims_de/docs/web_zims). Meine Richtigstellung findet sich bei Interesse unter »Bissigkeit im falschen Plätzchen« (18. Dezember 2015, https://www.erzähler.net/?p=1659) sachlich ergänzend zum Thema »Milch und MS«, in Sachen der von *ZIMS* behaupteten »Fehlinformation« meinerseits, verweist »Nachtrag zum MS-Plätzchenbacken« (21. August 2016, https://www.erzähler.net/?p=1868) auf ein hochspannendes Interview des Magazins *Spektrum der Wissenschaft* mit Nobelpreisträger Harald zur Hausen (zum Thema Milch und Krankheit).

149 Natürlich kann man auch in Patientenforen das unverschämte Glück haben, dass Gesundete oder Geheilte aus unerfindlichen Gründen mitlesen und einem

eine »PN« mit wirklich nützlichen Informationen schicken. Ich hatte zu Beginn meiner MS-Karriere gleich doppelt dieses Glück, allerdings nicht in einem deutschen Forum. Und bin überzeugt, dass dieser vergangene Doppeltreffer mindestens einem Vierer im Lotto entsprach.

150 Wer den wichtigen Aspekt des »Verheiratetseins« mit einer Erkrankung, also das Kranksein als Teil der Eigenwahrnehmung und Selbstdefinition, geeignet vertiefen möchte, dem sei hier Caroline Myss' exzellentes Buch empfohlen *Why People Do Not Heal and How They Can* (deutsche Ausgabe: *Mut zur Heilung. Wie Sie Ihre Energien nutzen, um gesund zu werden*).

151 Die meisten wissenschaftlichen Studien des Placeboeffekts beschäftigen sich meines Wissens nur mit den Auswirkungen des Effekts, nicht mit der Ursache. Da sind also Sie am Ende des Kapitels schon schlauer als die meisten Forscher, und dass die überwiegend in die falsche Richtung schauen, ist bei dem Thema ein besonders gelungener Treppenwitz.

152 Dispenza, a. a. O., Position 2095–2096: »Studies show that getting in touch with positive, expansive emotions like kindness and compassion – emotions that are our birthright, by the way – tends to release a different neuropeptide (called oxytocin), which naturally shuts off the receptors in the amygdala, the part of the brain that generates fear and anxiety.«

153 Mancher Manipulator in Weiß entstellt an dieser Stelle gern Elisabeth Kübler-Ross und beruft sich auf deren 5-Phasen-Modell »DABDA« (»Denial, Anger, Bargaining, Depression, Acceptance«). Wer mithin das finale Akzeptieren verweigert, ist eben noch nicht angekommen auf dem vom Arzt geforderten Heilungsweg – beim Medikament. Dass Kübler-Ross ursprünglich das Sterben selbst im Blick hatte (sowie dass man über ihre Normierung ganz generell prima streiten kann), lässt der Berater hier gern weg, denn das muss ja keiner wissen.

154 Dispenza, a. a. O., Position 2860–2863: »So when people like the folks you'll read about in the next few chapters healed themselves using the placebo effect, what did they do differently? First, they didn't accept the finality of their diagnosis, prognosis, or treatment. Nor did they believe in the most probable outcome or future destiny that their doctors had authoritatively outlined. Finally, they didn't surrender to the diagnosis, prognosis, or suggested treatment. Because they had a different attitude from those who did accept, believe, and surrender, they were in a different state of being.«

155 Durchschnittliche Halbgötter kenne ich selbst viele, aber jener, an den meine Lieblingskorrespondentin Chantalle H. aus der Schweiz geriet, direkt im ersten MS-Schub, dürfte wohl am unteren Ortsausgang von »Durchschnitt« wohnen. Ich gestatte mir zu zitieren: »Mit dem Infusionsständer (Kochsalz wegen Wasser/Salzverlust) auf die Toilette gewankt und genau auf der Höhe eines Chef-Neurologen das Gleichgewicht verloren. Statt mich aufzufangen, ist er einen Schritt nach hinten gesprungen! Gut, er sei entschuldigt, ich sah nach ein paar Tagen pendeln zwischen USA/Spital/zu Hause nicht aus wie eine Privatpatientin. Ich habe mich entschuldigt und ihm noch einen schönen Tag gewünscht, er hat mich angesehen wie von einem anderen Planeten. Dann hat er seine Haare gerichtet und weiter ins Leere gestarrt. Mir hat es dafür ein schräges (wegen halber Taubheit im Gesicht) Lächeln entlockt. Man muss das Leben mit Humor nehmen, wenn es einen haut …«. Weshalb Frau C. meine Lieblingsmiterkrankte ist, ahnen Sie jetzt. Sofern Sie noch einen Hinweis benötigen, möge dies dienlich sein: »Mache Gleichgewichtstraining, finde ich ganz lustig, die Physio-Frau sehr nett, seit sie aufgehört hat, mich auf elektrische Fahrräder zu packen. Hatte eine Reitstunde, um meinen Schwindel in den Griff zu bekommen, naja: und auch eine Pferdehaar-Allergie, der Reitlehrer liess sich nicht überre-

den, den Gaul zu rasieren, auch nicht mit Heisswachs … Er hätte mich fast einsperren lassen oder beim WWF gemeldet, wenn ich nicht glaubhaft versichert hätte, dass die Allergie echt, die Lösung aber ein SCHERZ war.«

156 An der generellen Geisteshaltung der Halbgötter in Weiß hat sich seit Hahnemanns Lebzeiten nichts geändert, nur an der Zusammensetzung ihres todbringenden Therapiearsenals. Auch die damaligen Götter wussten »gesichert«, was hilft: bevorzugt Schröpfkuren, Aderlässe, Abführ- und Brechmittel, dazu die State-of-the-art-Topmedikamente Arsen, Quecksilber und Blei. Lebensgefährlich für den Patienten, unerträglich, damals wie heute, für den verantwortungsvollen »Dr. Einhorn«, hier Hahnemann – der 1808 an Hufeland schrieb: »Ich machte mir ein empfindliches Gewissen daraus, unbekannte Krankheitszustände bei meinen Brüdern mit diesen unbekannten Arzneien zu behandeln, die als kräftige Substanzen, wenn sie nicht genau passen (und wie konnte sie der Arzt anpassen, da ihre eigentlichen speziellen Wirkungen noch nicht erörtert waren?) leicht das Leben in Tod verwandeln, oder neue Beschwerden und chronische Übel herbeiführen können. Auf diese Art Verschlimmerer des Lebens meiner Menschenbrüder zu werden, war mir der fürchterlichste Gedanke, so fürchterlich und ruhestörend für mich, dass ich in den ersten Jahren meines Ehestandes die Praxis ganz aufgab und fast keinen Menschen mehr ärztlich behandelte, um ihn nicht noch mehr zu schaden und bloß – wie Sie wissen – mich mit Chemie und Schriftstellerei beschäftigte.« Ergänzend sei auf Udo Pollmer verwiesen, der die Bedeutung von Hahnemanns Placebo-Wirken auf den Punkt bringt: »Bekanntlich reicht es nicht, Menschen vor schädlichen Arzneien zu warnen. Sie brauchen einen Ersatz, in den sie ihren Glauben setzen können. Also suchte Hahnemann nach einer unschädlichen Medizin. Eingedenk der Tatsache, dass allein die Dosis das Gift macht, ersann er um 1800 die Homöopathie: In ausreichender Verdünnung konnte auch die giftigste Medizin nicht mehr schaden. […] Er hatte die Gefahren erkannt, die von Arsen, Quecksilber und Blei ausgingen – egal ob aus der Apotheke oder in Lebensmitteln. So hat er unzähligen Menschen die Gesundheit erhalten oder gar das Leben gerettet. Er war nicht nur der erste Lebensmittelchemiker mit staatlicher Anerkennung, sondern auch einer der bedeutendsten Verbraucherschützer. Mahlzeit!« (Udo Pollmer, »Allein die Dosis macht das Gift. Der Sieg der Vernunft: Samuel Hahnemann, die ›Urtinktur‹ und die Homöopathie«, *Mahlzeit*, 20. April 2013, http://www.deutschlandfunkkultur.de/allein-die-dosis-macht-das-gift993.de.html?dram:article_id=244080.)

157 Die klassische Homöopathie nutzt alle wunderbaren Placeboeffekte, allerdings darf man das vielen Freunden wie Gegnern der Methode nicht sagen, weil beide sonst sehr wütend werden – vereint im Scheuklappentunnel. Während die Freunde darauf bestehen, die Substanz selbst wirke (auch wenn diese in C200-Globuli nur in der Konzentration vorkommt, die einem Tropfen Substanz auf einen Swimmingpool mit Bahnen von hier bis zur Venus entspricht), postulieren die Gegner entschieden, die Wirksamkeit einzelner Zuckerpillen sei in randomisierten Studien nicht reproduzierbar, ergo nicht vorhanden. Da man nun allerdings qua Doppelverblindung schon per Studiendesign den eigentlich zu messenden Placeboeffekt wirksam eliminiert, kommt er natürlich unter Studienbedingungen nicht vor. Das ist eigentlich ein »No-Brainer«, aber doch eine zu komplexe Erkenntnis für jene Wissenschaftler, die sich eifrig bemühen, Homöopathie zu diskreditieren. Schlimm ist das aber alles nicht, denn Freunde wie Gegner streiten sich ja um das Falsche, also wollen wir sie nicht stören, sondern lieber rasch das Weite suchen, im Wissen um Kraft und Schönheit des Placebos.

158 Böttcher, *Quintessenzen*, S. 113 ff.

159 Dispenza, a. a. O., Position 2982–2983: »Part of the reason the placebo worked so well for her was that taking that inert pill was a daily reminder to change her state of being (because she associated taking the pill with her optimistic thoughts and feelings about getting better – as do more than 80 percent of people who take an antidepressant placebo).«

160 Zitiert nach Irene Berres, »Pharmafirmen verdienen mit weniger Mitteln mehr Geld«, *Spiegel online*, 23. September 2015, http://www.spiegel.de/gesundheit/diagnose/pharma-konzerne-kassierten-2014-rekordsumme-a-1054232.html.

161 Reuther, a. a. O., S. 208.

162 Die Schätzungen gehen weit auseinander, es könnten auch 80 Prozent für Marketing sein. Vgl. Marcia Angell, die vorsichtigen 40 Prozent stammen aus Walter/Kobylinski, *Patient im Visier*, S. 153.

163 Die Fachzeitschrift *La Revue Precrire* verleiht jedes Jahr einen Preis für den wichtigsten Durchbruch, die »Goldene Tablette«, fand jedoch keinen würdigen Kandidaten für 2012. Oder für 2011. Oder 2010. (Vgl. Goetzsche, S. 375.)

164 Ein Bericht des US-Kongresses stellte im Jahr 2000 fest: »Von den 21 wichtigsten Medikamenten, die zwischen 1965 und 1992 auf den Markt kamen, wurden 15 auf der Grundlage des Wissens und der Techniken entwickelt, die der staatlich finanzierten Forschung zu verdanken sind.« Andere Studien gelangten zu dem gleichen Ergebnis: Von 35 wichtigen Medikamenten basierten 80 Prozent auf wissenschaftlichen Entdeckungen in staatlichen Forschungsinstituten. Das Nationale Krebsinstitut spielte die führende Rolle bei der Entwicklung von 50 der 58 neuen Krebsmedikamente, die die FDA zwischen 1955 und 2001 zuließ. Drei der wichtigsten Entdeckungen im 20. Jahrhundert – Penicillin, Insulin und der Polioimpfstoff – wurden in staatlich finanzierten Labors gemacht.« (Zitiert nach Goetzsche, a. a. O., S. 377.)

165 Reuther, a. a. O., S. 206. Die WHO-Liste der »Essential Medicine« findet sich unter http://www.who.int/medicines/publications/essentialmedicines/EML2015_8-May-15.pdf. An der Gesamtlage hat sich seit 1975 wenig geändert, denn schon damals konstatierte Ivan Illich in *Die Nemesis der Medizin* (S. 54), »dass weniger als zwei Dutzend Arzneien ausreichen, um 99 % der Bevölkerung befriedigend zu versorgen«.

166 Mehr als vier Fünftel aller Investitionen für die Grundlagenforschung, die nach neuen Medikamenten und Impfstoffen sucht, stammen aus öffentlichen Mitteln (Goetzsche, a. a. O., S. 378). »Nach Berechnungen der Harvard-Professorin Marcia Angell betragen die Entwicklungs- und Forschungskosten eines Medikamentes nur 100 Millionen US-Dollar [...] Eine Untersuchung vom unabhängigen Informationsdienst *arznei-telegramm* kommt sogar zu dem Ergebnis, dass die tatsächlichen Kosten im Durchschnitt nur bei etwa 43 Millionen Dollar liegen würden.« (Walter/Kobylinski, a. a. O.. S. 154.)

167 »[...] haben wir bei vielen der wichtigsten Krankheiten keinen Schimmer, welches die beste Therapie ist, weil kein finanzielles Interesse an der Durchführung einer klinischen Studie besteht.« (Ben Goldacre, *Bad Pharma*, S. 23.)

168 Komplettlektüre empfohlen: Peter Goetzsche, *Tödliche Medizin und organisierte Kriminalität*, sowie Ben Goldacre, *Bad Pharma*.

169 »128 545 Menschen sind in Deutschland bei Pharmaunternehmen beschäftigt (Stand 2015, BPI)«: Pharmafakten (Eine Initiative von Arzneimittelherstellern in Deutschland; https://www.pharma-fakten.de/die-branche/)

170 »Weniger ausgeprägt sind dagegen die Preisunterschiede bei Sovaldi®, einer Hepatitis-C-Arznei, die in Kombination mit anderen Arzneimitteln verabreicht wird. Der US-Nettopreis liegt hier den Angaben zufolge bei 44 520 US-Dollar verglichen mit 43 000 US-Dollar in Japan und durchschnittlich 45 056 US-Dollar

in den fünf wichtigsten europäischen Märkten.« (Deutsche Apothekerzeitung online, Harvoni in Europa teurer als in den USA, 23. 09. 2016; https://www.deutsche-apotheker-zeitung.de/news/artikel/2016/09/23/harvoni-in-europa-teurer-als-in-den-usa)

171 Vergl. Jeffrey D. Sachs, The Pharma Drug That Is Bankrupting America – How can Gilead Sciences charge $84,000 for a drug that costs less than $300 to produce? (https://www.alternet.org/drugs/pharma-drug-bankrupting-america).

172 DAZ, ebd.: »Mit einem anfänglichen Listenpreis von 94 500 US-Dollar pro Behandlung zählte eine Therapie mit Harvoni zu den teuersten weltweit.«

173 Ebd.

174 Vgl. ebd. sowie Böttcher, »Pharma vs. Menschen, Gong zur letzten Runde«, 19. Februar 2015; http://www.erzähler.net/?p=1521.

175 DAZ, ebd.

176 Ebd.

177 Betreffend die Herstellungskosten von Harvoni und Sovaldi vergl. Andrew Hill et. al., Minimum Costs for Producing Hepatitis C Direct-Acting Antivirals for Use in Large-Scale Treatment Access Programs in Developing Countries. (*Clinical Infectious Diseases*, Volume 58, Issue 7, 1 April 2014, Pages 928–936, https://doi.org/10 1093/cid/ciu012)

178 Die Goldman-Sachs-Analyse trägt den Titel *The Genome Revolution*, Salveen Richters Frage lautet »Is curing patients a sustainable business model?« Die Antwort findet sich umgehend im Text: »Cures could be bad for business in the long run.« Was die harten Fakten betrifft, beruft Richter sich auf den Hersteller selbst: »Richter cited Gilead Sciences' treatments for hepatitis C, which achieved cure rates of more than 90 percent. The company's U. S. sales for these hepatitis C treatments peaked at $12.5 billion in 2015, but have been falling ever since. Goldman estimates the U. S. sales for these treatments will be less than $4 billion this year, according to a table in the report.« (Zitiert nach S. Tae Kim, »Goldman Sachs asks in biotech research report: ›Is curing patients a sustainable business model?‹«, CNBC, 11. April 2018, https://www.cnbc.com/2018/04/11/goldman-asks-is-curing-patients-a-sustainable-business-model.html.)

179 Ebd., Hervorhebung von mir »GILD is a case in point, where the success of its hepatitis C franchise has gradually exhausted the available pool of treatable patients […] In the case of infectious diseases such as hepatitis C, curing existing patients also decreases the number of carriers able to transmit the virus to new patients, thus the incident pool also declines … *Where an incident pool remains stable (eg, in cancer) the potential for a cure poses less risk to the sustainability of a franchise.*«

180 Vgl. Katie Forster, »Pharmaceutical giant ›plotted to destroy cancer drugs to drive prices up 4,000%‹«, *Independent*, 15. April 2017, http://www.independent.co.uk/news/health/drug-giant-aspen-plot-destroy-cancer-medicine-big-pharma-times-investigation-a7683521.html.

181 Vgl. Sarantis Michalopoulos, »Italiens Pharma-Skandal heizt Debatte um Arzneimittelpreise an«, *Eurativ*, 18. Oktober 2016; https://www.euractiv.de/section/gesundheit-und-verbraucherschutz/news/italiens-pharma-skandal-heizt-debatte-um-arzneimittelpreise-an.

182 Vgl. Böttcher, »Neues vom Mob«, 17. April 2017, http://www.erzähler.net/?p=2051.

183 Vgl. »Innovative Tricks der Pharmaindustrie. Wie man mit alten Medikamenten noch mal ganz neu Geld verdienen kann«, *Quarks & Co.*, 9. Mai 2014, https://www1.wdr.de/fernsehen/quarks/sendungen/aktuellesvideo-lemtrada100.html.

184 Vgl. Böttcher, »Viagra schluckt Botox«, 24. November 2015, http://www.erzähler.net/?p=1627: Pfizer (Viagra, Lipitor) verschluckte sich damals nach unten, also künstlich am kleineren Konkurrenten Allergam (Botox), und avancierte so zum global größten Pharmakonzern.

185 Anja Ettel, Holger Zschäpitz: »Der 160-Milliarden-Steuertrick von Pfizer«, *Welt*, 24. November 2015, https://www.welt.de/wirtschaft/article149221608/Der-160-Milliarden-Steuertrick-von-Pfizer.html.

186 Vgl. Chris Humbs, Ursel Sieber, »Fragwürdige Geschäfte der Pharmakonzerne«, *Tagesschau.de*, 8. Februar 2018, https://www.tagesschau.de/wirtschaft/roche-ms-101.html: »Die Geschichte klingt fast zu absurd, um wahr zu sein«. Ist sie aber, und der deutsche Sonderweg ist konsequent – marktorientiert: »In anderen Ländern, wie in Schweden, bekommen sogar 40 Prozent der Patienten diesen alten Wirkstoff. Nimmt man die in vielen Ländern übliche Dosis, so kostet eine Behandlung mit dem alten Wirkstoff nur rund 3 000 Euro pro Jahr. Der Unterschied zu dem 33 000 Euro teuren neuen ›Ocrelizumab‹ ist beachtlich. Trotzdem sind die Ärzte in Deutschland nun gezwungen, ihre Patienten auf die Behandlung mit dem mehr als zehnfach teureren Medikament von Roche umzustellen. [...] Anders ist es in Schweden: Da wollen die Ärzte ihre Patienten weiterhin mit dem alten, bewährten Mittel behandeln. Der Staat erlaubt ihnen eine solche Entscheidung und stellt sich schützend vor sie – nicht vor die Interessen des Pharmaherstellers.«

187 »Amerikanische Abgeordnete ermitteln wegen Arzneimittelpreisen«, *FAZ*, 18. August 2017: »Nachdem sich die Preise für MS-Medikamente seit 2004 nahezu verfünffacht haben« von 16 000 im Jahr 2004 auf 78 000 im Jahr 2016, »wollen die Abgeordneten herausfinden, ob die Unternehmen die Preise im Gleichschritt angehoben haben. [...] Für Merck ist ihr MS-Mittel Rebif mit einem Jahreserlös von zuletzt 1,74 Milliarden Euro bislang das mit Abstand umsatzstärkste Medikament. Bayer setzte mit seinem MS-Mittel Betaferon im vergangenen Jahr 734 Millionen Euro um, davon 386 Millionen in den Vereinigten Staaten. Das Mittel liegt damit auf Platz sechs der umsatzstärksten Pharmaprodukte der Leverkusener.«

188 Zahlen, bitte!? Gern, nach Peter Goetzsche (Tödliche Medizin und organisierte Kriminalität, dt. Ausgabe 2015, S. 59 ff, Die »Hall of Shame der Pharmariesen), hier in gebotener Verkürzung die Top-of-the-Pops-Vergleichszahlungen der letzten Jahre: Novartis 423 000 000 US-Dollar im Jahr 2010, AstraSeneca 523 000 000 US-Dpllar2009, Johnson & Johnson 1 100 000 000 US-Dollar 2012, Eli Lilly 1 400 000 000 US-Dollar 2009, Abbott 1 500 000 000 US-Dollar 2012, Pfizer 2 300 000 000 US-Dollar 2009, GlaxoSmithKline 3 000 000 000 US-Dollar 2011.

189 Walther/Kobylinski, a. a. O., S. 229.

190 Vgl. Reuther, a. a. O., S. 92 f.

191 Nach Dörner/Rimpau, vgl. Weizäcker, a. a. O., S. 14.

192 Vertieft zum Beispiel in »Die ganze Wahrheit über alles«, *Medikamente*, S. 155 ff., oder »Das Ende von Big Pharma«, *Rubikon*, 31. Mai. 2017; https://www.rubikon.news/artikel/das-ende-von-big-pharma.

193 Zitiert nach »Der Markt hat kein Herz«, *Spiegel*, 17. September 2005, http://www.spiegel.de/spiegel/print/d-41834764.html.

194 Leider findet das Deutsche keine allzu feine Übersetzung für das originale »mongering« denn »erfinden« klingt nach doch irgendwie nach Leistung. »Mongering« aber ist »handeln«, und zwar durchaus nicht Großes, sondern das des Kleinkrämers; fast alle »Monger« handeln mit unschönen Dingen. Von Käse bis Fisch, aber erst recht von Hass bis Klatsch, von Panik bis Worthülsenfrüchten

(der »phrase-monger« ist schlicht ein Phrasendrescher). Der sprachlich geadelte deutsche »Krankheitserfinder« kommt da nicht ganz mit, aber »Krankheitenzusammenlüger« wäre ja in der Tat ein wenig attraktives Wortgeschöpf.

195 Top 20 nach Leserabstimmung: Altern, Arbeit, Langeweile, Tränensäcke, Dummheit, Kahlköpfigkeit, Sommersprossen, große Ohren, graue Haare, Hässlichkeit, Gebären, Allergie gegen 21. Jahrhundert, Jetlag, Unglück, Cellulitis, Kater, Penisneid/Penisgrößenneid, Schwangerschaft, Wutausbrüche im Strassenverkehr, Einsamkeit. (Richard Smith, »In search of Non-disease«, *BMJ*, 13. April 2002, S. 883–885, https://www.ncbi.nlm.nih.gov/pmc/articles/PMC1122831.)

196 Vgl. Jörg Blech, *Die Krankheitserfinder*, S. 183 f.

197 Walter/Kobylinski, *Patient im Visier*, S. 104. In Sachen »erfundene Krankheiten« siehe Blech, ebd.

198 Martha Rosenberg, »Most of What You Think You Know About Milk Is Probably Dairy Industry Lies«, *Alternet*, 19. März 2014, https://www.alternet.org/most-what-you-think-you-know-about-milk-probably-dairy-industry-lies.

199 Martha Rosenberg, »Major Pharma Scandal: Whistleblowers Claim Popular Asthma Drug Was Marketed Illegally«, *Alternet*, 3. März 2016, https://www.alternet.org/personal-health/major-pharma-scandal-whistleblowers-claim-popular-asthma-drug-was-marketed-illegally

200 »27,896 people reported to have side effects when taking Xolair. Among them, 663 people (2.38 %) have Death«, https://www.ehealthme.com/ds/xolair/death.

201 »The drug Xolair [...] reduced symptoms of milk allergies said researchers at the recent American Academy of Allergy, Asthma, and Immunology annual meeting. ›I think the evidence is pretty strong that it does make a significant difference,‹ said a coauthor of the research, Hugh Sampson, MD of Mount Sinai Hospital who reports eight financial links to Big Pharma companies.« (Rosenberg, ebd.)

202 Rosenberg, ebd.

203 Böttcher, Diagnose unheilbar, S. 51 f. und 175 f. Vgl. auch Böttcher, »MS, Milch, Marketing«, 21. Arpil 2014, http://www.erzähler.net/?p=1214.

204 Reuther, a. a. O., S. 110.

205 Ich zitiere mich im Folgenden gelegentlich selbst aus *Diagnose unheilbar*, ohne dies dauernd kenntlich zu machen. Dass ich die meine Ausführungen zum Immunsystem nicht gründlich umgeschrieben habe, ist nicht aus Faulheit meinerseits geboren, sondern bloß aus meiner Erkenntnis, dass ich es nicht besser beschreiben kann als an anderem Ort bereits geschehen.

206 Illich, a. a. O., S. 213.

207 Meine folgenden Ausführungen zum Immunsystem finden sich in fast identischer Form in *Diagnose unheilbar* (2015). Dass ich mich hier mit freundlicher Genehmigung des Ludwig-Verlags selbst zitiere, hat nichts mit Faulheit oder Zeilenschinderei zu tun – mir ist nur nicht eingefallen, wie ich den Sachverhalt besser darstellen könnte, und ich wollte niemand mittels schlichten Verweises nötigen, nun auch noch ein ganzes anderes Buch kaufen zu müssen. Wer dies bereits vor der Lektüre dieses Buches getan hatte, sehe mir die Doppelung bitte gnädig nach.

208 Vgl. Böttcher, *Diagnose unheilbar*, S. 107, in Sachen MS: »Neuroimmunologen [...] beschreiben (nur) die allerletzte Verteidigungslinie der Immunabwehr – die Vorgänge im Blut und, in unserem Fall, die Folgen im Nervenkostüm.

Um indes zu wissen, was diese Prozesse warum *auslöst*, müssten die Immunologen ganz woanders hin, und zwar tief in die Darmflora – und wer will das schon? Erstens klingt das nicht gut (Proktoimmunologe?), und zweitens steht man vor einer schier unlösbaren Aufgabe. Das (noch vor der Haut) wichtigste Organ in Sachen Immunabwehr ist nämlich tatsächlich ›ein schwarzes Loch‹: der Darm. Die wohlwollende Fachwelt bezeichnet diesen irgendwie unappetitlichen Bereich gern als ›zweites Gehirn‹, was insofern irreführend ist, als allein der Dickdarm zehnmal so viele Zellen in seinen Diensten hat wie das Gehirn. Unser ›zweites Gehirn‹ ist mit einer Länge von etwa sechs Metern und einer Oberfläche von (entfaltet und gebügelt) etwa 200 Quadratmetern nicht nur unser größtes Verdauungsorgan, sondern beeinflusst mit seiner Funktion unmittelbar unsere Gesundheit. Die Wahrscheinlichkeit ist hoch, dass *alle* Immunerkrankungen im Darm ihren Ursprung haben, denn die Zellen der Darmwand haben enorme immunologische Potenz: In der Darmschleimhaut werden unsere Immunzellen produziert, die dann über die Lymphbahnen im Körper verteilt werden – mithin beherbergt der Darm 80 Prozent unseres Immunsystems und ist wesentlich für eine gut funktionierende Abwehr. Solange der Darm gesund ist, haben es Krankheitserreger schwer, in den Organismus durchzukommen.

Ist jedoch das empfindliche Gleichgewicht der Darmflora, die aus etwa 100 Billionen Bakterien besteht, gestört, wird unser Wohlbefinden massiv beeinträchtigt, es folgen Krankheiten, deren Auslöser zum Teil gar nicht mehr erkennbar sind, wie beispielsweise chronische Schmerzsyndrome. Störungen der Verdauung beeinflussen also nicht nur metaphorisch die Stimmung – wenn uns ›etwas auf den Magen schlägt‹, kommen allerlei Wechselwirkungen von Psyche und Darm zum Tragen. Auch seelische Störungen können das Zusammenspiel der Verdauung massiv beeinträchtigen – und die Qualität unserer Immunabwehr. So können wir wohl als gesichert betrachten, dass auch ›Autoimmunerkrankungen‹ ihren Ursprung im Darm haben. Dass wir folglich MS durch unsere Ernährung massiv beeinflussen und ggf. sogar heilen können, dürfte daher jedem Deppen einleuchten.

Neurologen sehen das anders. Neurologen lassen auf MS-Stationen Wurst mit Gesicht und Milchpulverkartoffelpüree aus der Tüte servieren. Und zum Nachtisch gibt's Quark auf Industriezuckerkompott. Was allerdings schon wieder konsequent ist, wenn man sich selbst als Kundenbeschaffer der Pharmaindustrie betrachtet. Nur sollte man das dem Patienten vielleicht sicherheitshalber mitteilen (oder gleich die Logos seiner Lieblingsgeldgeber am Revers tragen).

Sie entnehmen diesen Ausführungen, dass ich persönlich die Theorie eines temporär gestörten Immunsystems als Ursache vieler MS-Varianten für durchaus wahrscheinlich halte. Es muss aber betont werden, dass ein verwirrtes Immunsystem noch lange keine ›unheilbare Autoimmunerkrankung‹ ist, sondern durch Änderungen unseres *Lifestyle*, unserer Ernährungsgewohnheiten und die aufmerksame Unterstützung des eigenen Körpers auf dem Selbstheilungsweg kurierbar. Jedenfalls, sofern wir umgehend intervenieren und unseren Körpern die Chance geben, ins Gleichgewicht zurückzufinden. Was zugleich auch als Warnung zu lesen ist, denn ist der MS-Pathomechanismus zwar immunologisch, aber *behandelbar* (zum Beispiel via Darmsanierung), sind Kortikoide und chemische Immunmodulatoren eine gefährliche Idee. Beziehungsweise (sehen Sie mir den Kraftausdruck nach) eine wirklich beschissene.

209 »Ein eindeutiger Nachweis, dass Multiple Sklerose ›autoimmun‹ ist, fehlt weiterhin. Dennoch behandelt man MS weiter bevorzugt mit Immunsuppressiva. Zum 25sten Geburtstag der grandiosen Idee fehlt so weiter jeder überzeugende Nachweis, dass die Therapie tatsächlich ›was bringt‹. Aber ›was bringt‹ ist natürlich eine Frage des Standpunktes.« (Vgl. Heesen u. a., *Immuntherapien der Multi-*

plen Sklerose, März 2013, https://lsms.info/fileadmin/user_upload/ISDIMS_Neufassung_Maerz2013_Kopie.pdf.)

210 Für mich bleibt verblüffend, mit welcher Vehemenz sich die meisten MS-Betroffenen weigern, auch nur temporär, versuchsweise, auf den »Genuss« gewisser Dinge zu verzichten, von Industriezucker bis Alkohol, von Keks bis Schweineschmalz. Milchprodukte stehen eindeutig ganz oben auf der Liste der Dinge, die viele sich ganz entschieden *nicht* nehmen lassen, nicht mal für einen Tag. Das vermeintlich sichere Wissen scheint nach einigen Jahrzehnten prägender PR der Milchwirtschaft doch sehr tief eingraviert in die Gehirne: Milch ist »wertvoll«, »gesund« und »macht müde Männer munter«, und Frauen natürlich auch. (Böttcher, *Diagnose unheilbar*, S. 175 ff.)

211 Vgl. Böttcher, »Con Tent«, 6. Mai 2016, https://www.erzähler.net/?p=1801.

212 Ich glaube, das ist mehr oder weniger frei nach Illich, a. a. O., aber ich bin nicht sicher.

213 Blech, a. a. O., S. 221.

214 »Der BDI habe deshalb eine neue Initiative ›Gesundheit digital‹ gestartet. Es gehe darum, weniger Verteilungsdiskussionen – etwa um die Bürgerversicherung – zu führen, sondern mehr über Innovationen und Investitionen zu reden und sie umzusetzen. Der Schlüssel zum Erfolg sei die Fähigkeit, große Datenmengen zu erheben, zu übertragen und zu verarbeiten. ›Die künftige Bundesregierung muss rasch die gesetzlichen Grundlagen für die Nutzung von Gesundheitsdaten schaffen‹, forderte Kempf. (»BDI-Präsident Dieter Kempf: ›Wir brauchen rasch eine neue Regierung‹, *Finanzen.net*, 11. Januar 2018, https://www.finanzen.net/nachricht/aktien/bdi-praesident-dieter-kempf-quot-wir-brauchen-rasch-eine-neue-regierung-quot-5907574.=

215 Vgl. https://www.patientslikeme.com/about.

216 PLM macht indes kein Geheimnis aus dem Grund für die Datensammelei, das erklärte Ziel der Company lautet: »Then, we share the patient experience with the industry so they can develop better products, services, and care.«

217 Siehe zum Besipiel Thomas Straubhaar, »So gefährlich ist Amazons Krankenversicherung für uns«, *Welt*, 6. Februar 2018, https://www.welt.de/wirtschaft/article173229888/Amazons-Krankenversicherung-fuehrt-in-den-Ueberwachungsstaat.html.

218 Polit-Mietmaul N. N., herbeizitiert aus der nahen Talkshow-Zukunft (2020 ff.).

219 Böttcher, »Top of The Pops«, 17. November 2014; http://www.erzähler.net/?p=1432.

220 Keine Comedy-Erfindung, sondern O-Ton meines Neurologen, als der mir – gratis – ein paar Probepackungen Antidepressiva andrehen wollte. Ich fand den November aber nur ganz normal grau. Dafür aber den Arztkittel trotz des strahlenden weiß unsauber.

221 »›Ability MyCite‹: Die sprechende Tablette«, *Die Presse*, 15. November 2017, https://diepresse.com/home/leben/gesundheit/5320744/Ability-MyCite_Die-sprechende-Tablette.

222 Zum Google-Smartphone im Flugmodus siehe beispielsweise https://m.youtube.com/watch?feature=youtu.be&v=g4MK76dDCDk. Informationen zur umfassenden Abhörfunktion der Facebook-App bei eingeschaltetem Smartphone findet der geneigte Interessent im Browser seines Vertrauens, zusätzliche Informationen bietet die analoge Lektüre von Scotts Galloways *The Four*.

223 Andreas Peglau; »Hurra, die Überwachungspille ist da!«, *Rubikon*, 25. November 2017, https://www.rubikon.news/artikel/hurra-die-uberwachungspille-ist-da.

224 Siehe exemplarisch Pam Belluck: »First Digital Pill Approved to Worries About Biomedical ›Big Brother‹, *New York Times*, 13. November 2017, https://www.nytimes.com/2017/11/13/health/digital-pill-fda.html. Oder Franziska Knupper: »Digitale Medizin: Absolute Überwachung oder hilfreiches Werkzeug?«, *BZ*, 5. April 2018, https://www.berliner-zeitung.de/wissen/digitale-medizin-absolute-ueberwachung-oder-hilfreiches-werkzeug--29967794.

225 Die Todeszeitpunktvorhersage ist in Arbeit, die Stanford University ist schon verblüffend nah dran (vgl. »Stanford's AI Predicts Death for Better End-of-Life Care«, *IEEE Spectrum*, 16. Januar 2018, https://spectrum.ieee.org/the-human-os/biomedical/diagnostics/stanfords-ai-predicts-death-for-better-end-of-life-care). Das behauptete Ziel der KI-Offensive ist natürlich: »Wir wollen die Patienten doch lieber zum Sterben nach Hause schicken.« Wer's glaubt, wird garantiert selig. Denn es lässt sich ja nicht von der Hand weisen, dass die Maschine sich bei vorhandener prima Prognose rechtzeitiger vorbereiten könnte – und so unsereins schon sechs Wochen vor unseren Tod teuer umsorgen kann, damit wir nicht auf den letzten Metern noch den Konsum verweigern. Wer dem Link folgt, wundere sich nicht über die Nonchalance, mit der inzwischen in der Tech-Szene darüber berichtet wird, dass die (korrekten!) Prognosen der KI für uns Menschen gar nicht mehr nachvollziehbar sind.

226 30 Prozent Entwarnung: Die Menschheit stirbt beileibe nicht aus. Zu den in naher Zukunft entbehrlichen 70 Prozent zählen weder jene, die fast allen Besitz der Welt auf sich vereinen (10 Prozent) und auch nicht jene, die sich als Handwerker und Sklaven nützlich machen können (20 Prozent). Noch werden wir (70 Prozent) indes gebraucht, als Mittel zum BIP-Zweck »Wachstum«. Es ist zwar unklar, wie lange noch, aber bis zum Release-Date des neuen iPhone wird's garantiert noch reichen. Also nur die Ruhe, für alles Wichtige ist gesorgt: Don't panic!

Heil

1 Weizsäcker, *Natur und Geist*, 1944 (Hg. Bernd Hontschik), *Warum wird man krank?* (Suhrkamp 2008, S. 226).

2 Ivan Illich, *Die Nemesis der Medizin. Die Kritik der Medikalisierung des Lebens*. Hier zitiert nach der letzten, um ein Nachwort Illichs ergänzten 5. Neuauflage (Beck 2007).

3 Ebd., S. 203.

4 Ebd., S. 193.

5 Ebd., S. 28.

6 Ebd., S. 28.

7 Ebd., S. 33.

8 Ebd., S. 199.

9 Ebd., S. 152.

10 Ebd., S. 29.

11 Ebd., S. 16.

12 Ebd., S. 74.

13 Die EDSS (Expand Disability Status Scale) nach John F. Kurtzke gibt den Behinderungsgrad MS-Erkrankter an auf einer Skala von 0 (keine Einschränkung) bis 10 (Tod).

14 Offenlegung: Doch, das geht. Der gemeine Nonkonformist ist im System komplett »lobbylos« und erwirbt im Lauf von dreißig höchst fleißigen Berufsjahren mittels Einzahlung einer halben bis ganzen Million Euro in die gemeinschaftli-

che Steuerkasse keinerlei Anspruch auf gemeinschaftliche Unterstützung im Fall der schweren Erkrankung. Wer gar Künstler ist (7 Prozent Umsatzsteuer) und gleichzeitig Unternehmer (19 Prozent Umsatzsteuer) sowie gelegentlich nicht verheiratet mit den Müttern seiner drei Töchter (kein Ehegattensplitting), ist als Selbstständiger wie Selbstbestimmter jedem Nachbarn höchst suspekt, denn wer so frei sein will, könnte gefährlich werden. Und hier sind »Alt Right« und »Ctrl Left« sich hundertprozentig einig: Solche Umtriebe müssen konsequent bekämpft und im Keim erstickt werden. (Wohin die Herde zu lenken ist oder wäre, bleibt indes ein erbittert geführter Streit unter Schäfern und solchen, die es werden wollen.)

15 Tätigkeitsnachweis in allen Schubladen unter sven-boettcher.de.

16 Vgl. Böttcher, »Con Tent«, 3. Mai 2015, https://www.erzähler.net/?p=1801.

17 »Der Prüfstein für eine erstrangige Intelligenz ist die Fähigkeit, zwei entgegengesetzte Ideen zugleich im Kopf zu haben und doch weiter in Funktion zu bleiben. Zum Beispiel: Man wäre imstande zu sehen, dass die Dinge hoffnungslos liegen, und dennoch fest entschlossen, sie zu ändern.« (F. Scott Fitzgerald, *Der Knacks*, zitiert nach Canguilhem, S. 50.)

18 Canguilhem, S. 50.

19 Betroffene aus dem norddeutschen Raum, die diesbezüglich Unterstützung benötigen, werden von mir gern via mail@sven-boettcher weitergeleitet. Eine Namensnennung im Haupttext erfolgt indes nicht, weil Namen für die grundsätzliche Definition von »Gesundheit« Schall und Rauch sind.

20 Offenlegung: Trotz universitären Studiums der Wirtschaftswissenschaften, häufiger Tätigkeit als Stift beim anverwandten Wirtschaftsprüfer sowie späterer eigener GmbH-Gründungen nebst gesteigertem Bilanz- und Zahlenverständnis sehe ich beim Studium des WHO-Abschlussberichtes 2017 auf 68 Seiten vorwiegend sieben Siegel – jedenfalls betreffend meine Frage, ob denn auch der eine oder andere Budget-Cent aus den Kassen der Pharmaindustrie stammt. Ich gestehe aber gern, dass ich die vielen bunten Grafiken ganz prima finde. http://www.who.int/about/finances-accountability/reports/A71_29-en.pdf. Zur Mittelherkunft siehe daher öffentlich-rechtlich ergänzend (respektive grundsätzlich die Problematik touchierend): »Woher bekommt die WHO ihr Geld«, *Tagesschau.de*, 21. Mai 2018, http://faktenfinder.tagesschau.de/kurzerklaert/kurzerklaert-who-101.html, sowie die nachfolgend genannten Quellen.

21 Siehe Jakob Simmank: »Der heimliche WHO-Chef heißt Bill Gates«, *Zeit online*, 4. April 2017, https://www.zeit.de/wissen/gesundheit/2017-03/who-unabhaengigkeit-bill-gates-film.

22 Die Darstellung der WHO-Finanzierung als problematisch ist im Detail durchaus nicht unumstritten, die bilanzierende Transparenz hält sich aber leider – für den Laien – in engen Grenzen. Ich teile aber die Einschätzung von Thomas Gebauer, Geschäftsführer medico international, dass die private und einigermaßen unklare Finanzierung ein großes Problem darstellt. (Siehe »Weltgesundheitsorganisation: Eine Geisel potenter Geldgeber. Thomas Gebauer im Gespräch mit Nana Brink «, DLF, 18. Mai 2015, https://www.deutschlandfunkkultur.de/weltgesundheitsorganisation-eine-geisel-potenter-geldgeber 1008.de.html?dram:article_id=320082.)

Ein 2014 vom nicht der Fake-News verdächtigen öffentlich-rechtlichen Politmagazin *Frontal 21* ausgestrahlter Beitrag zum Thema der WHO-Finanzierung ist meines Wissens nur noch per *Wayback Machine* auffindbar, die Gründe sind mir nicht bekannt. Mein Verweis erfolgt daher ausdrücklich unter Vorbehalt: https://web.archive.org/web/20141026170051/http://zdf.vo.llnwd.net/e1/s/

none/zdf/14/10/141021_who_f21_2256k_p14v11.mp4?rs=1024&ri=10000&ip=207 241 237 211&h=6a7c4d15c3f90512303b51af589d7980.

23 Canguilhem, S. 40.

24 Canguilhem, a. a. O., S. 66.

25 Illich, a. a. O., S. 203.

26 Einen guten Überblick über die erschütternden Zahlen bietet Gigerenzer, a. a. O.

27 »Früherkennung« nach Darstellung des Bundesgesundheitsministeriums, mit Hinweis auf das 2015 in Kraft getretene »Präventionsgesetz«: https://www.bundesgesundheitsministerium.de/themen/krankenversicherung/online-ratgeber-krankenversicherung/medizinische-versorgung-und-leistungen-der-krankenversicherung/frueherkennung.html.

28 Vgl. https://hessen.aok.de/inhalt/check-up-35-schon-ab-dem-25-lebensjahr.

29 Krogsbøll u. a., »General health checks for reducing illness and mortality«, *Cochrane Collaboration*, 17. Oktober 2012, http://www.cochrane.org/CD009009/EPOC_general-health-checks-for-reducing-illness-and-mortality: »General health checks did not reduce morbidity or mortality, neither overall nor for cardiovascular or cancer causes, although the number of new diagnoses was increased. [...] With the large number of participants and deaths included, the long follow-up periods used, and considering that cardiovascular and cancer mortality were not reduced, general health checks are unlikely to be beneficial.«

30 Stellt man die statistisch gut abgesicherte Aussage in den öffentlichen Debattenraum, die meisten Vorsorgeuntersuchungen seien überflüssig, wird man umgehend per Mail oder Forumsbeitrag korrigiert, mal höflich, mal nicht, immer aber vehement. Es folgt jeweils die Schilderung des »lebenden Beweises« für den Nutzen der Untersuchungen – bösartige Tumore seien nur dank vorsorglicher PSA/Brustkrebs/anderer Tests und Biopsie gefunden worden, ohne Vorsorgeuntersuchung wäre der/die Berichterstatterin tot. Man müsste schon entsetzlich grob gestrickt sein, wiese man die Geretteten öffentlich auf die erbarmungslose Statistik hin und darauf, dass viele der falsch-positiv Getesteten aus diesem oder jenem Grund nicht widersprechen wollen (wegen z. B. Höflichkeit, Kummer) oder können (wegen z. B. Exitus). Für die eigene Entscheidungsfindung erscheint mir der Hinweis auf die entsetzlich gefühllosen großen Zahlen dennoch wichtig.

31 Haben Sie ein Lipom oder mehrere? Damit sind Sie nicht allein: Etwa 2 bis 5 Prozent von uns laufen mit diesen Dingern herum, also mit Tumoren direkt unter der Haut. Aber dass das »Krebs« ist, wussten Sie, oder? Ursache und Entstehung dieser gutartigen Fettgewebstumore sind bis heute rätselhaft, die meisten (80 Prozent) haben einen Durchmesser von unter 5 Zentimeter, faustgroße sind äußerst selten, ebenso selten sind Lipome bösartig – in diesem Fall heißen sie Liposarkome. Als ausgewiesener Universaldilettant darf ich ja alles, also auch der Wissenschaft widersprechen beziehungsweise die Arbeitshypothese aufstellen, das Lipom als elegante Endlager-Notlösung des Körpers für Tumore, sprich Krebszellen, zu betrachten, die er auf anderen Wegen bedauerlicherweise nicht loswird, also weder mithilfe von Leber und Galle über den Darm, noch über den Harn noch durch das Lymphsystem noch durch die Haut. Der Körper ist aber nicht nur so überaus klug, den Müll unschädlich »einzukapseln«, er platziert die Mülldeponien obendrein freundlicherweise bevorzugt im Subkutanen, falls jemand helfen kommen möchte. Muss aber nicht sein, ist nur ein kosmetisches Angebot. Gebannt hat der Körper alle Gefahren schon selbst.

32 Nach derzeitigem Stand erkranken 51 Prozent aller Männer und 43 Prozent aller Frauen im Laufe ihres Lebens an Krebs (Auswertung von 2011, http://www.

krebsdaten.de/Krebs/DE/Content/Publikationen/Krebs_in_Deutschland/kid_2015/krebs_in_deutschland_2015.pdf?__blob=publicationFile9).

33 »Zur Zeit bekommen etwa eine halbe Million Deutsche im Jahr diese Diagnose, das sind 70 000 bis 80 000 mehr als noch vor zehn Jahren. Und es werden immer mehr werden, zwischen 2010 und 2030 soll die Zahl der Neuerkrankungen um mindestens 20 Prozent steigen. Die WHO erwartet weltweit sogar 70 Prozent mehr Krebserkrankungen in den nächsten zwei Jahrzehnten, das wären dann 25 Millionen neue Fälle pro Jahr.« (Vgl. Theresa Bäuerlein, »Krebs kommt näher«, *Krautreporter*, 22. Januar 2017, https://krautreporter.de/1729-krebs-kommt-naher).

34 Zitiert nach »Durchbruch bei der Krebsfrüherkennung«, *Wall Street online*, 19. Januar 2018, https://www.wallstreet-online.de/nachricht/10212780-cancer seek-test-durchbruch-krebsfrueherkennung: »Studie von Wissenschaftlern der Johns Hopkins School of Medicine in Baltimore veröffentlicht […], in der die Ergebnisse eines neuen Tests: genannt CancerSEEK, durchaus eine Revolution für die Früherkennung von Krebs darstellen könnten.«

35 Zitiert nach »Forschern gelingt Durchbruch: Hoffnung für Millionen«, *Focus online* 18. Januar 2018, https://www.focus.de/gesundheit/news/forschern-gelingt-durchbruch-hoffnung-fuer-millionen-betroffene-neuer-bluttest-kann-acht-krebsarten-im-fruehstadium-erkennen_id_8329144.html.

36 »Udo Siebholt, Universität Halle, von der AG Molekularpathologie der Deutschen Gesellschaft für Pathologie bezweifelt, dass CancerSEEK die Anforderungen eines Screeningtests erfüllen kann. Sensitivität, Spezifität und Robustheit des Verfahrens müssten sehr hoch sein, um unnötige Untersuchungen, Kosten und eine Verunsicherung der Testpersonen zu vermeiden. Vor allem der Stellenwert zellfreier DNA sei derzeit noch nicht abzuschätzen. Dr. Siebholt vermutet, dass gutartige Läsionen, wie etwa Darmpolypen, die erste genetische Veränderungen aufweisen, aufgrund ihrer Häufigkeit zu weitaus mehr falsch-positiven Ergebnissen führen werden als in der Kontrollgruppe der Studie.« (Vgl. »›CancerSEEK‹: Bluttest soll acht Krebsarten erkennen – Experten skeptisch«; *Ärzteblatt*, 19. Januar 2018, https://www.aerzteblatt.de/nachrichten/88667/Cancer SEEK-Bluttest-soll-acht-Krebsarten-erkennen-Experten-skeptisch.)

37 »Die Zahlen stellen die Mediziner vor ein Rätsel: Warum steigt die Zahl der Krebsfälle in Deutschland – und warum bleibt die Zahl der Krebstoten im gleichen Zeitraum relativ stabil?« Ja, ist das nicht rätselhaft? (Vgl. »Immer mehr Menschen überleben mit Krebs«, *Welt.de*, 20. Februar 2008, https://www.welt.de/wissenschaft/krebs/article1698870/Immer-mehr-Menschen-ueberleben-mit-Krebs.html.)

38 Das durchschnittliche Krebserkrankungsalter in Deutschland liegt bei Frauen bei 67,2 Jahren, bei Männern bei 68,3 (vgl. »Epidemologie von Krebserkrankungen«, *Bericht zum Krebsgeschehen in Deutschland 2016*, Robert Koch Institut 2016, S. 22, https://www.krebsdaten.de/Krebs/DE/Content/Publikationen/Krebsgeschehen/Epidemiologie/Kapitel2_Epidemiologie.pdf?__blob=publica tionFile). »Knapp 75 Prozent der an Krebs neu erkrankten Männer und rund 71 Prozent der betroffenen Frauen sind über 60 Jahre alt« (vgl. »Krebsstatistik – Häufigkeit von Krebserkrankungen«, *onkology.guide*, https://www.oncology-guide.com/ursachen/krebsstatistik).»Das durchschnittliche Sterbealter bei Krebserkrankten steigt seit Jahren an (und) erreichte […] 2013 mit 73,4 Jahren den bisher höchsten gemessenen Wert. Der Zahl der Krebstoten, die über 85 Jahre alt waren, lag bei 17 Prozent, vor etwa 30 Jahren waren es 8 Prozent gewesen« (vgl. »Jeder Vierte stirbt an einem Tumor«, *Tagesspiegel*, 2. Februar 2015,

https://www.tagesspiegel.de/wissen/neue-zahlen-zu-krebs-jeder-vierte-stirbt-an-einem-tumor/11315474.html).

39 Schweitzer, ebd., S. 129.

40 Jörg Blech konstatiert: »In der Regel stirbt man *mit* und nicht *an* Prostatakrebs.« Außerdem, alles andere als nebensächlich: »In Deutschland liegt das Sterbealter am Prostatakrebs bei etwa 78 Jahren – das sind paradoxerweise etwa drei Jahre mehr als die durchschnittliche Lebenserwartung.« (Blech, *Heillose Medizin*, S. 120; bei Bedarf liefert die Lektüre von Blechs Arbeit zusätzlich wichtige Hinweise zur Einschätzung des PSA-Tests.)

41 Mein äußerst aufmerksamer Lektor Michael Schickerling teilte mir hierzu per PN mit, dass es sehr wohl »selbstheilende Kunststoffe« gibt, und den Hinweis gebe ich natürlich gern weiter: https://www.golem.de/news/polymer-forscher-erfinden-durch-zufall-selbstheilenden-kunststoff-1405-106541.html oder https://www.spektrum.de/news/selbstheilendes-plastik/570979 oder https://www.welt.de/motor/article126205248/Die-Auto-Karosserie-die-sich-selbst-repariert.html. Ich weise aber sicherheitshalber darauf hin, dass es sich lediglich um smarte Polymere handelt, deren Gesamtstruktur nicht ganz so komplex ist wie meine. Obwohl diese Polymere – anders als ich – nicht mal ein Pflaster benötigen.

42 Vgl. https://de.wikipedia.org/wiki/AlphaGo.

43 Vgl. Böttcher, »Alle KI ist weiß und männlich«, 7. Oktober 2017, https://www.erzähler.net/?p=2119. Weiter. »Der Google-Test zeigt eine dritte Möglichkeit auf, wie aggressive Computerprogramme entstehen können: Indem sie es vom Menschen beigebracht bekommen.« (Vgl. Daniel Mützel, »Eine neue Google-KI wird ›hochaggressiv‹«, wenn sie denkt, sie verliert, *Vice* 2/2017, https://motherboard.vice.com/de/article/pgxb97/eine-neue-google-ki-wird-hochaggressiv-wenn-sie-denkt-sie-verliert.)

44 Weizsäcker, ebd., S. 135.

45 Ranger, großer neuzeitlicher Philosoph, garniert diese weit reichende Zustandsbeschreibung selbstredend mit »ich« und »bin«. (Vgl. *Der Schuh des Manitu*, 2001).

46 Mein Freund und Vorableser A. markierte diesen Namen im Skript mit einem »?«, und vermutlich tut das jeder, der nie ernstlich erkrankt war – daher gestatte ich mir, A. und allen anderen, die Dr. med Ruediger Dahlkes Long- und Bestseller *Krankheit als Sprache der Seele. Deutung und Be-Deutung der Krankheitsbilder* (Goldmann 1992) nicht kennen, hier *vorzulesen* – ins Ohr von Gesunden ist das erlaubt –, was bei Multiple Sklerose unter anderem zu bedenken ist, jedenfalls bei der »häufigen« (?) »Schmerzempfindlichkeit« (?) »der Wirbelsäule«, denn die »in der Tiefe ablaufenden Entzündungsprozesse [...] deuten einen schwelenden Konflikt um die Aufrichtigkeit an, der zeigt, dass Aufrichtigkeit, sich stellen und Rückgrat zeigen mit Schmerzen verbunden ist«. Die Fußschmerzen, über die viele Betroffene klagen, »deuten an, wie schwer ihnen der Weg fällt, der meist nicht ihr eigener ist« (S. 227). Die »doppelte Optik deutet an, dass man in zwei unvereinbaren Welten gleichzeitig zu leben versucht« (S. 228). »Die sich ergebende Persönlichkeitsstruktur ist einerseits geprägt vom Wunsch, alles zu kontrollieren und vorauszuplanen, andererseits von dem Mangel an adäquater Reaktion auf Herausforderungen« (S. 229). Und »Die Aufgabe des Kampfes wird zur Aufgabe. Das nicht offen geäußerte Bedürfnis der MS-Patienten, alles nach ihren Vorstellungen zu planen, zu steuern und zu kontrollieren, wird vom Schicksal therapiert« (S. 230). Hierbei stellt sich erstens die Frage, weshalb eigentlich nur so vergleichsweise wenige Menschen MS haben, und zweitens nicht die Frage, ob diese horoskopartige Lesart auf den einen oder anderen (auch auf

den einen oder anderen MS-Patienten) nicht sogar zutrifft, denn es ist ja keinem untersagt, Dahlke *selbst* zu lesen – und sich eigene Gedanken dazu zu machen. Nur *vorlesen* darf man ihn keinem Erkrankten, denn das ist ebenso übergriffig wie das schlichtere: »Du Blinder, hör auf, dich selbst zu bescheißen, du bist sterblich, lass einfach mal gut sein.« Darauf darf der Erkrankte bei Bedarf gern selbst kommen, siehe Weizsäcker: Der Sinn der Krankheit ist ausschließlich vom Kranken selbst realisierbar. (Bei Interesse an allen anderen interessanten Erkrankungen werden Sie bei Dahlke garantiert selbst fündig. Aber, bitteschön, selbst.)

47 Weizsäcker, ebd. S. 187.

48 Schweitzer/Schweitzer, a. a. O., S. 157

49 Ebd., S. 154.

50 Ebd., S. 163.

51 Michael Pollan, *Food Rules* (Penguin 2010).

52 Ebd., S. 43, S. 17.

53 Exemplarisch seien hier nur einige wenige genannt: Cadmium, Kupfer, Blei (Wasser aus alten Metallrohren, Backpulver), Titan, (Färbemittel, Medikamente, Vitaminpillen, Kosmetika), Quecksilber/Amalgam (Zähne), Glasfasern (Wände, Bodenbeläge); Formaldehyd (Matratzen), Nickel (Schmuck, Brillen), PCB (Kosmetika), Weichmacher/Iscocyanate/Phthalate (Bodenbeläge), Lanthan (Toner), Aluminium (Deo, Salz, Konservendosen, Kosmetika), Asbest (Heizkörperlack, Eternit), Methanol (Aspartam); zur Strahlenbelastung durch WLAN, Smartphone und Konsorten (vgl. Mutter, *Lass dich nicht vergiften*, S. 42 ff.). Zur Feinstaubproblematik mit bis zu 35 000 bis 70 000 Todesfällen jährlich in Deutschland siehe Reuther, a. a. O, S. 125 ff. Eine kluge Erklärung für unsere beständig zunehmenden »Pollenallergien« findet sich ebd, S. 130 ff.

54 An der Studie nahmen vier Personen teil, die Salmonellen wurden doppelt verblindet via Tiramisu in einem italienischen Restaurantlabor verabreicht. Drei der Probanden erkrankten schwer, mit Fieber, Durchfällen und dauerndem Erbrechen für zehn Tage, eine der drei musste eine Woche im Krankenhaus verbleiben und hing am Tropf. Der vierte Proband übernahm die Pflege der zwei zu Hause verbliebenen Erkrankten, arbeitete rund um die Uhr weiter und nahm jeden Tag etwa anderthalb Liter therapeutischen Weißweins zu sich. Er bekam kein Fieber, lediglich für zwei Tage etwas Durchfall. Zwei Wochen später bekam er kalte Füße, zurückzuführen offenkundig auf einen frisch entstandenen Entzündungsherd im Rückenmark, wie nachfolgende Untersuchungen erbrachten.

55 Natürlich ist die Frage berechtigt, wie man so blöd sein kann, ein solches Haus zu kaufen. Ich war so blöd, weil ich mir in TÜV-Deutschland nicht im Traum vorstellen konnte, dass es so was gibt und man es überhaupt noch *ver*kaufen darf. Es sind aber weiterhin 700 000 solcher Objekte »am Markt«, ohne Warnschild. »Fertighäuser, die in den 1960er, 1970er und Anfang der 1980er Jahren gebaut wurden, waren damals zeitgemäß und entsprachen dem Stand der Technik. So war der Einsatz von Formaldehyd als Bindemittel in Spanplatten gängig, und der Einbau von Holzschutzmitteln mit den seinerzeit üblichen Wirkstoffen Pentachlorphenol (PCP) und Lindan, waren nach der damaligen DIN-Norm sogar Pflicht bei allen statischen Holzbauteilen, so auch im Fertighausneubau«, sagt der Renovierungsfachmann (http://www.renopan.de/schadstoffsanierung-fertighaus.html). Bei Interesse an den chemischen Details findet der Kaufinteressierte zum Beispiel hier gute Hinweise: http://www.fachwerk.de/fachwerkhaus/wissen/aussenwaende-aussenfassade-93796.html). Weitere Details im Archiv des SWR (Mirko Tomic, »Krank durch Chemie?«, 7. Juli 2009 https://www.swr.de/betrifft/holzschutzmittel-opfer/-/id=98466/did=4272242/

nid=98466/1lxpzfq) oder bei Youtube (https://www.youtube.com/watch?v=hqZNg4eItR4 sowie https://www.youtube.com/watch?v=55iPewQgsIg).

56 Das untersuchende medizinische Labor war so freundlich, mir im Vorwort zu meinem Befund per copy-paste zu erklären, es handle sich bei dem aus meinen Hauswänden ins Blut gewanderte Zeug um »lipophile Substanzen, die gegenüber Insekten und Säugetieren eine ausgeprägte neurotoxische Wirkung haben«. Diese Neurotoxika finden sich bevorzugt in Holzschutzmitteln, lagern sich im Menschenorganismus im Fett- und Nervengewebe an und bereiten dem Vergifteten Beschwerden, die denen eines MS-Kranken verblüffend ähneln – mit dem Unterschied, dass der Giftkranke keine »Schübe« hat, sondern dauernd kränker wird. Meiner bescheidenen Ansicht nach sollte man diesen Zusammenhang ausschließen, bevor man »sekundär-progrediente MS« diagnostiziert.

57 Wer obendrein statt der wünschenswerten, für die Glutathion-Transferase (mit) zuständigen Erbgut-GLA-Module beispielsweise die Nummern HLA-DRB1*03/DRB1*15 gezogen hat, die Studien zufolge für dafür (mit)verantwortlich sind, dass der Körper Vitamin D3 nicht geeignet »festhalten« kann, wird wie ich Vitamin D3 gegebenenfalls in höheren Dosen zu sich nehmen müssen als der diesbezüglich genetisch bessergestellte Erkrankte.

58 A. a. O., S. 44.

59 Sollten Sie beim Versuch zu meditieren generell einschlafen, sogar im Sitzen, möchte Ihr Ich wohl ganz entschieden nicht zur Gruppe B2 gehören. Da müssten Sie dann noch mal mit sich selbst zusammensetzen, im Wachzustand, und dem Ich die Sorge nehmen, sie wollten es nur töten. Sie müssten Ihrem Ich dann allerdings erläutern, weshalb sie eine Wiedergeburt (und ein neues Ich) dringend benötigen.

60 Wohl niemand hat das prägnanter formuliert hat als Dr. Joe Dispenza, den ich oben halb frei wiedergebe: »Thinking the same thoughts leads us to make the same choices. Making the same choices leads to demonstrating the same behaviors. Demonstrating the same behaviors leads us to create the same experiences. Creating the same experiences leads us to produce the same emotions. And those same emotions then drive the same thoughts.« (Dispenza, *Be Your Own Placebo*, E-Book-Position 1234 f.)

61 »We can't create a new future while we're living in our past.« (Dispenza, a. a. O., E-Book-Position 1545 f.)

62 Eine kurze und kluge Einführung hierzu bietet Rüdiger Vaas in seinem Essay »Gedächtnis«, *Spektrum der Wissenschaft,* http://www.spektrum.de/lexikon/neurowissenschaft/gedaechtnis/4050. Besonderes Augenmerk verdient im hier beschriebenen Zusammenhang die offenbar maßgebliche Langzeitpotenzierung, »bei der verschiedene Reize durch synaptische Modifikationen miteinander verknüpft werden. Die Erkenntnisse zeigen, dass sich Gedächtnisinhalte in Form mehr oder weniger weiträumiger Änderungen des Nervengewebes einprägen. Werden sie abgerufen, kommt es zur Erregung einer beträchtlichen Anzahl bestimmter Neurone und damit zu spezifischen, wenn auch im Detail praktisch nicht nachvollziehbaren Aktivitätsmustern. [...] Bedingt durch den Lernvorgang sind selektive Kontakte mit anderen Zellen ›gefestigt‹ worden. So erstrecken sich die Gedächtnisspuren über eine große Anzahl von Nervenbahnen und -kontakten. Diese Bahnen können unterbrochen, überlagert oder gleichsam neu besetzt werden, so dass zahlreiche Informationen gelöscht werden oder nicht mehr auffindbar sind. Andererseits werden die Gewichtungen des Netzes durch neue Einflüsse ständig moduliert. Die Speicherkapazität solcher *verteilter Repräsentationen* ist beträchtlich größer als bei strikter Lokalisierung.«

63 Dankenswerterweise hat Norman Doidge (*The Brain That Changes Itself*, 2007) schon vor mehr als einem Jahrzehnt belegt, dass das Gehirn nicht, wie viele Neurologen bis heute weiter irrglauben, ab einem bestimmten Lebenszeitpunkt an nicht mehr formbar ist (»Das menschliche Gehirn hat sich offenkundig unterschätzt«). Diese »Neuroplastizität« lässt sich nicht nur nachweisen, sondern auch nutzen auf dem Rückweg zur Gesundheit, sei es zum Beispiel bei MS mit etwas Hilfe von außen (vgl. Böttcher, *Diagnose unheilbar*, S. 241 ff.), sei es generell mittels aktiven Umdenkens und Neuhandelns. Merksatz für den zerebralen Zettelkasten: »Neurons that fire together, wire together«.
64 Trotz fehlender Studiendaten sei die folgende Bemerkung von ABC-Anchor Dan Harris hier als Arbeitshypothese hinterlegt: »If you meditate, you're less of an asshole. But it's hard to prove that with science.«
65 Die spezifisch deutsche, selbst- und eigensinnfeindliche Normierungswut erschwert diese Aufgabe auch dem kühnsten Kletterwilligen. Denn es bedarf nicht nur Zutrauens und guten Mutes, heil zu werden, sondern auch eines hohen Maßes an Sturheit mitten in der dumpfen Herde, die alles porentief geregelt hat – zu Ungunsten des Gesunden wie des Gesundungsfähigen. Gemeinsames Merkmal von »Überlebenspersönlichkeiten« sind indes »kooperativer Nonkonformismus« sowie »die »Weigerung, sich von unangemessenen Regeln und sozialen Normen beherrschen zu lassen«, wie der Psychologe Al Siebert bereits ab 1953 eindrucksvoll in umfangreichen Studien nachwies. Überlebenspersönlichkeiten sind somit unweigerlich »flexibel, paradox, vielseitig, empathisch und sehnen sich nach Synergismus, also danach, dass die Dinge für sie *und* andere gut laufen« (zitiert nach Siegel, a. a. O., S. 217 ff.). Bedauerlicherweise stehen all diese Eigenschaften und Motivationen heutzutage auf tiefschwarzen Listen, und wer sich damit erwischen lässt, fängt sich umgehend ein Psychopharmaka-Abo ein und/oder einen Platz in der Geschlossenen. Wer solche systemfeindlichen, dem eigenen Heil und Überleben förderlichen Tendenzen in seiner Persönlichkeit vorfindet, handle also schweigend und lasse sich nicht erwischen.
66 Meine 5 Cent zum Thema *Angst* finden sich barrierefrei im Sternenhimmel unter quintessenzen.net oder mit Aufschlag für die viele gute Verlagsarbeit auf Seite S. 83 ff. der gedruckten *Quintessenzen*.

Zuletzt

1 A. a. O., S. 68.
2 Illich, a. a. O., S. 147.
3 Zur hochspannenden Geschichte dieses sich wandelnden Bilds siehe schon wieder bevorzugt Illich, a. a. O., S. 125 ff.
4 Illich, a. a. O., S. 148.
5 Illich, ebd., S. 149.
6 Zeus hatte es aber tatsächlich schwerer als unser alleiniger Gott *Markt*, denn Zeus musste ja auch andere Götter neben sich dulden; obendrein waren die Menschen, die er schuf (oder die ihn schufen), Griechen – und fanden damals die Tyrannei eines einzigen oder die Oligarchie von wenigen sogar noch schlimmer als die Herrschaft der vielen, die Demokratie. Wir hingegen können mit unserem einen Gott ganz prima leben, denn dessen zwei Gebote »Kaufe!« und »Vermarkte!« kann sich ja sogar ein Badeschwamm bequem merken. Ich empfehle hierzu weiterhin die Lektüre der *Götterdämmerung* (Rowohlt 1992, überarbeitete Auflage 2012), aber erwarten Sie allenfalls Esprit und Komik, keine 54

Jahre lang gereifte Contenance. »Ich war jung und brauchte kein Geld«, (Victor Sherman).

7 Meine 5 Cent zum Thema Glück finden sich in den *Quintessenzen*, im Grunde durchgehend, explizit auf S. 24 ff. (Das eine Glück). Aber ehe jetzt wieder jemand schnauzt, ich wolle mir ja sowieso immer nur die Taschen vollmachen: Meine gegebenenfalls relevanten Publikationen sind *frei* erhältlich, im Sternenhimmel unter www.quintessenzen.net, in Sachen MS auf meinem Blog erzähler.net. Niemand, der mangels finanzieller Mittel nicht *kann*, muss mich oder meinen Verlag für irgendwas bezahlen. Dass 90 Prozent meiner Umsonstleser meine Arbeit und die meiner Verlage honorieren *könnten*, dies jedoch schlicht unterlassen, nehme ich zur Kenntnis. Es wird aber an meiner diesbezüglichen Praxis nichts ändern, denn ich bin ein Narr und bemühe mich, Ghandi bescheiden zu folgen: »Be the change you wish to see in the world«. Dass man dabei materiell untergeht, auch ohne sich anzuzünden, ist mir völlig bewusst, und ich erkläre dies im Vollbesitz meiner geistigen Kräfte.

8 »Der Verbrauch von Schmerzmitteln, die von der GKV erstattet wurden, ist seit 2005 fast in jedem Jahr gestiegen. 2016 lag er bei 677 Mio. Tagesdosen. Dazu kommt der Verbrauch der zur Indikationsgruppe der entzündungshemmenden Mittel und Mittel gegen Rheuma (M01) gehörenden Schmerzmittel. In der Indikationsgruppe der Schmerzmittel (Analgetika) dominieren die Opiate: Auf sie entfielen 2016 fast 62 % des Verbrauchs (gemessen in definierten Tagesdosen) und knapp 78 % der Ausgaben. Die Ausgaben für die Indikationsgruppe insgesamt erreichten 2016 rund 1,4 Mrd. Euro. Das waren 2,5 % mehr als 2015.« (Vgl. IGES Institut, 14. September 2017, http://www.arzneimittel-atlas.de/arzneimittel/n02-analgetika.)

9 Reuther, a. a. O., S. 155.

10 Reuther, a. a. O., S. 156.

11 Es ist MS-Erkrankten gesetzlich untersagt, ihre Schmerzen nach eigenem Ermessen zu lindern. Kein Erkrankter darf Hanf selbst anbauen, selbst wenn er glaubhaft versichert, dass Marihuana ihm erfahrungsgemäß gegen seine Schmerzen hilft. MS-Kranke, die sich auf diese Weise selbst helfen, drohen drakonische Haftstrafen (als wäre MS nicht schon Strafe genug). Seit 2016 erlaubt der Gesetzgeber nun allerdings in Ausnahmefällen die Verschreibung von Medizinalhanf an MS-Patienten. Das klingt gut? Soll's ja auch, entpuppt sich aber beim näheren Hinschauen als Nebelkerze zum Absatzschutz der Industrie. Denn der unheilbar kranke Patient kann natürlich nicht einfach losgärtnern oder wenigstens zu seinem Hausarzt gehen und diesen bitten: »Verschreib mir einen Joint!« Der Patient muss im Zweifel zum Experten, zum Facharzt, in diesem Fall zum Neurologen, der ihm natürlich *nicht* sofort Hanf verschreibt, sondern den Patienten zwingt, vorher alle anderen, teilweise hochriskanten Schmerzmittel durchzuprobieren. Sofern der Patient das drei bis zehn Präparate lang übersteht, erhält er nach Gutdünken des Neurologen am Ende ein Rezept für Medizinalhanf. Darf aber auch dann nicht *irgendwas* inhalieren, sondern ausschließlich die Erzeugnisse der Pharmaindustrie. Die in Apotheken zu Preisen angeboten werden, die meines Wissens etwa vierzigmal so hoch sind wie die auf dem freien Markt. Kassenpatienten können gegebenenfalls mit Erstattung rechnen, aber wer beispielsweise privatversichert ist, sich den Monatsbeitrag nicht mehr nicht leisten kann und die ersten 3 000 Euro pro Jahr als »Praxisgebühr« (Selbstbeteiligung) selbst zahlen muss, kann sich die Therapie eben nicht leisten, muss also mit den Schmerzen leben. Es wird niemand verwundern, dass ich selbst das aus Überzeugung tue, aber es erscheint mir doch einen Hauch unmenschlich, dass MS-Kranken, die erbärmlich leiden, der nebenwirkungsfreie

Weg zur Schmerzlinderung unter jahrelanger Haftandrohung verstellt ist. Aber es ist natürlich nur konsequent.

12 Illich, a.a.O., S. 111.

13 Die gelassene Einsicht des jungen Philosophen und verhinderten Berufsmusikers Mark Manson stellt sich wohl bei den wenigsten ein, die auf dem Weg zum ersehnten Karrierewunsch unter Schmerzen leiden: »I didn't like to climb much. I just liked to imagine the summit.«

14 Siegel, a. a. O., S. 110.

15 Vgl. Stefan Schleim, »Bei 90% wirken Antidepressiva nicht besser als Placebo«, *Telepolis*, 29. März 2018, https://www.heise.de/tp/features/Bei-rund-90-wirken-Antidepressiva-nicht-besser-als-Placebo-4005704.html?seite=all.

16 Vgl. https://www.onmeda.de/Medikament/Rebif+22+Mikrogramm%7C+-+44+Mikrogramm--nebenwirkungen+wechselwirkungen.html.

17 Vgl. https://www.akdae.de/Arzneimittelsicherheit/RHB/Archiv/2016/20160311.pdf.

18 Vgl. https://www.patienteninfo-service.de/a-z-liste/l/lyricaR-25-mg-50-mg-75-mg-100-mg-150-mg-200-mg-225-mg-300-mg-hartkapseln.

19 Vgl. https://www.onmeda.de/Medikament/Vigil+100mg+Tabletten--nebenwirkungen+wechselwirkungen.html.

20 Reuther, a. a. O., S. 198.

21 Offenlegung: Ich habe gar keine Katze.

Sach- und Namensregister

ca. 224 Seiten
ISBN 978-3-86489-246-2
€ 18,00
Auch als E-Book erhältlich

Ohne Beruf droht Frauen Altersarmut

Immer noch bekommen Frauen nur die Hälfte der Rente, immer noch gibt es den gender-pay-gap und immer noch konkurrieren Mütter darum, wer die besten Dinkelkekse bäckt. Der gelungene und passgenaue Wiedereinstieg in den Beruf gerät für junge Frauen zur größten Herausforderung ihres eh schon dichten Lebens zwischen 35 und 50.
Katrin Wilkens hat 1 000 Frauen geholfen, den passenden Job zu finden: die erlösende Vision – oder schlicht das Machbare, das funktioniert. Katrin Wilkens führt in diesem Buch die Ursachen für die Schwierigkeiten an und erklärt den Kreativitätsansatz, mit dem sie arbeitet, so dass irgendwann der Dinkelkeks-Battle nicht mehr die Altersarmut zur Folge hat. Ein wütender Aufschrei, der jungen Frauen Mut macht.